철학의 명저 20

한국 철학사상연구회 지음

철학의 명저 20

초판 1쇄 발행 1993년 8월 25일
초판 3쇄 발행 2014년 9월 25일

저　자　한국 철학사상연구회
디자인　EG디자인
인　쇄　예컴정판
제　본　대명제책
발행인　황 세 연
발행처　도서출판 **중원문화**
주　소　서울특별시 마포구 서강로 11길-24(창전 2-33)
주문처　02-325-5966　FAX 02-324-6799
ISBN　978-89-7728-516-3(93150)

철학의 명저 20

한국 철학사상연구회

도서출판 중원문화

머리말

우리 나라에서는 예부터 철학하는 사람에게 하나의 이미지가 따라다닌다. '점쟁이.' 대학 갈 때 철학과를 지망하겠다고 하면 아직도 많은 부모들이 떠올리는 이미지다. 시내나 변두리의 많고 많은 간판들 가운데 '철학'이란 말이 들어 있는 것은 철학관뿐이니 충분히 그럴 만하다.

최근에 철학하는 사람에게는 또 하나의 이미지가 붙어 가고 있다. '머리를 똑똑하게 만들어 주는 사람.' 줄여서 '머리쟁이'라 할까. 요즈음 책방에 깔린 논리학책이나 철학책을 집어 드는 학생이나 학부모가 떠올리는 이미지다. "스스로 생각하는 힘을 기르자!" 이 책들이 한결같이 외치는 구호다.

철학 공부를 직업으로 하는 우리는 점쟁이, 머리쟁이라는 이미지가 몹시 부담스럽다. 실제로 어느 대학 철학과에서도 점치는 법을 배운 적이 없을 뿐 아니라 제 머리도 변변치 않은데 남의 머리까지 똑똑하게 만들 능력이 있다니. 그러나 다시 한번 자문해 보았다. 이 이미지는 철학을 모르는 사람들의 편견일 뿐이고 우리 자신과는 정말 아무 관계도 없을까?

철학에는 세 가지 큰 화두(話頭)가 있다. 세상은 도대체 어떻게 굴러갈까? 인생은 무엇일까? 앎이란 무엇일까? 점쟁이를 찾는 사람은 세상살이와 인생살이에 무언가 도움이 되는 말을 듣고 싶은 거고, 머리쟁이를 찾는 사람은 무언가를 알려면 도대체 어떻게 해야 할지를 알고 싶을 거다. 그러므로 점쟁이와 머리쟁이라는 이미지는 바로 철학의 이 화두들과 관계가 있다. 우리는 이 이미지에 좀더 진지하게 대응해야 할 필요를 느꼈다.

어떻게 하면 스스로 생각하는 힘을 기를 수 있을까? 아무리 더듬어 보아도 그 동안 우리가 철학을 공부하면서 생각하는 힘을 기른답시고 가장 많이 한 일은 '비판'이다. 비판이란 무조건 부정하는 태도가 아니라 긍정할 것은 긍정하고 부정할 것은 부정하는 태도다. 비판에는 차례가 있다. 먼저 비판할 대상이 정확히 어떤 내용인지를 이해해야 한다. 그리고 긍정하든 부정하든 반드시 이유나 근거를 대야 한다.

우리는 이 책에서 철학의 큰 화두들을 붙잡고 씨름한 철학자들의 대표작 20권을 비판의 대상으로 뽑아 한번 스스로 생각해 보았다. 제대로 차례를 밟아, 먼저 정확한 내용을 이해하기 위해 철학자의 삶과 다른 저작을 살폈고 뽑은 책 속에 들어 있는 핵심 사상을 정리했다. 그 다음 이 사상에서 긍정할 내용과 부정할 내용을 가려내고 그렇게 본 근거를 밝혔다.

그러나 남이 스스로 생각하는 모습을 20번 보는 것보다 자기가 한번 하는 것이 훨씬 낫다. 이 책을 본 사람은 이 20권 가운데 하나라도 직접 읽기 바란다. 같은 책을 읽고 우리와 다른 글을 써 보는 사람이야말로 진짜 스스로 생각하기 시작한 사람이다. 그래서 '읽을 거리'에는 우리 말로 옮긴 책, 우리 나라 학자들이 연구한 글, 쉬운 입문서와 평가서를 소개해 두었다.

1993년 8월

한국 철학사상 연구회 글쓴이들

차 례

차 례

차 례

차 례

1

주역
周易

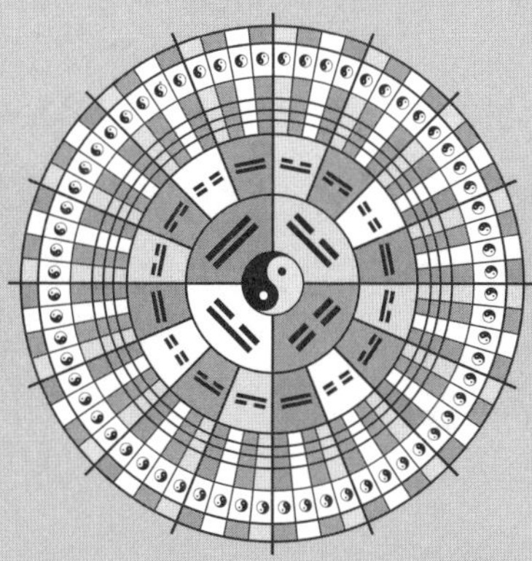

이규성(이화여자대학교 교수)

철학의 명저 20

서남쪽에 가면 이롭고 돈을 얻을 것이다

주역에 "서남쪽에 가면 이롭고 돈을 얻을 것이다(利西南 得朋)"라는 말이 있다. 서남쪽에는 당시 주나라와 친교 관계에 있는 부족이 있기 때문에 그 쪽으로 가도 좋다는 뜻이고, 붕(朋)을 얻는다는 것은 친구를 얻는다는 뜻이 아니라 당시 붕이 조개(貝) 꾸러미인 화폐를 뜻했으므로 돈을 벌 것이라는 뜻이다. 그러므로 이 말은 당시 상업이나 여행과 관계있는 기록이지 입학 시험 때 가야할 학교의 위치를 뜻하는 것이 아니다.

현재 우리가 보는 주역이란 책은 여러 가지 관점에서 쓰이고 있다. 일반인들에게는 인생사의 궁금증을 풀어 주는 신비한 점술서로 받아들여지고 있으며, 대학에서는 동양적 사고의 원형을 담고 있는 것으로 이해되고 있다. 그러나 이런 이해방식들의 공통점은 주역이 신비한 책으로서 고대 사람들의 어떤 지혜를 담고 있다는 전제다. 이것은 주역이라는 책의 구성이 복합적인 데다 국내 학자들에 의해 아직 완전히 과학적으로 해명되지 않은 때문일 것이다. 이런 무비판적 접근 때문에 주역이 초시대적 의의를 가진다고 과장하는 경우도 생기는 것이다. 물론 시대의 제약 아래에서 나온 견해라 하더라도 오늘날까지 의미 있게 이야기할 수 있는 것도 있다. 그러나 고전을 지혜로서만 받아들이면, 비판받을 수 있고 또 그래야만 하는 견해를 오늘날에까지 적극적으로 적용하려는 오류를 범하게 된다. 주역은 대체 어떤 책일까?

오늘날 우리가 보는 주역은 크게 두 부분으로 되어 있다. 하나는 순전히 점사(占辭)로 되어 있고 또 하나는 우주론과 인생론을 담고 있다. 점사는 64가지 항목으로 분류되어 있고 각 항목마다 일종의 분류 기호인 괘(卦)가 표시되어 있다. 그리고 이 괘 아래에는 6가지 점친 기록이 짤막한 문구로 기록되어 있는데 이것을 효사(爻辭)라 한다. 이 효사들을 대표하는 문구는 괘사라 하며 그 괘 옆에 기록되어 있다. 그래서 점사는 모두 괘사와 효사로 되어 있다. 이것을 경(經)이라고 하는데 이 부분으로만 보면 주역은 분명히 점서다.

또 하나의 부분, 즉 우주론과 인생론을 담고 있는 부분은 전(傳)이라고도 하는데 모두 10개로 되어 있기 때문에 십익(十翼)이라고 부른다. 대체로 철학 쪽에서 주역의 세계관을 이야기할 때 쓰는 글이 이 십익이다.

그러나 두 부분은 문체와 내용에서 차이가 있기 때문에 쓰인 연대도 다를 것이다. 종래에는 8괘와 64괘를 모두 복희(伏羲)씨가 창안했다거나 8괘는 복희 씨가 64괘와 괘사, 효사는 문왕(文王)이 지었다거나 괘사는 문왕, 효사는 주공(周公), 십익은 공자가 지었다는 설이 있었다. 그러나 이런 설들은 오늘날에는 믿기가 어렵다.

괘효사를 보면 '금시(金矢)', '황금(黃金)'이라는 말이 나오는데 이것은 금이 아니라 청동기를 뜻하며 '혈(穴)' 자가 나오는 것으로 보아 혈거 생활을 반영한다. 그렇다면 괘효사는 문명이 그리 발달하지 않은 시대에 사람들이 살면서 점을 친 기록을 담고 있는 것이다. 그리고 "강후(康侯)에게 말을 주어 번식하게 했다"는 말이 있는 것으로 보아 주(周)초 성왕(成王) 때의 일이 기록되어 있음을 알 수 있다. 그러나 주역을 바로 주초의 저작이라고 단정하기는 어렵다. 왜냐하면 주역에는 정치적 위기 상황을 전하는 글이 많이 있는데 이런 글은 주초의 전성기를 반영하는 것으로 보이지 않기 때문이다. 그래서 대체로 서주(西周) 말의 저작으로 보는 것이 일리가 있다.

당시 사람들은 인간 생활에서 주요한 일이 있을 때는 점을 쳤다. 주역에 나온 점친 상황을 보면 당시 국가의 대사인 제사와 전쟁을 비롯하여 결혼, 상업, 자연 재해, 계급 사이의 대립, 형벌 등이 있다. 그러므로 괘효사를 당시 문자의 의미에 따라 해독해 보면 그 때 사람들의 풍속, 생활양식, 생산력 수준, 사상 등을 추론해 볼 수 있다. 이런 의미에서 주역의 한 부분인 괘효사는 서주말 이전 중국 사람의 생활 형태를 알려 주는 기록이다. 따라서 그것이 오늘날의 인생 문제를 지도해 주는 신비의 말은 아닌 것이다.

그럼에도 당시에 주역이 점서로 이용될 수 있었던 이유가 있다. 당시의 다양한 생활 경험은 64괘만으로도 포괄할 수 있었으며 특히 이렇게 분류한 데는 그 나름의 논리 체계가 있었다. 하나의 괘는 8괘(세 줄로 되어 있음. 예를 들어 '천天'을 상징하는 '☰')가 중첩된 형태로서, 예컨대 '사괘(師卦)'䷆는 지(地)를 상징하는 괘와 수(水)를 상징하는 괘가 중첩된 것이다. 이 사괘는 군사 활동에 관한 사건들을 이야기하는 기록을 나타내는 기호로 쓰이게 되었다. 그리고 8괘의 각 괘는 음(- -)과 양(—)이라는 기호가 세 개씩 겹쳐서 만들어진 것이다. 따라서 자연의 어떤 사건, 인생사에서 어떤 사건이라도 64괘에 대입할 수 있으며 64가지 사건은 음과 양의 다양한 결합방식으로 해명할 수 있다. 이런 이진법적 체계 아래서 당시 사람들은 점을 쳐서 어느 한 괘를 얻으면 유추를 통해 자신이 처한 상황을 해석할 수 있었다. 바로 이런 이유로 주역을 절대적으로 믿는 사람들은 모든 우주의 진리가 그 속에 다 들어 있다고 과대하게 주장해 왔다.

또 십익에 있는 우주론은 어떤 자연 현상이라도 음양의 이치로 다 해명할 수 있다는 전제를 밝히고 있다. 주역의 또 한 부분인 십익은 문체로 보나, 유가의 가치관을 옹호하면서 전제 군주의 전횡을 견제하고 있는 것으로 보나, 훨씬 후대의 작품일 것이다. 아마 진시황의 분서갱유를 피한 점서에 의거하여 유가의 세계관을 은밀히 재정립하려 한 진대 유생들의 작품일 것이다. 그렇다면 현재의 주역은 춘추전국 시대를 간격으로 하는 두 종류의 작품이 한 권의 책으로 묶인 것이다.

기미를 통찰해야 위기를 극복할 수 있다

십익에 나온 우주론과 인생론은 무엇일까? 먼저 십익에서 주목할 만한 것은 '도(道)'에 관한 이야기다. 도란 원래 길을 뜻한다. 모든 사물과 사람은 일정한 규칙에 따라 움직이므로 각기 나름의 도를 가진다. 이것을 더 넓혀서 생각하면 존재하는 것들 전체도 자신의 도를 가진다고 생각할 수 있다. 주역에서 도는 바로 이런 형이상학적 문맥에서 나온 것이다. 이런 도는 궁극적이고 형체를 가지는 사물 체계를 지배하는 것이기 때문에 "'형이상자(形而上者)'를 도라 하고 '형이하자(形而下者)'를 기(器)라 한다."(계사전) 그런데 도는 매우 특이한 성격을 가진다. 도는 "한 번 음하고 한 번 양하는(一陰一陽)" 성격을 가진다.

음과 양은 서로 분리되어 있다가 기계적으로 결합하는 것이 아니라 서로 내적인 침투 관계에 있다. 아무리 적은 분량이더라도 음 없는 양이 없고 양 없는 음이 없다. 양자는 상호 필수의 관계 속에서 서로 보완하면서 순환하며 운동한다. 이런 뜻에서 세계는 율동성을 가진다. 세계는 유기체의 성격을 가진다. 또 이런 주역의 사고는 독립된 어떤 실체에서 사물의 진상을 보려는 실체적 사고가 아니라 사물의 내적이고 유기적 연관에서 진상을 보려는 상관적 사고다.

그러므로 주역의 세계관은 서양의 세계관과 크게 다르다. 정지된 실체를 중시하는 서양적 사고만으로 사물의 진리를 인식하는 것이 한계가 있다면 주역의 이런 사고는 오늘날에도 재음미할 만한 큰 의미를 지닌다 하겠다. 그러나 이런 주역의 형이상학이 다른 개별 과학 위에 과도하게 군림한다면 과학적 인식의 발전을 저해할 수 있으며 실제로 전통 사회에서 그런 적도 있었다. 사물의 모든 메커니즘을 음양의 원리로 설명할 수 있다면 이것은 모든 것을 아는 것이면서 모든 것을 모르는 것이기도 하다. 이 경우 각 개별 과학 영역이 다루는 세부적인 메커니즘은 모르는 채로 남아 있게 된다. 이런 견지에서 볼 때 주역에 철학적 진리가 담겨 있다 하더라도 그것이 절대시될 수는 없다.

한편 주역의 세계관은 구체 세계를 환상이나 가상으로 보는 것이 아니라 그 자체 실재하는 것으로 본다. 이런 면에서 주역은 현실 긍정적이고 낙관적인 성격이 있다. 그러나 주역은 고대 사람들의 우환의식(憂患意識)을 전형적으로 보여 준다. 왜냐하면 자연 현상과 인생사에서 정지한 것은 하나도 없으며 모두 변화한다(變易)는 사실을 강조하기 때문이다. 이 변화를 자세히 보면 우리가 의지하고 싶은 어떤 긍정적 사건은 시간이 지남에 따라 부정적 측면을 보이면서 사라져 간다. 그러므로 인간은 이전의 사건에 안주할 수 없다. 여기서 주역은 사물의 이런 전환이 가져다 주는 위기 국면을 강조하는 특이한 인식론을 내세운다. 사물이 반대 상태로 전환할 때는 반드시 그 기미(幾)를 내보인다는 것이다. 인간은 이 기미를 미리 통찰해야 위기를 극복할 수 있다. 또 기미를 인식하기 위해서는 현재에 안주하지 않는 긴장된 태도가 필요하다. 따라서 주역은 자강불식(自強不息)의 덕을 강조한다. 이 덕은 생성 변화하는 사물과 관계를 단절하지 않고 적극적으로 사물의 운동에 관여하기 위한 주관의 품성이다. 또 이 덕은 사물의 질서에 따라 사물을 변형해 나감으로써 대업(大業)을 이룩하는 기초다. 주역의 이런 견해는 후세 실학자들에 의해 발전했으며 따라서 오늘날에도 의미 있게 이야기할 수 있다.

한편 주역에는 수(數)에 대한 신비한 견해가 있다. 홀수는 양의 수이고 짝수는 음의 수이며 수는 사물이 존재하듯 실재한다는 것이다. 그러나 이런 수비학(數秘學)적 견해는 현대적 수리(數理)로 발전하지 않는 한 미신이 될 수밖에 없는 것이다.

그럼에도 주역의 세계관은 인생과 사회의 문제를 우주 자연 전체와 연관 속에서 사유하는 하나의 고전적 사고방식을 보여 주고 있다. 이런 고전적 정신은 만일 오늘날에도 형이상학적 사유가 아주 무의미하지는 않다면 계속 음미할 가치가 있는 것이다. 자연을 그저 분석하고 이용하는 관점에 익숙한 현대 사람들은 바로 이런 관점 때문에 많은 폐해를 경험하고 있다. 전지구적 규모의 자연 파괴는 우리 인간의 삶을 묵시록의 상황으로 내몰고 있다. 동양의 고전은 이 문제를 해결하는 데 기여할 수 있는 견해를 담고 있다. 그러므로 주역의 세계관도 지나치게 신비화하지 않는 한 현대적인 재해석의 여지를 남기고 있다.

주역의 영향을 받은 철학들

그러면 주역이 후세 철학에서 어떻게 이용되어 철학적으로 발전했는지를 살펴보자. 주역의 형이상학적 발언들은 특히 송대 이후에 발전한 신유가(新儒家) 철학의 기본 원리로 채택되었다. 물론 신유가의 발전에는 주역만이 아니라 도가와 불가도 대단히 큰 영향을 끼쳤다. 그러나 신유가는 늘 도가와 불가를 허무주의라고 비판하면서 주역의 세계관을 도덕론과 함께 강조했다.

송대 신유가는 주렴계(1017~73)와 장횡거(1020~77)가 기초를 세웠다. 주렴계는 초월적인 도를 본체로 전제하고 도의 분화 운동을 통해 현상계를 설명하는 경향이 있다. 장횡거는 본체를 기(氣)로 보고 기의 자발적 운동, 즉 기의 거듭된 응집과 분산 운동에 의해 현상 세계가 생겨났다고 본다. 주렴계의 관점은 뒷날 정이천(1033~1107)의 주리론(主理論)과 결합하여 주희의 주리론 체계를 형성했고 장횡거의 입장은 후세의 주기론(主氣論) 전통을 형성했다. 그런데 명말의 왕선산(1619~92)과 유종주(1578~1645) 같은 학자는 주렴계의 『태극도설』을 주기론의 측면에서 해석하여 그 초월적 성격을 불식했다.

그러나 주렴계와 장횡거의 차이야 어떻든 이들은 공통적으로 주역의 원리를 기본으로 삼고 있다. 주렴계의 도는 한 번 음하고 한 번 양하는 방식으로 운동한다. 그리고 이 두 가지 운동인의 통일적 주재자는 태극이다. 이 태극이 다양의 세계를 산출한 최후의 근거로서 통일적 일자(一者)다. 이 일자가 움직여 양의 힘이 되고 정지하여 음의 힘이 된다는 것이다. 여기서 정지(靜)는 상대적인 의미에서 정지이지 운동의 중지는 아니다. 양의 힘은 적극적으로 사물을 생성시키는 힘이고 음의 힘은 생성을 일정하게 확정하는 힘이다. 전자는 발산(發散)하는 힘이라면 후자는 수렴(收斂)하는 힘이다. 이 두 힘의 순환 법칙이 바로 도다.

이런 견해에 비추어 볼 때 주역의 사고는 세계를 일종의 동력학(dynamics)의 관점에서 보게 해 준다. 세계는 힘의 강약이라는 강도가 현실적으로 드러나는 곳이다. 모든 형체 있는 것도 본질적으로는 유동적 힘의 흐름이 지배한다. 형체 있는 것들은 두 가지 힘이 긴장 관계 속에서 적절한 화합을 이루어 무한한 힘의 장 속에 존재한다. 그리고 형체 있는 것들은 이 힘의 상태를 자신 속에 띠고 있는 일종의 전도체와 같은 것이다.

이런 역동주의적 사고는 장횡거에게는 더 뚜렷하게 나타난다. 그는 음양의 통일체로서 태허(太虛)를 말한다. 태허란 빈 공간이 먼저 존재한다는 뜻이 아니라 무한공간이 사실은 기로 충만되어 있다는 뜻이다. 인간의 신체를 포함한 모든 형체 있는 것은 그 본체인 기의 응결물이다. 동시에 그 형체 속에는 기의 본질인 생성의 힘이 작용하고 있다. 따라서 형체 있는 것들은 같은 본질을 공유하기 때문에 평등하다. 그리고 서로 연속되어 있다. 만물은 하나다. 인간의 마음도 역시 기로 구성되어 있다. 그래서 만물의 본질도 기의 본질과 동일하다. 마음은 이 동일한 본질을 자각하여 체현할 수 있는데 다만 형체에 사로잡힌 지식(見聞之知)을 넘어서야 한다. 그래야 만물의 본체인 기와 그 본질——마음의 본질이기도 하다——을 자각적으로 체화하는 덕성지지(德性之知)에 도달한다는 것이다.

또한 만물의 본체인 기는 만물의 질료적 연원이다. 유(類)에 따라 구분되는 물질, 식물, 동물, 인간은 각기 고유한 방식으로 응결된 형질을 가진다. 그리고 기는 투명성과 생성의 힘을 가지는데 유에 따라 구분되는 각 존재는 기의 본질을 전체적으로가 아니라 부분적으로 가지고 있다. 다만 인간만이 기의 본질을 전체적으로 가지고 있다.

이와 같은 장횡거의 내재주의적 사고도 사실은 주역의 사고방식에 따른 것이다. 주역의 십익 가운데 대체로 계사전이 후대 철학에 많이 활용되었다. 여기에 담겨 있는 사상 가운데 주목할 만한 것은 음양론과 함께 구체적 형체를 가진 세계(器)가 실재한다고 강조하는 대목이다. 형체 있는 세계는 그것의 이법(理法)인 도에 견주어 그 실재성이 결코 떨어지지 않는다. 형체 있는 세계는 마음의 환상이나 표상도 아니고 가상이나 허상도 아니다. 그것은 나의 마음 밖에서 엄연히 실재하는 것이다. 이 실재 세계는 우리가 관련을 맺고 현실적으로 살아가는 터전이다. 인간이 사물을 열어 일을 성취하는 것(開物成務)은 이 실재 세계와 관계하면서 이루어지는 것이다. 이 관계 속에서 인간은 사물의 되풀이되는 법칙을 인식하며(知變化之道) 불행한 난관(凶)을 변화시켜 행복한 국면(吉)이 오도록 해야 한다는 것이다.

세계가 환상이라면 이런 적극적 실천 태도는 나오지 않을 것이다. 오히려 미래에 관심을 가지고 적극적 실천을 하려는 사람에게 세계는 당연히 나에 대한 장애의 측면을 드러내는 실재 세계가 될 것이다. 또 만일 변화와 그 법칙에 대한 주의를 버리면 인간은 유익한 결과를 얻지 못할 것이다. 이런 견지에서 주역은 사물의 부단한 변화, 특히 인간에게 부정적인 영향을 줄 수 있는 국면으로의 변화를 언제나 주의해야 한다고 충고한다. "움직이는 그 변화를 중시한다." 주역은 세계를 생성의 관점에서 본다. 그러나 그 세계는 실재하며 전체적으로는 통일적인 이법이 그 속에서 움직인다.

바로 이런 현실성을 중시하는 주역의 정신이 정도의 차이는 있지만 송대의 신유가에 깊이 영향을 끼치고 있다. 주자학이 현실성을 회의하거나 부정하는 도가와 불가에 반대하고 인륜의 질서 규범을 천리로 주장한 것도 저 주역의 사고방식과 무관하지 않다. 그리고 주역의 음양론에서 주도적 기능을 하는 것은 양이다. 여성적인 것에 견주어 남성적인 강건을 적극 강조한다. 이것은 남녀 관계의 호혜성을 전제하지만 호혜나 조화라는 것은 어디까지나 부수적 원리다. 조화를 주도하는 주체는 남성 군자다. 따라서 주역은 가부장적 지배 이데올로기의 성격을 다분히 가지고 있다. 주자학이 임금에 대한 충을 포함하여 남자 중심의 삼강오륜을 절대 원리로 고집하는 것을 보장해 주는 고전적 전거가 주역이라고 말하는 이유도 여기 있다.

송대의 주자학과 대비되는 사공 학파 가운데 엽수심(1150~1223)은, 천(天), 지(地), 수(水), 화(火), 뇌(雷), 풍(風), 산(山), 택(澤)이라는 여덟 가지 존재는 하나의 기가 음양으로 분화하고 음양이 다시 그것들로 분화한 것이라고 주장했다. 이 견해에 따라 그는 만물과 그 내재적 기 이상으로 소급해 올라가는 형이상학을 부정했다. 다시 말해 자연 안에 있는 것 이상은 그 유래를 성인도 알지 못한다는 것이다. 자연의 통일성은 초월적 존재로부터 오는 것이 아니라 존재하는 것들 사이에 차이가 있는 현실 세계 속에 있다. 즉 차이의 세계의 질료인 기가 법칙에 따라 운행하는 것이 바로 자연의 통일성이다.

그리고 엽수심은 인생사에 대해서도 인생에 실질적으로 이익이 되는 공리를 늘 추구해야 한다고 주장했다. 원칙만을 가지고 이익을 억눌러서는 안 된다. 오히려 이익을 원칙에 조화시켜야 한다는 것이다. 이런 현실주의적 견해 역시 구체적 실재 세계를 중시하는 정신과 연결된 것이고 이것은 그가 주역 연구를 통해 얻어 낸 관점인 것이다.

주역의 정신은 후세의 주자학적 사고방식과 이와 대비되는 실용적 사고방식 모두에 깊은 영향을 끼치고 있다. 반(反)주자학을 내건 청의 안원(1635~1704)은 형체를 정신에 누가 된다고 믿는 주자학의 초월주의적 성격을 지적하고 비난했다. 이 비난도 주역에서 물려받은 태도, 즉 생성하는 현상계의 실재성을 믿고 도를 기(器) 위나 밖에서 찾지 않는 태도에 바탕을 둔 것이다. 이 입장에서 그는 인간의 신체는 기(氣)로 구성되어 있고 따라서 기의 본질인 생성 의지가 신체 속에 있다고 보았다. 이로써 그는 주자학의 신체 경멸에서 오는 자기 분열적 사고를 극복하려 한 것이다.

구체적이고도 변화하는 현실을 강조하는 주역의 정신은, 중국과 한국의 지식인들로 하여금 사회가 정치적으로나 경제적으로 어려운 처지에 놓였을 때 사태가 다시 호전되리라는 낙관적 전망을 가지게 했다. 존재의 법칙은 묵시록적인 몰락이 아니라 조화의 회복이기 때문이다. 이런 사고는 삶에 대한 적극적 태도를 가지게 하는 긍정적 측면도 낳았으나 한편으로는 사회의 전체적 조화와 응집을 강조하면서 비판적 사고와 행동을 억누르는 정체적 측면도 아울러 낳았다. 이런 정체적 사고는 오늘날에는 전체주의와도 연결될 수 있기 때문에 특히 신중하고도 비판적인 접근이 필요한 것이다.

주역에는 영원한 진리 그 자체라고 할 수는 없으나 오늘날에도 교훈을 줄 수 있는 부분은 있다. 동시에 주역이 고고학, 인류학, 문학 등의 도움으로 학문적으로 해명해야 할 고전이라는 점도 잊어서는 안 될 것이다.

◇ 읽을 거리

- 『주역』, 김경탁 옮김, 명문당, 1978.
- J. 니덤, 『중국의 과학과 문명』, 1, 2, 3, 이석호 외 옮김, 을유문화, 1985. (특히 2, 3권은 중국 고대의 사고방식을 잘 보여 줌)
- 풍우란, 『중국철학사』, 정인재 옮김, 형설, 1977.
- 노사광, 『중국철학사』, 정인재 옮김, 탐구당, 1987. (앞의 2권에는 주역에 대한 철학사적 소개가 있음)

2

논어
論語

공자

孔子(기원전 551~479)

이현구(한국철학사상연구회 연구원)

철학의 명저 20

푸코
맑스
엥겔스
니체
비트겐슈타인
후설
베르그송
루카치
사르트르
하버마스
헤겔
칸트
흄
데카르트
플라톤
아리스토텔레스

성인은 어떻게 탄생했는가

우리 속담에 "성인(聖人)도 시속(時俗)을 따른다"는 말이 있다. 성인은 보통사람과 뭔가 달라서 성인이라고 부르겠지만 그래도 그 시대의 풍속을 벗어날 수는 없다는 말이다. 공자는 성인으로 일컬어져 왔다. 우리는 보통 성인을 '가장 완전한 인간' '완전한 인격을 갖춘 사람'이라고 생각한다. 그것은 인간의 품격, 덕성, 인간미와 연관된 명칭이다.

그런데 중국 고대에 성인으로 불린 사람들은 대개 발명가들이다. '무언가를 처음 만든 사람'이다. 프로메테우스가 불을 훔치지 않고 자기가 만들었다면 중국에서 성인으로 모셔졌을 것이다. 문자를 처음 만든 사람, 도자기를 처음 만든 사람, 고기 잡는 법을 가르친 사람, 농사 짓는 법을 가르친 사람이 모두 성인이다. 복희 씨니 신농 씨니 요, 순, 우, 탕이니 하는 공자보다 대선배 성인들은 모두 발명가다. 발명의 위력은 대단한 것이다. 옛날 어떤 사람이 절구를 발명한 뒤에 천하의 곡식은 모두 껍데기가 벗겨지고 말았다. 실은 이 고대의 발명가들, 성인들은 세상을 바꿔 놓은 사람들이다. 이 성인 개념이 공자에 와서 전환점을 맞이한다.

공자 뒤로는 성인이 없다. 공자의 수제자 안연이나 '유교의 파수꾼'으로 불리는 맹자도 성인에 가까운 사람이지 성인은 아니다. 그 뒤에 훌륭한 인물이라고 하는 사람들은 현인(賢人)이라 하여 성인보다 한 단계 낮춘다. 이것은 공자를 인간으로 만나기보다는

'완벽 그 자체'로 만들어 두려 한 사람들의 머리에서 나온 것이다. 이 사람들은 공부의 목표를 '성인 되는 것'에 두고 출발했는데 한 사람도 성인이 되지는 못했다. 그도 그럴 것이 자기들이 성인을 저 멀리 하늘 꼭대기로 올려놓았기 때문이다.

공자는 그 시대에도 제자들에게 성인으로 비쳤다. 공자의 학원에서 성인은 지혜와 덕성이 완전한 사람이란 뜻으로 해석되기도 했다. 그런 점에서 안연은 공자를 도저히 따라잡을 수 없는 인물이라고 탄식했다. 자공은 공자를 태양에다 비유하여 당시 공자를 대수롭지 않게 보는 사람들을 설득하려고 했다. 자공은 공자와 대화하면서, 자기의 동문 안회는 "하나를 들으면 열을 아는 사람"이고 자기는 "하나를 들으면 겨우 둘을 아는 정도의 사람"이라고 겸손하게 말했을 때, 자존심이 무척 상했을 테지만 공자에게서 "그 말이 맞다"는 말을 들은 제자다. 자공은 말주변이 좋고 융통성 있고 당시에 손꼽히는 부자여서, 공자 집단을 경제적으로 많이 지원했을 것이다. 그렇지만 공자는 자공에게 최고 점수를 주지 않았다. 당시에 어떤 사람들은 자공을 공자보다 훌륭한 사람으로 알고 있었다. 자공은 그 사람들에게 자기가 수영장도 있고 잔디밭도 있는 수백 평짜리 남들이 부러워할 집이라면, 공자의 세계는 담장이 높아 안을 들여다볼 수도 없는 대궐 같아서 문으로 들어가 보지 않은 사람은 그 웅대함을 알 수 없다는 비유로 스승을 변호했다.

공자의 무엇이 자공과 안연 같은 제자들의 입에서 이런 말이 나오게 했을까? 공자를 성인이라 한다면 공자는 무엇을 발명했는가? 성인의 계보에서 공자 바로 앞은 주공(周公)인데, 그는 공자보다 500년쯤 앞서 살았다. 주공은 주나라 문화와 제도를 발명한 사람이다. 이미 농업도 발명되고, 문자도 발명되고, 정치 제도도 발명되어 이제 인간 사회에 필요한 발명품이 더 없을 듯한 시기에 나타난 공자는 교양인 만드는 법, 즉 교육을 발명했다.

공자는 20세쯤부터 창고와 정부의 가축을 관리하는 공무원 등으로 10여 년 동안 충실히 근무했고, 50세 이후 몇 년간 조국 노나라에서 재무 담당과 대법관 등을 맡았고 외교 업적도 이루었다. 그러나 행정가, 정치가로서 공자보다 교육자, 역사가로서 공자가 더 큰 비중을 차지한다.

공자는 스스로 "열다섯 살에 학문에 뜻을 두었고, 서른에 입장이 섰다"고 했는데, 기록에 따르면 어머니의 장례를 치른 23세 때 이미 제자들이 있었다고 한다. 30대에는 제자들이 많았고, 공자는 제자들과 함께 옮겨 다니면서 관리자가 갖추어야 할 교양을 강의하고 실습했다. 공자는 아버지의 무덤이 어디에 있는지 모르고 지내다가 어머니의 장례 때에 물어물어 찾았다고 한다. 공자의 아버지는 공자가 세 살이었을 때 세상을 떠났고, 어머니가 그 무덤을 알려 주지 않았기 때문이다. 사마천은 『사기』에서 공자의 부모가 '야합(野合)'했다고 기록했다. 이 말은 '예법을 갖추지 않은 결합'을 뜻하며, 학자들은 공자의 아버지가 노인이었고 어머니는 매우 젊었기 때문이라고 해석한다. 공자의 아버지 공흘은 혼자서 내려오는 성문을 떠받쳤다는 일화를 남길 정도로 장사였다고 하니 공자도 풍채가 좋은 사람이었을 가능성이 많다.

공자의 아버지는 대부 신분이었으므로 귀족 계층이었다. 당시 신분 계층은 공, 경, 대부, 사로 '대부'는 하층 귀족이다. 공자가 고대 문화의 집대성자이자 역사가이면서 교육자가 되는 데는 그가 태어난 노나라 문화 환경의 영향이 컸다. 주나라는 기원전 11세기에 은나라를 멸망시키고 황하 유역을 차지했다. 주나라는 사방 100리, 70리, 50리 규모로 땅을 나누어 제후국을 세우고, 천자는 중앙에 사방 1,000리의 땅을 관장하는 '봉건 제도'로 통치했다. 주나라 초기에 제후국은 71개였고, 그 가운데 천자와 같은 성씨가 55개이며, 나머지는 공신이나 왕실과 혼인 관계가 있는 신하를 제후로 세웠다. 그러므로 주나라 천자의 집안 사람들이 천하를 나누어 다스리는 셈이었고, 각 제후국에서는 맏아들이 왕위를 계승했다. 이처럼 혈연에 기초한 통치 방식을 '종법 제도'라 한다. 천자와 촌수가 가까운 집안이 중앙에 가까이 자리 잡았는데, 노나라도 그 가운데 하나로 주나라 초창기에 전체 국가 제도와 문물을 완비한 주인공, 바로 주공의 봉토로 지정된 곳이었다. 주공이 직접 와서 다스리지는 않았지만 주공의 나라라는 상징적 의미는 큰 것이다. 즉 노나라의 문화 전통은 주나라의 정맥을 이은 것이라는 뜻이다.

공자는 이 주공을 꿈속에서 자주 만난 모양이다. 그만큼 공자는 주나라의 통치 제도를 이상적인 제도라고 믿고 있었다. 그러나 문제는 공자의 시대에 이 제도가 점점 무너져 가고 있었다는 점이다. 주나라가 동쪽으로 도읍을 옮긴 기원전 770년부터는 유능한 천자들이 나오지 않아 전체 제후국을 통솔할 구심력을 잃었다. 이 때부터 기원전 476년까지를 춘추 시대라 하는데, 주나라는 황하 유역의 일부를 차지했을 뿐이고, 주나라의 영역에 들지 않는 제후국 규모의 나라들이 200개 이상 있었기 때문에 변경에서는 계속 전쟁이 일어났다. 공자는 이 춘추 시대 말기에 살았고, 그 뒤에는 제후국끼리 전쟁으로 통합되어 7개의 큰 나라들이 대결하는 전국 시대 역사가 기다리고 있던 시점이다.

공자가 이상으로 삼은 정치 모델은 주나라 제도였고, 제자들에게 가르친 내용은 주나라 제도에서 귀족이나 관리로 행세할 수 있는 교양과 행정 실무 능력을 기르는 것이었다. 교양과 덕성을 기르는 내용이 시(詩)와 예악(禮樂)이다. 공자는 시를 배우지 않으면 벽에 얼굴을 대고 서 있는 것처럼 사람이 답답해진다고 했고, 예를 배우지 않으면 남과 함께 서 있을 수 없다고 했다. 또한 모든 공부가 음악에서 완성된다고 했다. 음악은 조화와 화합을 이루는 것이기 때문이다. 실무 능력과 기능이란 활 쏘기, 말 몰기, 글짓기, 계산하기 등이다. 그 시대에 일어난 사회 경제적 변동은 실제로 주나라의 신분 질서에도 변동을 일으켜, 공자의 제자들은 귀족 출신만이 아니었다. 공자는 귀족의 자제가 아닌 사람들에게도 귀족이 되는 교육을 시킨 셈이다. 공자는 "교육에는 신분이 없다"는 말도 했다. 그래서 어떤 사람은 공자를 중국 최초의 사설 학원 설립자라고 말하기도 한다.

공자의 교육 방법은 선생의 몸가짐, 말하는 것 하나하나가 모범이 되는 시범식 교육이었다. 왜냐하면 제자들이 선생을 모시고 같이 생활했기 때문이다. 또 구체적인 상황을 놓고 토론하는 현장 교육 방식과 제자들의 성격에 따라 가르침을 달리하는 일대일 교육 방식 등이었다. 교육 내용도 개인의 감정을 다스리고 예법에 맞게 행동하는 연습이 중심이었다. 『논어』에는 "학생들이여, 집에서는 효도하고 나가서는 어른을 공경하며 신중하고 미덥게 하며 모든 사람을 사랑하되 훌륭한 사람을 더욱 친하라. 그러고도 남는 힘이 있거든 글을 읽어라"는 공자의 말이 있다. 그러므로 공자의 교육은 지금 우리가 생각하는 교육과는 다르다.

『논어』를 어떻게 읽을 것인가

이러한 사정들을 알고 우리가 『논어』를 읽으면 의미가 새로울 것이다. 우리는 『논어』 첫 장을 잘 알고 있다. "배우고 때때로 익히니 기쁘지 아니한가!" 이 말을 지금 학생들은 학교에서 배운 내용을 집에 와서 복습하여 외우는 것으로 이해할 것이다. 그러나 그때그때 기회 있을 때마다 익힌다는 것은 몸으로 익히는 것이다. 귀로 듣고 기억했다가 입으로 말하는 것을 '구이지학(口耳之學)'이라고 한다. 구이지학은 천박하기 짝이 없는 공부다. 거짓말쟁이도 남에게 "옛 성인 말씀에 사람이 거짓말을 해서는 안 된다고 했다"고 말할 수 있다. 공자의 제자들이 배우고 익힌 것은 "거짓말을 해서는 안 된다"는 '말'이 아니다. 목숨을 잃는 상황에서도 거짓말하지 않는 행동을 '몸'으로 보여 주는 것이다. 이것이 완전히 익힌 것이다. 사람과 사람이 만나서 벌어지는 모든 일, 말하는 태도, 걸음걸이, 손을 두는 법, 손님을 맞이하는 법, 회식하는 법 같은 갖가지 일을 우리 몸으로 연출하는 것이다.

"벗이 먼데서 찾아오니 즐겁지 아니한가!" 이 말은 누가 읽어도 옳은 말씀이라고 할 것이다. 벗은 본래 만나면 즐거운 것이다. 그런데 『논어』 첫머리에 이 말이 나와서 의미깊다. 공자의 학원은 친목 단체가 아니었다. 공자는 젊은 시절부터 제자들과 함께 중원 천하를 돌아다녔다. 68세 때 조국에 돌아와 고전과 역사를 정리하는 작업에 몰두하는데, 그 늘그막의 어느 날 "그 때 나와 함께 고생하던 그리운 얼굴들은 하나도 없구나!" 하고 탄식했다. 온 정성을 다해 혼란한 천하를 바로잡아 보겠다는 뜻을 가진 집단이었다. 공자를 따라다닌 제자들 중에는 관리로 취직한 사람도 있고, 인격 수련에 전념한 사람도 있지만 모두 뒤에 유가(儒家)라 불린 학파의 정신, 세상에 도가 실행되도록 하겠다는 공자의 정신에 공감하고 있었다. 도도하게 혼란으로 흘러 가는 세상에서 이 혼란을 바로잡아 보려는 뜻을 이해하는 동지가 먼 길을 찾아왔다면 얼마나 즐거울 것인가. 공자 학원의 동지적 유대를 이해하면 우리는 왜 안연이나 자공이 공자를 성인이라고 했는지 한 가닥 실마리를 찾을 수 있다. 그들의 인간 관계는 특별한 것이었다.

"남이 알아주지 않아도 마음이 흔들리지 않으니 군자가 아니겠는가!" 세상은 한두 사람이 바꾸는 것이 아니다. 그렇다고 세상 사람들이 좋아하는 대로 따라가서 인기를 얻어 바꿀 수 있는 것도 아니다. 참으로 어려운 과제다. 큰 사업을 이끌어 가는 사람은 남 모르는 고민이 있다. 위대한 인간들의 고민이다. 공자 학원에 불이 꺼지고 저마다 잠자리로 돌아가면 제자들은 제각기 자기의 숙제를 안고 씨름한다. 누구도 알아주지 못하는 고민이다. 스승 공자가 있고 학우들이 있지만 이 문제는 자기가 해결해야 하는 것이다. 인생은 결국 고독하다. 큰 임무를 맡고 먼 길을 가야 하는 공자 학원의 사람들은 인생의 이 고독에 좌절하고 흔들리는 인간이 아니기를 바랐다.

『논어』 첫 장을 꼭 이렇게 해석할 근거는 없다. 그러나 『논어』는 읽는 사람의 안목에 따라 다른 모습을 보여 준다. 『논어』는 지금부터 2,000년 훨씬 이전에 써진 옛날 책이다. 그러나 실은 지금 다시 써진 책이다. 우리가 『논어』를 읽으면 2,400년 전 사람들의 말이 그렇게 쉽게 이해될 수가 없다. 참으로 신기한 일이다. 인생이란 것 자체의 문제는 2천 몇백 년 동안 크게 바뀌지 않았기 때문일 수도 있다. 그러나 다른 이유도 있다. 『논어』는 그 시대마다 사람들이 이해할 수 있게 새로이 해석되어 왔다. 또한 『논어』는 그 표현법에서 생명력을 가지게 된 점도 있다. 『논어』의 표현은 구체적이지도 않고 추상적이지도 않다.

공자는 "함께 배우기는 하지만 꼭 같은 길을 가는 것은 아니다. 같은 길에 접어들었어도 꼭 같은 입장이 아닐 수 있다. 같은 입장이라도 똑같은 판단을 내리기는 어렵다"고 했다. 공자는 언제 무엇 때문에 이 말을 했을까? 혹시 정계에 진출한 두 제자 사이에 노선 싸움이 벌어졌을 때 한 말인가? 아니면 어느 날 학원을 떠나는 제자들에게 들려준 말인가?

언젠가 공자는 흘러 가는 시냇물을 바라보다가 말했다. "가는 것은 이와 같구나. 밤낮을 쉬지 않는구나." 인생의 나날이 덧없이 흘러 감을 슬퍼한 것일까? 큰일을 추구하는 사람의 쉼 없는 노력을 생각한 것인가? 천지의 변함없는 질서와 운행을 생각한 것인가? 그저 냇물이 밤낮을 가리지 않고 흘러 가는 것을 묘사한 말인가? 그러나 이 구절을 읽은 사람은 냇가에 서면 "서자여사부인뎌 불사주야로다"라는 말이 튀어나오기 십상이다.

조선 시대 유학자들은 『논어』를 거꾸로도 외웠다고 하는데, 우리의 문화 전통에 끼친 『논어』의 영향을 실감하게 하는 말이다. 『논어』의 중심 사상은 '인(仁)'이다, 덕치주의다, 인도주의다, 문화주의다, 실천 정신이다, 충효 사상이다라고 말할 수 있지만, 이런 식으로 『논어』를 말하면 『논어』의 맛은 뚝 떨어진다. 우리의 문화 전통을 이해하려는 사람은 『논어』를 숙독할 필요가 있다. 『논어』는 논문이 아니다. 그 속에 무슨 체계적인 이론을 설명하는 내용은 없다. 공자는 제자들에게 "나의 방법은 일관되어 있다"고 했는데, 제자들이 뜻을 잘 몰라 동문인 증자에게 묻자, 증자는 "선생님의 도는 자기를 깊이 인식하고 그것을 바탕으로 미루어

남을 이해하는 것일 뿐이다"라고 대답했다. 자기가 갖고 싶은 것을 알면 남도 그것을 갖고 싶다는 것을 미루어 짐작하고, 자기가 당하기 싫어하는 일은 남도 당하기 싫어할 것인 줄 아는 방법이다. 『논어』에서 가장 추상적인 단어는 '인'이다. 인은 남을 아껴주는 것이라고도 하고 사람다움이라고도 하는데, 공자는 이 인을 너무나 아껴서 제자들 중에 '인'이란 점수를 받은 사람은 없다. 사람답기가 그렇게 어렵다는 말도 되겠다. 그러나 인이 어떤 뜻이냐를 아는 것과 『논어』를 이해하는 것은 차원이 다른 문제다.

인간 공자와 『논어』의 값어치

『논어』는 인간적이다. 공자가 성인이라고 하니까 『논어』에서 완벽한 인간으로 등장할 것이라고 미리 속단하는 것은 곤란하다. 공자는 제자의 항의에 쩔쩔매며 변명하는 스승이다. 낮잠 잔 제자에게 "더 이상 손댈 곳도 없는 인간"이라고 화를 낸 사람이다. 가장 아끼던 제자 안연이 죽었을 때는 자기가 그토록 강조한 예법을 어기고 통곡할 수밖에 없었던 사람이다. "우리 동네에서 인간됨이 제일인 사람으로 나를 꼽는다면 나는 감당할 수 없다. 그러나 열심히 배우고 노력하는 사람을 든다면 당연히 내가 되지 않겠는가"라고 자기 자랑도 한 사람이다. 상복 입는 기간을 1년으로 줄이자는 제안을 하는 제자에게 "자네 마음이 편하다면 그렇게 해도 되겠지" 해 놓고, 그 제자가 나간 뒤에 다른 제자들에게 그를 비난한 치사한 사람이다.

음식은 까다로운 편이었고, 술은 아무리 마셔도 정신이 혼란해지지는 않았다. 옷의 색상과 품위에도 세심한 주의를 기울였고, 작업복으로 오른쪽 소매가 짧은 옷도 만들어 입었다고 하니 오른손잡이 의상 디자이너였다. 관청에 나가서 일할 때는 윗사람에게 온순하고 아랫사람에게 엄격한 모습을 연출한 다중인격자다. "그리움은 말할 수도 없지만, 멀리 떨어져 있어 만나지 못한다"는 옛 시구를 두고 "진정한 그리움이 아니기 때문이다"고 논평한 연애 심리 분석가이기도 했다. 『논어』는 어쩌면 한 인간과 그를 둘러싼 인간들의 생활 기록이라고 해야 할 것이다. 우리가 어떤 사람의 일대기를 쓰든 그것이 주는 감동이 있게 마련이다. 특히 그것이 진실하게 쓰여 있을 때는 더욱 그러하다. 『논어』는 인생 자체를 하나의 예술로 올려놓으려 한 공자와 제자들의 이야기다.

공자 학원에서 인생과 인간을 주제로 삼은 것은 세상과 무관한 것이 아니다. 공자는 뒤에 유가 사상에서 틀이 잡힌 "천하를 태평하게 한다"는 목표를 자주 이야기하지 않았다. 그것은 말하지 않아도 다 공감하고 있는 부분이다. 그러나 "자기 인격을 닦아서 천하의 백성들을 편하게 해 주는 것은 요순 같은 성인도 어려워했다"고 말했다. 공자는 제자들에게 "천하를 태평하게 한다"는 목적의식을 강조하기보다 먼저 자기가 할 수 있는 '자기 수련'을 하여 군자가 되라고 가르쳤다. 자기를 수련한다는 이 주제는 세상의 변동과 외부 사정, 남들의 칭찬과 비난과는 상관없는 일이다. 먼저 자기 스스로 자기를 정확하게 평가하고 개선하라는 것이다. 이런 방법을 공자는 '위기지학(爲己之學)'이라고 했다. 그 방법은 명상과 성찰만을 뜻하지 않는다. 오히려 구체적인 효제충신을 실천하는 가운데 이루어지는 것이다. 부모와 형제, 나와 타인의 인간관계 속에서 효도하고 우애 있고 거짓 없고 미더운 인간이 되려는 노력이 공부하는 방법이다. 그래서 공자는 일하지 않는 인간, 몸으로 하지 않는 인간을 싫어했다. "내가 하루 종일 깊이 생각해 보았지만 얻은 것이라곤 없었다"고 하고 "너희는 정 할 일이 없으면 멍청하게 잡담이나 하지 말고 장기 바둑이라도 두라"고 했다.

안연이 공자에게 가장 어려운 '인'에 대해 물었을 때, 공자는 "자기를 이기고 예로 돌아가는 것"이라고 했다. 안연이 좀더 자세한 설명을 부탁하자 "예가 아니면 보지 말고, 듣지 말고, 말하지 말고, 행동하지 말라"고 했다. 공자가 예가 아니면 생각하지도 말라고 한 것은 공자답다. 생각만으로 예법이 되는 것이 아니다. 생각은 행동으로 나타나고 행동은 생각을 형성한다. 그러므로 생각만 해서는 진전이 없다. 사람은 구체적인 경험을 넓히는 한편 그것의 의미를 깊이 생각해야 한다. 그래서 "배우기만 하고 생각하지 않으면 조리가 없고, 생각만 하고 배우지 않으면 독단에 빠진다"고 했다.

당시 선배들은 세상을 포기하고 숨으면서 공자에게 같이 가자고 권하기도 했지만, 공자는 잘 안 될 줄 알면서도 세상을 바로잡아 보겠다고 나섰다. 공자가 생각한 계획은 '위로부터의 개혁'과 '내부로부터의 혁명'이었다. 세상의 태평과 혼란은 군주와 관리의 도덕성에 달려 있다. 윗사람이 모범을 보이면 자연히 세상은 평화로워진다. 인간 사회를 유지하는 힘은 인간들 사이의 신뢰다. 백성들이란 바람이 부는 대로 눕는 풀과 같으니, 윗사람들이 도덕의 모범을 보이면 화합이 이루어질 것이고, 자연 재해나 먹을 것이 부족한 문제도 합심하여 노력하면 잘 해결될 것이다. 이런 생각들이 공자가 그린 계획의 뼈대를 이룬다. 언젠가 자공이 공자에게 말도 안 되는 질문을 했다. "군대와 식량과 백성들의 신뢰 가운데 부득이 하나를 포기해야 한다면 무엇이 먼저입니까?" "군대를 먼저 포기해야 한다." "또 어쩔 수 없어 하나를 포기해야 한다면 식량과 백성들의 신뢰 가운데 무엇입니까?" "사람이 죽는 것은 언제나 있었던 일이다. 인간 사회는 신뢰 없이 한시도 지탱할 수 없다." 그래서 공자는 본의 아니게 도덕으로 사람을 죽이는 이론을 말한 사람이 되었다.

노자나 장자는 공자의 도덕주의를 백성을 죽이는 이론이라고 비난하고 유가 집단을 큰 사기꾼들이라고 몰아붙였다. 묵자는 유교의 예악이 백성들의 노동력을 비생산적인 데 낭비하는 것이라고 비난했다. 법가 사상가들은 공자의 이론을 돌 하나도 옮겨 놓지 못할 공상가의 꿈이라고 비난했다. 19세기에 아편 전쟁 이후 서구 열강의 침략으로 반(半) 식민지가 된 중국의 현실을 놓고, 세계 정세에 눈을 뜬 중국의 지성들은 "유교가 중화 민족을 망쳤다", "공자교를 타도하자"고 소리 높여 외쳤다. 그러나 이런 비난 속의 공자는 이미 『논어』의 공자가 아니다. 공자는 이제 동네북이 되어 이 사람 저 사람의 잔치 마당에 끌려가서 흥을 돋구어 주는 도구가 되었다. 우리는 『논어』를 좀더 생생하게 읽을 필요가 있다. 『논어』는 인생 자체를 목적의식적으로 산 어떤 사람들에 대한 진솔한 기록이라는 면에서 그 값어치를 말할 것이다.

◇ 읽을 거리

- 공자, 『현토 완역 논어』, 성백효 역주, 전통문화연구원, 1990.
- 최근덕, 『논어 인간학』, 열화당, 1990.
- 임어당, 『공자의 사상』, 민병산 옮김, 현암사, 1974.
- 김교빈, 이현구, 『동양철학 에세이』, 동녘, 1993.

3

장자
莊子

장자

莊子(기원전 369~286)

이현구(한국철학사상연구회 연구원)

철학의 명저 20

나도 세상의 티끌 속에서 자유로이 살겠소

사마천은 『사기』에서 장자의 이름이 장주(莊周)라고 했다. 학자들의 의견이 완전히 일치하지는 않지만, 지금부터 2,300년 전쯤에 나이 30세 안팎의 장주라는 남자가 지금의 하남성과 안휘성 경계 지역에서 살았고 기원전 300년이 지나서 죽었다고 본다. 이렇게 되면 장자는 유교의 깃발을 높이 들고 공자 사상을 전파하던 맹자와 비슷한 시기에 살았고 아마 장자가 조금 후배였을 것이다. 천하가 일곱 나라로 갈라져 서로 다투던 전국 시대 중기에 접어들면 학자들도 여러 정치 노선을 내걸고 치열한 사상 논쟁을 벌인다. 맹자와 장자는 서로 만나지 못한 것 같고 당시 세상에서 유명한 사람 가운데 장자가 만난 사람은 혜시라는 정치가였다. 혜시는 논리학에 조예가 깊었고 자주 장자의 토론 상대 노릇을 했다.

장자는 젊은 시절에 옻나무 동산 관리를 맡은 적이 있지만 곧 그만둔 것 같다. 『장자』라는 책의 가을 하늘같이 확 트인 분위기와는 딴판으로 장자는 찢어지게 가난했던 모양이다. 지방 관리에게 쌀 꾸러 갔다가 푸대접당한 이야기, 짚신을 엮어서 목구멍에 풀칠한 이야기, 누더기를 입고 거지꼴로 위나라 왕을 만난 이야기 등이 『장자』에 나오는데, 이것은 장자의 모습을 사실대로 쓴 것이라고 본다. 언젠가는 초나라 왕이 사신을 보내서 높은 관직으로 장자를 초빙하려 했으나 장자는 사신에게 이렇게 말했다고 한다. "당신 나라에 신주로 모셔 둔 신령스런 거북이 있지요. 그 거북은 죽어서 길이길이 신주처럼 모셔지는 것을 바랐겠소, 아니면 저 살던 물에서 자유롭게 삶을 즐기고 싶었겠소?" "그야 살아서 즐기기를 바랐겠지요." "그러니 그냥 돌아가시오. 나도 세상의 티끌 속에서 자유로이 살겠소."

그러나 우리는 장자가 언제 태어나서 언제 죽었는지 확실히 알 수 없다. 장자에게 삶과 죽음은 손등과 손바닥 같아서 손의 입장에서 보면 아무 일도 일어나지 않은 것이다. 우리가 세상에서 볼 수 있는 것들은 모두 덧없이 흘러 가는 그림자요 꿈이다. 진정한 것이 있다면 그것은 '도(道)'뿐이다. 아마 그래서 제자들이 혜시와 장자를 이렇게 비교했을 것이다.

"혜시가 관직 생활하고 있는 위나라에 장자가 찾아갔을 때 혜시는 장자를 왕에게 소개하길 꺼렸다. 장자는 혜시에게 말하기를, '자네는 봉황새를 아는가. 이 새는 오동나무가 아니면 앉지 않고 맑은 이슬이 아니면 마시지 않는다네. 솔개가 썩은 쥐 한 마리를 잡았는데 마침 지나가던 봉황새를 보고는 자기 먹이를 빼앗길까 허겁지겁했다네. 그 솔개 꼴이 바로 자네 꼴일세.'"

장자는 세상을 냉소하고 스스로를 고고한 학처럼 여긴 사람이었을까? 문명을 거부하고 인간의 노력을 쓸데없는 것이라 하며 자연 속에 숨어 버린 사람이었을까? 깊은 명상에 들어 살았는지 죽었는지도 모르고 기를 모으고 온몸에 돌려 불로장생하려던 도사였을까? 이런 물음에 대한 답을 『장자』라는 책에서 찾는다면 그 답은 그렇다고 할 수도 있고, 그렇지 않다고 할 수도 있다. 왜냐하면 『장자』라는 책에는 서로 충돌하는 주장이 함께 소개되어 있고, 다루고 있는 소재도 갖가지일 뿐 아니라 비유나 우언의 독특한 표현 형식 때문에 주장하려는 뜻을 이렇게도 저렇게도 새길 수 있기 때문이다. 우리는 어떤 자료에서도 장자의 삶을 재구성할 만한 건덕지를 충분히 모으기는 어렵다. 장자는 『장자』라는 책을 통하여 만들어지고, 『장자』라는 책은 장자 학파 손으로 만들어졌다. 그러므로 장자라는 인물은 고대에 창의력과 상상력이 풍부했던 한 무리 인간들의 집합체다.

『장자』라는 책은 지금 33편으로 전해지고 있다. 크게 세 부분으로 나누어 내편 7편, 외편 15편, 잡편 11편이다. 「한서 예문지」에는 『장자』가 52편이라고 했으나 우리가 지금 보는 책은 진의 곽상이 편집하고 해설한 33편뿐이다. 그 중 내편은 대체로 장자 자신이 지은 것이고 외편과 잡편은 제자나 장자 학파의 저작이라고 한다. 그러나 이 말도 대체로 그렇다는 것이고 따지고 들어가면 결국 장자의 친필이 어느 것인지 모르게 되어 있다. 지금까지 이 문제에 뛰어들어 '정답'을 내놓은 학자는 없다. 『장자』라는 책은 여러 사람 손으로 오랜 기간에 걸쳐 만들어진 것이다.

개성이 강한 천재들

장자의 문장은 웅대하고 자유분방하며, 설득력 있는 비유로 통념을 깨뜨리고, 끝없는 환상과 꿈의 세계로 독자들을 몰고 가서, 한 순간에 '평범한 인생에 대한 환멸'을 가르쳐 준다. 『장자』는 약 30장의 논평이나 단상과 168장의 우화로 이루어져 있다. 이 우화의 주장과 배합과 구성이 교묘하고 지루하지 않다. 책의 첫머리에 나오는 이야기는 독자의 선입견을 완전히 휘저어 놓고 시작한다.

"북쪽 바다에 몇천 리 되는지 알 수도 없는 어마어마한 고기가 사는데 그 이름을 곤이라고 한다." 이 문장은 묘사가 사실적이지만 논리적 형식은 『노자』 첫머리의 "도라고 할 수 있으면 진정한 도가 아니다"와 같이 역설적 구조다. 왜냐하면 '곤'이란 작아서 보이지도 않는 물고기 알을 가리키는 낱말이기 때문이다. 어쩌면 이 문장은 "작은 것 속에 큰 것이 들어 있다"는 모순된 문장이다. 이어서 "곤이 변하여 새가 되는데 그 이름을 붕이라 하며 길이가 수천 리고 날개가 하늘에 드리운 구름과 같다"고 하는데, 이것도 묘사는 영화 장면처럼 생생하지만 의미는 '변화'에 있다. 물고기는 물고기고 새는 새라는 상식을 가진 독자도 『장자』의 첫 문장을 읽는 사이에 "물고기는 새로 변한다." 다시 말하면 사물은 다른 사물로 바뀔 수 있다는 탈상식의 사고를 쉽게 받아들이고 만다. 이 '변화'에 대한 생각은 또한 세계의 본래 모습 속에서 얼마든지 찾을 수 있기 때문에 쉽게 전파되었다.

『장자』는 통념과 상식의 입장에서 보면 납득할 수 없는 엉터리 거짓말을 끝없이 하면서도 아무도 그것을 쉽게 눈치 채지 않게 썼다. 세상에 없는 일을 말하면서도 아무도 의심하지 않을 만큼 사실적으로 묘사했다. 철학과 문학이 이렇게 어우러져 교묘한 예술을 이룬 작품도 쉽게 찾기 어려울 것이다. 『장자』의 우언이 가진 이런 예술성과 다의성 때문에 읽는 사람이 받아들이는 데 따라 무협지 수준이 될 수도 있고, 고차원의 위상 수학이 될 수도 있다. 전국 시대에 학파들이 대결하는 마당에 이런 수법으로 자기의 세력을 펴고자 한 사람들은 어떤 생각을 가진 것일까?

공자는 상황 속의 인간을 네 부류로 나눈 적이 있다. 미치광이 이상주의자들은 실현할 방도도 없이 원대한 꿈을 떠들어 댄다. 그들은 매우 진취적이지만 하는 짓이 위태롭다. 고집불통 교조주의자들은 세상의 흐름에 앞서지 않으면서 세상에 나서서 설치는 인간들이 하는 일마다 꼬집고 비판하고 반대한다. 세상의 소금이다. 공자는 이 둘의 장점을 취해, 상황에 적절하며 융통성 있고 성과가 있는 방법을 '중용'이라고 했다. 그런데 이 중용과 아주 비슷하면서도 틀려 먹은 인간 부류가 있다. 공자는 이들을 '향원'이라고 했는데 기회주의적 속물들이다. 이들은 세상에서 출세한 인간이 되고 보통사람들에게 좋은 사람으로 비치지만 철학이 없고, 있다면 상하좌우로 눈치를 잘 살펴서 적당히 중간을 가는 인간들이다. '중용'과 '중간'의 차이는 철학이 있고 없는 차이다. 공자는 중용을 하는 사람을 만나지 못한다면 차라리 미치광이들이나 고집불통들과 사귀고 싶다고 했다.

장자 학파 사람들은 고집불통의 천재들이었다. 쥐뿔도 모르는 것들이 세상을 바로잡겠다고 큰소리 친다고 비난하고, 제깐에는 땀 흘리며 온몸으로 뛴다는 인간들을 냉소했다. 그들은 의심이 가득 찬 눈초리로 세상의 난사람들을 감시했고 그들의 계획에 동참하기를 거부했다. 쇠코를 꿰고, 물 긷는 기계를 발명하고, 효율적으로 인간을 관리하여 나라를 부강하게 하겠다는 운동 들에 대해 언젠가는 망하리라 하면서 비아냥거렸다. 전국 시대는 부국 강병의 시대였다. 나라마다 침략 전쟁으로 영토를 넓히고 중앙 집권화로 인민을 효율적으로 관리하고 통제하려고 애썼다. 도가 사상의 기본 입장은 당시의 이런 경향에 대한 반발로 개인의 자유와 생명 존중 사상을 주장했다. 또한 중앙 집중화의 시대 흐름에 대해 원시적 자연 부락의 관습에 의한 질서를 옹호하는 입장에 섰다. 이런 입장은 문명 건설과 인간의 자연 이용과 개발을 반대하고, 인간은 자연의 질서에 따르는 삶을 살아야 한다는 자연주의적 철학 사상으로 발전했다.

세계에 대한 질문, 나에 대한 질문

"내가 이 세계에 대해 알아낸 것은 광대한 해변에서 작은 모래알 하나를 집어든 것과 같다." 뉴턴 같은 천재가 이렇게 이야기했다니 참 흥미 있는 일이다. 어쩌면 천재들은 모르는 것이 너무 많은 사람들이다. 남들보다 월등히 많이 아는 사람이 스스로 모르는 것이 많다고 느낄 때 철학이 시작된다. 베이컨이 "아는 것이 힘이다"고 했을 때 '안다'는 것과, 소크라테스가 "너 자신을 알라"고 했을 때 '안다'는 것은 다르다. 아마 베이컨은 자연 법칙을 많이 알수록 인간이 자연을 자기에게 유리하게 이용할 수 있는 능력이 커진다고 생각했을 것이다. 소크라테스는 우리 자신의 '무지함'을 알라고 한 것이 아닌가? 그렇다면 장자는 베이컨의 세계에 대한 앎에서 시작하여 소크라테스의 나에 대한 앎을 문제 삼았다.

"하늘은 도는가? 땅은 정지해 있는가? 해와 달이 서로 자리를 바꾸는가? 누가 그들을 그렇게 움직이도록 할 틈이 있었을까? 그들은 자동적으로 그렇게 움직이는 어떤 기계 장치가 있어서일까, 아니면 그들은 어쩔 수 없이 그저 움직일 뿐인가? 구름이 비를 만드나, 아니면 비가 구름을 만드나? 비가 그렇게 많이 내리도록 하는 것은 무엇인가? 누가 이 세상을 굽어보며 여유 있게 이 모든 일이 일어나도록 하는 데 신경을 쓸 여가를 가졌을까?"

"하늘은 푸르고 푸른 것이 그 본색인가? 그것은 멀어서 끝이 없는가? 아래로 내려다보면 또한 이와 같지 않겠는가?"

"백 개의 뼈와 아홉 구멍과 여섯 내장이 다 갖추어졌으니, 나는 어느 것과 친할까? 너는 그들을 모두 다 좋아할까? 특별히 좋아하는 것이 있을까? (네가 따로 있다면) 그들은 주인이 아니라 (너의) 심부름꾼들이 아닐까? 심부름꾼들끼리 서로 시키면 되지 않을까? 돌아가면서 주인이 되고 심부름꾼이 될까? 진짜 주인이 따로 있을까?"

'하나의 세계'라는 생각은 장자의 첫째 가는 관심 주제다. 하나의 세계에서는 모든 것이 오직 하나이므로 비교도 차별도 경쟁도 전쟁도 건설과 파괴도 성공과 실패도 있을 수 없다. 그러나 인간 사회에는 이 모든 것들이 있다. 인간들은 선악 미추 시비 생사 유무를 구분하고 비교하고 평가하고 선택하고 경쟁한다. 왜 그런가? 그것은 세계의 본래 그러한 모습과 어그러지기만 하는 인간의 '의식' 때문이다. 장자는 이것을 '자연'과 '인위'의 대립으로 설명한다. 하나의 세계에서 둘, 셋 그리고 무수한 세계를 만들어 내는 '인위' 때문에 세상이 복잡하고 험악해졌다고 본다. 인간의 의식이 만들어 내는 계획, 의도, 방법은 혼란만 일으킬 뿐 실제로 주는 이익이 없다.

"원숭이를 키우던 할아버지가 흉년을 만나 원숭이 먹이 걱정이 생겼다. 할 수 없이 원숭이들을 모아 놓고 설득했다. '너희에게 미안하지만 형편이 그래서 도토리를 하루에 일곱 개로 줄이고, 아침에 세 개, 저녁에 네 개씩 줄 작정이다.' 그러자 원숭이들은 웅성거리며 불만이 많았다. '그럼 아침에 네 개, 저녁에 세 개씩 주면 되겠느냐?' 그러자 원숭이들이 모두 좋아했다."

원숭이 할아버지는 잔재주로 위기를 넘겼으나 원숭이들의 뱃속에서 꼬르륵 소리가 나면 다시 잔재주를 피워야 할 것이다. 인간이 세상에 대해 설계하고 계획한다는 것이 겨우 이런 잔재주에 지나지 않으며, 그것은 언어와 지식에 근거하여 전파된다고 장자는 생각한다. 그래서 사색의 두번째 주제는 앎과 말이다.

장자는 우리가 세계에 대하여 알았다고 하는 것은 착각이라고 한다. 그것이 착각인 이유를 여러 가지 비유로 설득하려 한 내용이 『장자』에는 매우 많다. 인간이 세계에 대해 말할 때 이미 세계 자체에서 벗어나기 시작한다. "세계는 하나다"라고 말하면 이미 하나의 세계와 '세계는 하나'라는 말이 있어 둘이 된다. 우리가 지도를 만들기 시작한 뒤로 현지와 관계없는 지도가 나올 가능성도 생겼다. 맨 처음 어느 지역의 지도가 나오면 다른 사람은 그 지도를 들고 현지에 다니면서 새로운 내용을 덧붙인 지도를 만들 수 있다. 또 다른 사람은 두 장의 지도를 들고 현지에 가서 지도끼리 비교하고 지도와 현지를 비교하여 다른 지도를 만들 수 있다. 그런데 어떤 게으른 사람이 남들이 만들어 둔 여러 장의 지도를 모아서 새로운 지도를 만들기 시작했다. 지식을 가지고 먹고살 수 있는 사람들의 탄생이다. 현지에 가 보지 않고도 지도를 만들 수 있는 방법이 알려지고 나면 이제 지도는 걷잡을 수 없이 많아지고, 그렇게 만들어진 지도들의 우열을 가리는 일은 어렵다. 서로 자기 지도가 옳다고 큰소리로 주장할 뿐 아니라 현지에 가서 확인할 생각은 하지 않고 무수한 지도들을 이것 저것 비교하느라 시간이 다 간다.

장자는 전국 시대의 난국에 대해 처방을 내린 사상들이 현지에 가 보지 않고 만들어진 지도와 같은 것들이라고 생각한다. 그런데 또 문제는 지도가 아무리 잘 만들어져도 현지는 아니라는 데 있다. 그래서 장자는 서로 자기 지도가 옳다고 주장할 것이 아니라 자기 지도가 현지와 다르다는 것을 겸허하게 받아들이자고 제안한다. 따라서 장자에 따르면 지도 중에 유일하게 현지와 맞는 지도는 없고, 이론도 현실 정치에 대한 '정답'이 되는 이론은 없다. 될 수 있으면 이론끼리 우열을 따지는 데 시간을 많이 소비하지 말고, 생각을 담당하는 대뇌피질의 작용을 억제하고 중추신경계의 생명 활동을 자유롭게 하여 위장병과 노이로제가 없는 인생을 살게 하자는 것이다. 이론의 우열을 다투는 자들은 이론을 잘 모르면서도 자연의 질서에 따라 잘 살아가고 있는 백성들을 억지로 조직하고 집단화하려고 하는데, 백성들은 각자 제멋대로 살게 두면 자연히 자그마한 농촌에서 덕망 있는 대표자가 나오고 질서를 이루는 것처럼 아무 문제도 없다고 장자는 주장한다. 그런데 이론에 대한 철저한 회의주의는 성립할 수 없다. 장자 자기의 주장도 옳은지 그른지 모르기 때문이다. 그래서 장자는 나도 꿈꾸고 있지만 여러분도 꿈꾸고 있는 것이니 같이 꿈 깨자고 말하고 말았다. 참으로 한심한 대안이다.

이런 입장은 마침내 중앙 집권적 통치 조직이 이루어지고 도시가 생기면서 새로운 삶의 양식이 나타나자 두 가지 길 가운데 하나를 선택할 수밖에 없었다. 하나는 그전 이론을 버리고 새로운 변화에 타협하여 그럭저럭 따라 살면서 불평 불만을 하는 방식이고, 다른 하나는 통제와 감시가 못 미치는 산 속으로 숨는 방법이다. 『장자』는 대개 이런 역사 변동의 시점에 이루어진 불평 불만 모음집이다. 그들은 전통적 자연 농촌 부락의 생활방식을 존중했고 어머니의 품을 떠나기 싫어하는 어린아이처럼 원시적인 농경 사회의 삶을 중시했으며, 지능을 발달시켜 온갖 거짓을 부리기보다 육체의 생명력을 온전히 발휘하는 삶을 열망했다. 그들은 변동의 주도 세력이 아니면서도 천부적인 이론 능력을 타고난 사람들이어서 반항하지 않을 수 없었다.

그러나 장자 학파의 반항 정신은 관념적인 것이었다. 그들은 당장 대세를 돌려 놓을 만한 힘이 없었기 때문에 아주 장기적인 포석을 해 둔 것인지도 모른다. 역사에서 이들의 개체 중시와 생명 존중 사상은 기회 있을 때마다 다시 등장했고, 실질적으로 유가 사상이 현실적 위기를 맞을 때마다 새로운 이론 보완의 젖줄이 되었다. 그것은 당시의 풍부한 논쟁들 속에서 독특한 방법론을 개발한 덕분이었다. 장자의 허위의식 파괴 공작은 동양 사람들에게 매우 설득력 있는 방식으로 이해되었다. 그리고 어쩌면 장자의 세계관은 우리 전통 사회의 정서에 밑바탕을 이루는 것인지도 모른다.

동양의 산수화를 보면 사람을 찾기 어렵다

장자 사상은 전국 시대의 제자 백가 사상 가운데 도가 학파에 속하고 노자 사상을 계승한 것이라고 보지만, 『장자』라는 책에는 유교 사상이 섞여 있는 편들도 있다. 또한 『장자』에는 공자를 우화 속에 등장시켜 조롱하는 이야기가 많이 나오는데, 소동파 같은 사람은 그것이 겉으로 보면 공자를 놀린 것 같지만 속에는 공자를 높이는 자세가 깔려 있다고 했다. 소동파는 어쨌든 장자를 외도 이단의 가시밭길에서 구해 내려고 했기 때문에, 아무리 좋게 보아도 유교의 성인이 발붙일 곳 없는 이야기가 들어 있는 「도척」 「양왕」 등 몇 편의 작품은 장자의 진정한 뜻과 거리가 먼 졸작이라고 했다. 그러나 이것은 소동파의 바람이고, 장자의 근본 사상은 어디까지나 유가를 비판하고 노자를 잇는 도가 계열이다. 도교와 불교가 천하를 휩쓸던 시대에 유교를 되살려 낼 기초 작업에 큰 공을 세운 한유도, 장자가 공자의 제자 가운데 자하 계통의 학문을 전수받았다고 주장했다. 자하는 공자의 제자 가운데 열 손가락 안에 드는 인물로 문학이 전공이었다. 심지어는 장자 사상이 공자의 수제자 안연의 계통을 이은 것이라는 설도 있다.

『장자』에 대한 유가 사상가들의 끊임없는 눈짓은 『장자』의 풍부한 상상력과 언어의 예술을 배우는 것이 유교를 위해 이로웠기 때문이다. 이런 맥락은 1,400년이 흐른 뒤에 나온 새로운 유교, 즉 주자학의 세계관이 노자와 장자 철학의 복사판이라는 현대 철학사가들의 평가에서 분명해진다. 인간이 무엇을 어떻게 할 것인가를 물은 정치와 윤리의 문제는 『논어』나 『맹자』에서 깊이 다루었지만 '세계'에 대한 질문은 『장자』에서 시작하며, 그런 점에서 중국에서 철학적 사고의 출발이라고 할 수 있는 주제를 최초로 가장 풍부하게 담고 있는 책이 『장자』다.

동양의 산수화를 보면 사람을 찾기가 어렵다. 어디엔가 있기는 있는데 그 존재가 뚜렷하지 않다. 큰 산과 강물이 있고 또는 폭포가 있으며 울창한 수풀 속에 보일 듯 말 듯 집이 한두 채 보인다. 사람은 어디에 갔는지 한참 찾아야 한다. 강에서 낚시를 드리우고 있든지 숲 사이로 난 오솔길을 걷고 있다. 세계 속의 인간 모습은 이와 같다. 장자가 그린 우주도에서 인간의 크기는 이런 산수화 속의 인간 크기와 꼭 같다. 고대에 이미 하늘, 땅, 사람이라는 큰 구분이 있었다. 그래서 유교의 책 가운데 『주역』이나 『중용』은 만물을 낳는 하늘의 공덕과 만물을 기르는 땅의 공덕과 만물을 경영하는 인간의 공덕이 맞먹는다는 생각을 표현했다.

그러나 장자의 눈으로 보면 이런 주장은 터무니없는 헛소리다. 장자에 따르면 인간은 우주를 다 알 수 없다. 우주를 인간의 생각으로 한정시키면 사람들은 우주 밖에 무엇이 있는지 물을 것이다. 그래서 엉뚱하게 우리 마음이 지어낸 신이니 사랑이니 하는 것들이 우주를 감싸고 있다고 헛소리를 하게 된다. 장자는 땅을 벗어나지 못하는 자기 한 몸 속에 매달린 정신이라는 것을 그렇게 대단한 존재로 선전하지 말자고 제안했고, 이 제안은 동양의 전통 사상에 이의 없이 받아들여졌다. 그것은 "육합(상하사방) 바깥은 논하지 말자"는 것이었다. 장자의 제안은 전통 사회 안에서도 끊임없이 신을 만들어 내려는 움직임을 막아 내는 마지막 보루가 되었다.

우리의 전통 사회에서는 사물의 성장 과정을 관찰하고 별들의 운행을 관찰하여 주기성을 발견하고 법칙을 찾았지만 사물을 쪼개고 열어 보고 별들을 인간이 만들어 낸 궤도 위에 올려놓고 이리저리 따져 보는 방법은 아주 소홀히 했다. 말하자면 세계의 구조에 대한 탐구는 몹시 억제되었다. 그 책임의 일부는 장자 사상에 있을지도 모른다. "사물을 열어 보지 말라. 있는 그대로 두라." "사물을 알려면 사물과 하나가 되고, 천하를 알려면 천하와 하나가 되라." 이런 방법은 경험과 신비 사이를 오락가락하는 방법이다. 그러나 장자의 프로그램은 매우 독특한 것이다. 큰 것을 알면 작은 것을 알 수 있고 시간을 알면 공간을 알 수 있다. 그것은 어쩌면 세상이 어떻게 되든 안달하지 않고 조급함이라곤 찾아볼 수 없는 인간들의 설계도인 것 같다.

◇ 읽을 거리

- 장자, 『장자』, 우현민 역주, 박영사, 1977.
- 리우샤오간, 『장자 철학』, 최진석 옮김, 소나무, 1990.
- 송하경 엮음, 『장자』, 유풍, 1981.
- 김교빈, 이현구, 『동양철학 에세이』, 동녘, 1993.

4

대동서

大同書(1913)

강유위

康有爲(1858~1927)

조경란(연세대학교 국학연구원 HK연구교수)

철학의 명저 20

개혁에서 보수로

중국에서 옛 사상의 마지막 보루이면서, 한편으로는 신사상으로 나아가는 첫걸음을 상징하는 인물이 강유위(康有爲)다. 따라서 중국의 전통 사상은 물론이고 특히 근현대 사상을 살펴보려고 할 경우 강유위의 철학은 우리가 반드시 넘어야 할 커다란 분수령이다. 그리고 강유위의 저술 중에서 가장 대표적인 것이 바로 『대동서(大同書)』다.

강유위는 1858년 광동(廣東)성 남해(南海)현에서 태어났다. 당시 중국은 아편 전쟁에 패배하여 서구 열강의 침략에 무릎을 꿇기 시작했고, 이와 더불어 태평천국의 난이 일어나는 등 전근대적인 봉건 체제가 내부적으로 무너져 간 역사적 격동기였다. 강유위의 집안은 대대로 정주학(성리학)을 받들어 온 집안이었다. 그는 7세 때 이미 문장을 지을 정도로 뛰어난 학문적 소양을 나타냈다. 일찍이 10세 때 부친을 여의고 그 뒤 할아버지 밑에서 정주학을 배우기 시작했다. 그는 과거시험만을 위한 형식적인 공부를 몹시 싫어했다. 19세 되던 해 지방의 과거시험인 향시를 마지못해 보았는데 본래 뜻을 두지 않은 시험이었던지 낙방했다.

낙방한 그 해에 강유위는 할아버지의 절실한 친구이자 아버지의 스승인 광동 지방의 대유학자 주차기의 문하에 들어갔다. 주차기는 정주학은 물론 경세지학에도 관심을 가진 인물로서 청조의 고증학 풍조를 비판하고 드디어는 관직을 버리고 30여 년간 서당을 열어 자제 교육에 힘써 온 사람이다. 주차기의 이런 사상은 뒷날 강유위에게 정주학은 물론 경세치용학 등에 대해서도 매우 큰 영향을 주게 된다.

그러나 1877년 강유위 나이 20세 때 할아버지가 세상을 뜨자 정서 불안정을 보이는 가운데 과거에 섭취한 모든 지식에 대해 의구심을 갖고 회의하면서 갑작스런 사상 변화의 조짐을 띠기 시작한다. 아직 독자적인 생각을 하기에 충분한 나이는 아니었지만 이 때부터 자기만의 독창적인 생각과 사고를 하려는 내적 움직임이 움트기 시작했다. 이 즈음 스승 주차기와 결별하고 1879년 서초산(西樵山)에 들어가 유학 이외의 학문에도 관심을 기울인 것 같다. 실제로 강유위 자신이 쓴 연보에도 서초산에 들어가 있으면서 전적으로 도교나 불교 관계 책을 공부했다고 쓰여 있다. 청말 당시는 강유위뿐 아니라 사대부 지식인 중 많은 사람들이 불교에 관심을 쏟고 있었다.

이런 현상은 당시 중국의 정치 사회 상황과 밀접한 연관이 있다. 중국의 위기 상황을 절감한 지식인들은 모든 것을 공(空)으로 보는 현실 초월이나 현실 부정의 입장에 섬으로써, 위기 일발의 상태에 빠져 있던 당시 중국의 상태를 근본적으로 비판하고 극복할 전망을 확보할 수 있었다. 물론 관념적 한계가 있기는 하다. 그러나 당시 체제가 공인한 학문인 유교의 입장을 견지하는 방법으로는 도저히 얻기 힘든, 중국의 앞날에 대한 전망을 불교의 입장에 서면 얻을 수 있었고 이것이 궁지에 몰린 청말 중국에서 불교가 행한 중요한 역할이기도 했다.

도교와 불교에 관심을 둔 바로 그 즈음(1879년 22세 때) 강유위는 서양 사상도 접하게 된다. 강유위 자신이 외국과의 접촉이 잦은 중국 대륙의 최남단 광동 지방에서 자랐으므로 그 이전에도 서양의 세력을 어렴풋이나마 알 수 있는 기회는 있었으리라 보인다. 서양 사상에 심취하여 본격적으로 서양 사상에 관심을 갖게 된 것은 그가 홍콩으로 가서 서양의 문물을 직접 접하고 나서부터다. 강유위는 이 때 "서양에도 법도가 있음을 비로소 알았다"고 말함으로써 사고의 전환을 맞이한다. 즉 양무 운동 실패 이래 중국과 열강 사이에 나타난 힘의 우열이 근원적으로 어디서 비롯은 것인가를 찾기 시작한 것이다. 당시 세계의 역사와 지리 등 여러 가지 정보가 실린 위원(魏源)의 『해국도지』나 잡지 『만국공보』를 통해 천문학, 지리학, 과학, 세계 지리 등에 관한 많은 정보를 얻게 된다. 뿐만 아니라 미국, 유럽, 인도, 일본, 러시아 등의 정치 체제에 대해서도 상당한 지식을 얻었다.

특히 일본의 명치유신과 러시아의 피요트르 대제의 정치 개혁에 대한 지식은 나중에 변법자강 운동을 벌이는 데 모델이 되기도 한다. 변법자강 운동이란 시대에 맞게 법을 변화시키지 않으면 열강에 패하고 말 것이라는 생각에서 당시 청조의 황제 광서제에게 변법을 요구한 정치적 사건으로서 강유위가 중심이 되고 그의 제자 양계초, 담사동 등이 참여한 운동이다. 사실 이 정치적인 변법 운동 역시 이론적 원동력을 당시 서양에서 가장 유행하고 있던, 생존경쟁과 약육강식을 내용으로 하는 진화론에서 찾았다.

강유위는 이와 같이 중국의 전망에 대한 위기의식에서 사상적으로는 유학을 기본으로 하고 도교, 불교와 서양 사상까지도 섭렵하면서 자신의 독자적인 사상이나 행동을 어느 정도 구축하게 된다. 중국뿐 아니라 서양에 대한 지식을 더욱 넓힘으로써 그는 '세계'에 대한 나름의 구상과 청사진을 그릴 수 있게 되었다. 이것이 바로 우리가 함께 검토해 볼 『대동서』이다.

강유위는 1879년경부터 1884년까지는 상당히 많은 분량의 공부를 했다. 이것이 바탕이 되었는지, 그 뒤 과거 시험에도 합격하고 계속하여 훌륭한 저작들을 내게 된다. 한편 어렸을 적 받은 유교의 도덕 교육은 그에게 정치와 사회 질서에 대한 책임의식을 갖도록 끊임없이 강요했다. 또 그 스스로도 이에 대한 대응으로 자기 생각을 행동으로 옮기는 것이 중국 사회가 자기에게 맡긴 책무라고 생각한 것 같다. 그래서 그런지 1895년부터 몇 차례에 걸쳐 상서를 올린다. 드디어 1898년에는 변법이 받아들여지는 것 같더니 급기야는 서태후의 쿠테타로 실패로 돌아가게 된다.

강유위는 생명에 위협을 느끼자 망명길에 오른다. 망명길에서 일본, 싱가포르, 베트남, 타이, 인도네시아, 인도, 캐나다 등지를 둘러본다. 특히 캐나다에서는 보황회를 조직한다. 여기서 보황회란 어느 정도 변법의 요구를 받아들이려 한 광서제를 지켜 주기 위한 조직이다. 그러나 이는 또 황제 제도를 인정하는 국가 체제를 보존하여 본질적으로는 봉건적 정치 체제를 유지하려는 뜻을 가진 사람들의 모임이라 할 수 있다. 그렇다면 강유위는 변법 운동이 실패로 돌아가자 곧바로 자기가 이전에 가지고 있던 개혁에 대한 주장을 쓰레기처럼 던져 버리려 한 것일까? 어쨌든 강유위는 운동이 실패한 뒤 진보적인 진영에 서서 사회 개혁에 책임을 지고 그것을 위해 행동한다는 것이 얼마나 힘들고 위험한가를 절감한 것 같다.

청 정부가 1900년 강유위 체포령을 내려 그를 수배하는 가운데 이제 방랑 생활이 시작된다. 물론 유럽 각지와 미국 등을 방문하면서 유랑 생활치고는 아주 고급스런 생활을 했다. 이 때 그는 서구 유럽의 자본주의 상태를 피상적으로나마 접하게 된다. 뒤에 이를 토대로 각종 여행기를 내게 되는 것이다.

그가 중국으로 돌아오게 된 것은 1911년 신해 혁명 이후에야 가능했다. 1898년 변법 운동이 실패한 뒤 실로 15년 만의 일이다. 귀국해서는 1916년 원세계에게 제재를 취소할 것을 요구하기도 하지만 그것도 잠시, 1917년에는 장훈과 결탁하여 복벽 운동을 추진하는 등 1927년 병으로 세상을 뜰 때까지 사상에서나 정치에서 노골적인 보수화의 길을 걷는다.

저서로는 『대동서』 외에도 『신학위경고』 『맹자미언』 『춘추필삭대의미언고』 『공자개제고』 『춘추공양정주』 『맹자대의술』 『대학주』 『논어주』 『중용주』 『예운주』 『춘추동씨학』 『춘추삼세의』 『맹자공양상통고』 『대역미언』 『숭금문이억고문』 『일본명치변정고』 『아대피득』 『변법치강고』 『공거상서기』 『남해무술유사』 『유사』 『남해선생시집』 『문집』 등이 있다.

첫째, 국계를 없애고 대지를 합한다

강유위가 살았던 1858년에서 1927년이란 기간은 중국 역사에서 정치적으로나 경제적으로 전에 없던 커다란 변화의 시기였다. 아편 전쟁을 시작으로 서양 제국주의가 침략의 손을 뻗쳐 옴에 따라 중국은 이제 더 이상 중화 제국으로서, 더 나아가서는 하나의 국가로서도 온존하기조차 힘든 상황에 떨어지게 되었다. 이에 따라 중화 제국을 떠받쳐 오고 있던 사상도 커다란 변화를 겪지 않을 수 없었다. 즉 중국과 서양, 전통과 근대, 보수와 진보 등 여러 가지 가치 개념들이 좌충우돌하고 있었다. 이 한가운데 서서 당시 사상가들은 중국의 미래를 위한 사상적 활로를 찾아야만 했다.

강유위의 사상은 그 가운데서도 대표로 거론될 수 있는데, 그에게서 전통과 근대는 극한적인 형태를 띠고 있다. 보편적으로 어떤 사상이든 모두 당시의 시대 상황을 반영하기 마련이다. 『대동서』는 바로 강유위 사상의 특징을 말해 주는 저작임과 동시에 당시의 시대상을 잘 말해 주는 대표작이기도 하다.

그러면 이 책 『대동서』가 말하려 하는 중심 사상은 무엇일까? 그것은 강유위 자신이 책의 서문에서 밝히고 있듯이 이 세상의 모든 생물은 즐거움을 구하고 괴로움에서 벗어나려 한다(苦去求樂)는 것이다. 다시 말해 인간이 가는 길(人道)에는 괴로움을 구하고 즐거움을 버리려는 것은 없다는 것이다. 따라서 고거구락은 인간 본성의 기본 욕구이며 최고의 인도 법칙이다. 인간의 정신과 육체의 각종 욕구가 만족되는 것이 즐거움이요 만족되지 못하는 것이 고통이다. 인간의 모든 활동은 모두 심신의 만족을 추구하며 이 때문에 사회가 발전하는 것이다. 그리고 사람은 하늘이 낳은 것이기 때문에 부모 마음대로 되는 것이 전혀 아니다. 이것은 하늘이 부여한 인권의 이치 즉 천부인권 사상을 말하는 것이다. 여기서 우리는 그가 지닌 근대 사상의 면모를 엿볼 수 있다.

그렇다면 궁극적으로 고거구락을 위해서 괴로움의 근원이 어디에 있는가를 알아야 할 것이다. 『대동서』에서 말하는 괴로움의 근원은 국계(國界), 급계(級界), 종계(種界), 형계(形界), 가계(家界), 업계(業界), 난계(亂界), 유계(類界), 고계(苦界) 등 9계에 있다고 한다. 다시 말하면 9계가 있기 때문에 여러 가지 고뇌가 생겨난다. 그렇다면 대동 사회를 오게 하기 위해서는 이 9계를 없애야 하는 것은 당연하다. 그것을 없애기 위한 대책을 다음과 같이 제시한다.

"첫째, 국계를 없애고 대지를 합한다." 지구상의 모든 국가의 경계를 없애고 전세계를 유일한 공정부로 통합한다. "둘째, 급계를 없애고 민족을 평등하게 한다." 모든 계급을 없애고 무계급 사회를 건설한다. "셋째, 종계를 없애고 인류를 똑같이 한다." 인종을 개량하여 전인류를 동일한 우량 인종으로 만든다. "넷째, 형계를 없애고 독립을 보존한다." 남녀의 완전한 동권을 실시한다. "다섯째, 가계를 없애고 천민(天民)이 되게 한다." 가족 제도를 파기하고 생활에 필요한 시설은 모두 공영으로 한다. "여섯째, 산계를 없애고 생업을 공공으로 한다." 생산 분배의 모든 기구를 공영으로 하고 사유재산에 기초를 둔 불합리한 점을 제거한다. "일곱째, 난계를 없애고 태평을 다스린다." 난계란 앞에서 말한 여섯 개의 계를 통틀어서 말하는데 이 난계를 없애고 태평의 상태에 이르게 한다. "여덟째, 유계를 없애고 중생을 사랑한다." 인류 평등의 이상이 달성된 후 인류계뿐 아니라 모든 생물계에 자비가 베풀어지도록 한다. "아홉째, 고계를 없애고 극락에 이르게 한다." 앞의 모든 고뇌를 제거하고 지상에 극락 세계를 세운다. 이것이 바로 앞에서 말한 이상 사회 즉 대동 사회를 이루기 위한 기본 조건이 되는 것이다.

강유위는 이런 기본 조건을 이룩하기 위해 제도적으로 보장하고 보완해 나갈 수 있는 사회 개혁의 방법도 세부적으로 밝히고 있다. "국가를 인정하지 않고 전세계에 하나의 총정부를 두고 약간의 구역으로 나눈다. 총정부 및 구정부는 모두 인민의 손으로 뽑는다. 가족을 인정하지 않고 남녀 동거는 1년을 넘길 수 없으며 기한마다 교체해야 한다……. 죽은 자는 화장해야 하고 화장터 부근에는 비료 공장을 설치해야 한다."는 등등.

더 나아가 『대동서』에는 아주 시시콜콜한 내용도 눈에 띈다. 즉 머리칼에서 수염, 눈썹에 이르기까지 모두 깎아 버린다. 온몸의 털을 다 깎되 오직 코털만은 먼지와 더러운 공기를 막기 위해 약간 남겨 둔다. 임부가 좋은 곳을 택하여 거주하고 엄격한 태교를 실시하면 나쁜 형질은 도태하기 때문에 결코 폐인이나 병자가 생기지 않는다. 또 다른 한편에서는 과학 기술의 발달 덕분에 인류는 윤택한 생활을 하고, 인간은 자기가 하고 싶은 것을 하면서 살 수 있다고 하는 등 소외되지 않은 삶의 형태를 그리기도 한다.

전체적으로 보아 『대동서』를 구성하는 사상 요소는 무엇일까? 그것은 공양삼세설, 예운편의 대동소강설, 불교의 자비평등설, 루소의 천부인권설, 기독교의 평등자유설, 유럽의 사회주의 학설, 무정부주의, 엄복에 의해 소개된 진화론 등이다. 여기에서 대동설이란 원래 유교의 고전에서 이상 사회로 여겨지는 것인데 그 내용은 천하를 공유로 하고 홀아비, 자식 없는 노인, 고아 등도 외롭지 않게 살아갈 수 있는 공공의 사회를 말한다. 공양삼세설이란 역사가 혼탁한 거란(據亂)세, 안정이 시작되는 승평(升平)세, 안정이 성숙되는 태평(太平)세의 형태로 차례대로 발전해 간다는 것을 말한다.

이와 같이 『대동서』는 형식과 내용에서 대동 사상과 공양삼세의 뼈대 위에 서양적, 근대적인 것을 중국적, 전통적인 것 안에 포섭하는 형태를 취하고 있다. 또한 사유재산제 같은 근대 자본주의 사회가 만들어 낸 해악도 지적하고 있다. 그래서 강유위는 가끔 서양 사상사에서 생시몽, 오웬, 푸리에와 같은 공상적 사회주의 사상가들의 위치와 비교되기도 한다.

어쨌든 강유위의 대동 사상은 근대적인 것을 섭취하고 이것과 일정한 타협을 이루면서 중국적, 전통적인 것을 재조직함으로써 형성된 것이다. 서구 문명의 충격에 중국 사람들이 반응한 여러 가지 형태에는 전통에 완전히 집착하려 하는 보수파, 그와는 정반대로 전반적인 서구화를 주장하는 급진파, 부분적인 서구화를 주장하는 파, 세계주의화를 주장하는 파 등이 있다. 『대동서』만을 기준으로 보면 강유위는 세계주의화를 주장하는 소수 입장을 대변한다고 할 수 있다.

서양 사상을 이용한 중국 전통 사상의 재해석

강유위는 열강의 침략으로 망국의 위기에 빠진 상황 속에서 서양의 문명 즉 근대 과학, 민권론 등의 자극을 받아 전통 사상을 재조직함으로써 개혁의 원리를 만들어 냈다. 이런 개혁의 원리가 본질적으로 왕조 체제를 근대적으로 수정함으로써 그 존속이나 강화를 의도한 것인지, 아니면 입헌 군주제와 민권을 제시함으로써 근대적인 정치 체제를 수립하려 한 것인지에 대해서는 연구자들의 의견이 일치하지 않고 있으나, 어쨌든 『대동서』에서 분명히 엿볼 수 있는 것은 강유위가 청말 신구 교체기의 사상 면모와 계급 성격을 뚜렷하게 보여 준다는 점이다.

이런 점에서 강유위의 『대동서』와 같은 서술 내용과 방식은 낡은 병에 새 술을 담으려는 것처럼 보이기도 한다. 또 『대동서』라는 대작을 차분하게 읽고 보면 내용이 실제로 박물학에 지나지 않는 것 같은 느낌도 든다. 어떤 일정한 주제를 두고 쓴 저술이라기보다는 자신이 알고 있는 모든 세계 지식과 사상 지식을 동원하여 그냥 열거해 놓은 것이 아닌가 하는 느낌도 드는 것이 사실이다. 뿐만 아니라 강유위는 앞에서 말한 세계가 인류 진화의 궁극이라고 말하고 있으면서도, 현실적으로 당시 중국 상황에서 어떠한 방법으로 그것을 이루어 낼 수 있는가에 관해서는 어떤 구체적인 말도 없다. 이런 면에서 『대동서』는 강유위가 아직 젊은 나이에 쓴 습작 정도에 지나지 않는 것으로 평가될 수도 있을 것이다.

그러나 이 모든 결점에도 불구하고 강유위의 대동 사상이 그 때 상황에 안주하지 않고 사상적으로 낙관적 신념과 전망을 제시하여 계몽적, 진보적 작용을 한 점은 그 누구도 부정할 수 없는 사실이다. 그리고 특히 『대동서』 속에 나오는 남녀 문제에 대한 여성 해방 입장이라든가, 가족 제도의 부정 등에 대한 강유위의 서술은 당시 중국 상황에서 방법으로나 현실로나 얼마만큼 실천적인 것으로 이어질 수 있는지에 대해서는 의심이 가는 점이 있지만, 유교 도덕 원리의 근간인 공순원리(恭順原理)를 외형적으로나마 부정한 것으로 해석할 수 있다. 이런 점에서도 『대동서』는 몇천 년간 지속되어 온 봉건 구습에 반대하는 역할을 한 것이다.

아편 전쟁 이후 양무론이나 변법론자들은 서학의 수용을 주장하면서도 한편 "중학(中學)의 부족한 점을 보충한다" "서학은 중학에서 나왔다"는 등의 주장을 한다. 이는 중학에 견주어 서학을 부수적이고 견강부회적인 것으로 보는 주장이다. 그러나 강유위는 이와는 달리 서학을 촉매로 하여 전통 사상 그 자체의 의미를 전환시켜 버린다. 그렇게 함으로써 그는 '주체적으로' 19세기 말 무너져 가는 중국 전통 사상의 재생가능성을 다시 한번 발휘하려 했다. 이 점이야말로 강유위 사상의 독특한 점이고, 또한 『대동서』의 가치라고 말할 수 있는 것이다. 강유위는 체계화된 서양 사상을 비판하거나 또는 이에 대응하는 방법을 중국 전통 사상으로 회귀하는 데에서 찾는 것이 아니라 오히려 서양 사상을 이용한 중국 전통 사상의 재해석, 재구성을 통해 그 방법을 찾았다.

결론적으로 『대동서』에 나타난 강유위 사상의 특징은, 전통에 대한 근본적인 자기 비판이라는 문제를 남겨 놓긴 하지만 현실 대응을 위해 몇천 년간 내려온 유교 자체를 과감하게 수정하고 다시 해석해 낸 데 있다. 그리고 그의 사상은 전통에서 근대로 나아가는 과도기 사상으로서 유교 자체의 존재 근거를 뿌리째 흔들 만큼 이후 전개되는 근대 사상에 큰 영향을 주었다. 따라서 우리가 중국의 철학 사상사를 총체적으로 보려고 할 때뿐 아니라 중국학에서 지금까지 가장 중요한 문제로 취급되는 전통과 현대의 문제에 관해서도 알고 싶다면 양쪽을 가르는 분수령으로서 강유위의 사상은 반드시 건너야 할 산이다. 『대동서』가 필독서가 되어야 하는 것도 이런 이유에서다.

◇ 읽을 거리

- 강유위, 『대동서』, 이성애 옮김, 민음사, 1991.
- 민두기, 『중국 근대 개혁운동의 연구』, 일조각, 1990.
- 장유교, 『중국 근대철학사』, 고재욱 옮김, 서광사, 1989.
- 체스타탄, 『중국 현대정치사상사』, 민두기 옮김, 지식산업사, 1985.
- 구구웅삼 외, 『유교사』, 이론과 실천, 1990.
- 동경대 중국철학과, 『중국 사상사』, 동녘, 1992.
- 이택후, 『중국 현대사상사의 굴절』, 지식산업사, 1992.

5

소크라테스의 변명

Apologia Sokratous

플라톤

Platon(기원전 428~348)

이정호(한국방송통신대학교 교수)

철학의 명저 20

아리스토텔레스
푸코
맑스
플라톤
엥겔스
데카르트
니체
비트겐슈타인
후설

무지의 지를 깨우치는 등에

플라톤은 30여 편의 대화편을 남겼다. 그러나 플라톤의 대화편들은 거의 다 소크라테스가 주도하는 대화로 이루어져 있기 때문에 그 내용들 중 어디까지가 소크라테스의 행적과 가르침이고 어디까지가 플라톤 자신의 생각을 반영하고 있는지 확실히 구분되지 않는다. 다만 대화편들에서 초기 대화편은 소크라테스의 행적과 가르침을 비교적 사실 그대로 묘사하고 있고, 후기 대화편으로 가면서 플라톤의 독자적인 생각이 많이 보태졌다는 것이 미루어 짐작된 일반적인 정설이다.

플라톤은 "소크라테스와 같은 시대에 태어난 것을 특히 신에게 감사 드린다"라고 고백할 정도로 소크라테스를 존경했고, 소크라테스 또한 플라톤을 처음 만난 뒤 그를 "어제 꿈에 본 백조"라고 말했을 정도로 플라톤을 아꼈다 한다. 「소크라테스의 변명」편(아래에서는 변명편이라 줄임)은 비록 플라톤이 지은 것이긴 하지만 초기 대화편에 속하기 때문에 그대로 소크라테스의 것이라 해도 과언이 아니다.

소크라테스는 페리클레스 치하인 기원전 470년(아래에서는 '기원전' 표기 생략)에 아테네 중류 가정에서 태어났다. 아버지 소프로니스쿠스는 당시에 활발하던 아테네의 여러 석조건축 계획에도 참여한 중견 조각가였고 어머니 파이나레테는 산파였다. 소크라테스도 젊은 시절 아크로폴리스의 칼리스 군상이 그의 작품이라고 말해질 정도로 아버지의 직업을 이은 유능한 조각가였던 것 같다. 이로 미루어 소크라테스의 어린 시절은 경제적으로 그리 어렵지는 않았던 것 같다. 그는 조각일을 하면서도 이미 "조각가는 대리석 덩어리에 대해서는 될 수 있는 대로 사람처럼 만들려고 하면서도 자기 자신을 돌덩어리처럼 만들지 않으려는 노력은 조금도 기울이지 않으니 이상한 일이다"라고 되뇌었다고 한다.

그러나 철학자로서 그가 본모습을 드러내기 시작한 것은 생각보다 꽤 뒷날인 것 같다. 물론 아테네에서 소크라테스는 이미 어느 정도 잘 알려져 있는 학자였다. 그러나 사람들에게 자기가 무지하다는 것을 알게 한다는 뜻에서 '무지의 지'를 깨우치는 것이 신이 자신에게 부여한 평생의 소명임을 신탁(神託)을 통해 자각한 뒤, 아테네의 등에로서 한결같은 철학자의 삶을 펼치기 시작한 것은 430년, 그의 나이 40세 되던 때부터인 것이다. 공생애를 보내기 전 그리스도가 3년 동안 겪은 광야의 시험이라고나 할까.

신탁의 소명을 깨닫고 곧이어 포테이다이아 전쟁에 참전한 3년 동안 그가 보여 준 추위와 굶주림과 공포에 대한 인내심과 의연함은, 알키비아데스가 전하는 대로 실로 초인이 아니면 보여 줄 수 없는 모습이었다. 싸움터에서 돌아온 그는 다음날부터 거리로 나가 부자건 가난한 자건, 길모퉁이에서건 광장에서건 시장에서건, 자기와 대화를 나누려 하는 사람이면 누구라도 가리지 않고 대화에 끌어들여 상대가 무지의 지를 깨닫게 되기까지 끈질기게 문답을 끌어 나갔다. 이러한 소크라테스의 주변엔 그의 고결한 성품과 통찰력, 예리하고도 신랄한 비판 정신에 이끌려 그를 따르는 사람들이 많이 생겨났고 또 한편으론 적의를 품는 사람들도 나타났다. 특히 거짓 선동과 수사로 어떻게든 권력을 유지하려고 했던 정치가들에게 그는 결코 달가운 존재일 수가 없었다. 그리고 그 가운데에는 소크라테스의 대화법이 신기해 그것을 익혀 다른 사람을 골탕 먹이는 데 재미를 느낀 부잣집 자제도 있었다. 뒷날 소크라테스를 고소한 실질적 장본인인 아뉘토스는 어느 날 가업인 피혁업을 잇게 하려는 자신의 뜻을 아들이 따져 들듯 거역하고 제멋대로 놀아나자, 그 탓이 소크라테스에게 있다 생각하고 그 때부터 이미 소크라테스에게 앙심을 품고 있었다고도 전해진다.

아무튼 소크라테스의 행적은 아테네 사회에서 주목의 대상이 되었다. 그러나 소크라테스는 오로지 자신의 소명을 끊임없이 수행해 나갔다. 이를 위해 소크라테스는 가사에는 전혀 신경을 쓰지 않은 것 같다. 더욱이 소크라테스는 소피스트처럼 돈 받고 가르치는 일도 없어 내내 궁핍한 생활을 면할 수 없었다. 애를 셋이나 둔 소크라테스의 나이 어린 아내 크산티페가 무능한 가장을 들볶았으리라고 생각하는 것은 자연스런 일이다. 크산티페를 악처의 전형인 양 전하는 이야기들이 얼마쯤 과장된 것임은, 소크라테스가 독배를 마시는 날 아기를 안고 울부짖는 크산티페의 모습에서도 엿보인다.

그러나 소크라테스가 오직 철학적 소명을 수행한다고 해서 그저 거리에서 토론하는 일에만 매달렸다고 생각해선 안 된다. 그는 포테이다이아 전투에서 돌아온 뒤 40대 후반에 들어섰음에도 조국 아테네를 위해 델리온과 암피폴리스 전투에도 용맹스런 군인으로 참전했다. 그러나 아테네는 패망의 길로 접어들고 있었다. 415년에 신성모독죄로 고소당한 알키비아데스가 스파르타로 도망 쳐 시라쿠사 공략 계획을 폭로하는 바람에 아테네 함대 대부분이 파괴되었는가 하면, 엎친 데 덮친 격으로 400인 과두 집단이 권력을 장악하면서 불과 몇 해 동안 과두정이 민주정으로 민주정이 다시 과두정으로 그리고 급기야 30인 참주정으로 번갈아 뒤바뀌는 정변

이 일어나기도 했다. 그러나 이러한 혼란 속에서도 변명편의 몇 가지 일화에서 나타나듯 민주정 때건 30인 공포 정치 때건 위정자들의 잘못된 요구에 대한 소크라테스의 처신은 너무도 하나같이 확고부동하고 의연한 것이었다.

402년 마침내 민주정이 부활되었다. 그러나 아테네는 악몽과도 같은 지난 2년 동안 공포 정치가 남긴 후유증에서 좀체로 벗어날 수 없었다. 그 동안 공포스런 정치적 학살과 모반과 생존을 위한 발버둥은 평범한 아테네 사람들을 적대적인 두 쪽으로 갈라놓았고, 이것은 이제 복수에 찬 증오와 비난과 매도로 터져 나오면서 새로운 정치 불안의 요인이 되었다. 그리하여 위정자들은 아예 서로간의 비판 자체를 엄격히 금하는 법률을 공포했다. 이제 아테네에서 '비판'이란 곧 조국을 위협하는 일로 받아들여졌다. 비판 정신의 화신이고 이미 아테네에서 상당한 영향력을 끼치고 명망 또한 얻고 있던 소크라테스의 모습이 그들의 정치적 의도에 걸림돌로 여겨졌음은 당연한 일이다. 더구나 그는 배반자 알키비아데스와 공포 정치의 핵심 인물 크리티아스와 친분이 있었던 데다가 그의 언동은 민주정에 대해 비판적이기까지 했기 때문이다.

그들은 결국 소크라테스를 희생양으로 삼기 위한 음모를 진행했다. 마침내 그들 중 실력자의 한 사람이었고 당시 정치적인 인기도 꽤 있었던 아뉘토스는 변론가 뤼콘과 함께 멜레토스라는 잘 알려지지 않은 시인을 내세워 "청년을 타락시키고 다른 신을 섬긴다"는 교묘하고도 모호한 이유로 소크라테스를 고소하고야 말았다. 한 세기가 가고 새로운 세기가 시작되던 399년, 소크라테스가 70세 되던 해의 일이었다.

스스로 제청한 형량은 벌금 단 1므나

재판정에서 소크라테스의 모습을 그린 변명편은 그 내용상 유죄 판결을 내리기 전 부분과 유죄 판결 이후 부분으로 크게 나누어 볼 수 있다. 그리고 전반부는 다시 세 부분, 즉 소크라테스를 고소한 배경이 된 이른바 최초의 고소자들에 대한 변명 부분, 멜레토스가 실제 고소한 내용에 대한 변명 부분, 그 밖에 재판에 임하는 소크라테스 자신의 입장과 소신을 밝히는 부분으로 나누어 볼 수 있다. 그리고 후반부는 유죄 판결이 있은 뒤 피고 쪽에서 제청할 수 있는 형량 문제에 대한 소크라테스의 소신을 다룬 부분과, 사형이 확정된 뒤 마지막으로 재판관들에게 연설한 부분으로 나누어진다.

소크라테스의 재판은 다수결로 판결하는, 500명의 재판관으로 구성된 법정에서 하루 동안 진행되었다. 원고 쪽의 고소 이유서가 낭독된 직후 소크라테스의 연설로 변명편은 시된한다. 처음부터 말투로 보아 이미 소크라테스는 그 곳을 재판정이 아니라 그가 평소 지내던 광장으로 여기고 있다. 소크라테스는 고소장을 제출한 실제 고소자들을 두번째 고소자라 하고, 그러한 고소에 이르게 만든 보이지 않는 편견에 의한 이전부터의 낡은 고발을 '최초의 고소자'라 부르면서 먼저 그 최초의 고소와 고소자들을 비판한다. 소크라테스는 이 보이지 않는 편견과 소문의 빌미가 된 소피스트들의 행태와 자신의 언동이 결코 같을 수 없음을 구체적인 소피스트들의 언행을 예로 들며 경멸조로 이야기한다. 그 다음 소크라테스는 그럼에도 자신이 왜 지자라는 소리를 듣게 되고, 또 그러한 오해와 중상을 받게 되었는지를 밝혀 준다. 이 부분에서 비로소 소크라테스는 신탁의 의미와 신이 자기에게 부여한 철학적 소명이 다름 아닌 '무지의 지'를 깨우치는 것임을 밝히고, 그 소명을 수행하는 과정에서 자신의 무지가 폭로된 것을 불쾌하게 생각한 자들에 의해 미움과 중상을 받게 되었다고 이야기한다.

소크라테스는 이제 두번째 고소, 즉 멜레토스의 고소장에 대한 논박을 시작한다. 고소장에 나타난 직접적인 고소 이유는, 첫째 청년을 부패시켰고, 둘째 나라에서 인정하는 신을 섬기지 않고 다른 신을 신봉했다는 것이다. 이에 대한 소크라테스의 변명 부분은 다른 부분과 달리 특이하게도 멜레토스와의 대화로 진행되고 있는데 이 대화법은 소크라테스적 문답의 전형을 보여 준다. 이 문답을 통해 멜레토스는 자기의 무지를 드러내고야 만다. 덧붙여 소크라테스는, 스스로 자신을 죽음에 이르게 한 처신을 겨냥한 비난에 대해, 죽음을 자초하는 것이 수치가 아니라 죽음이 무서워 진실을 외면하는 것이 수치라고 이야기한다.

두 가지 고소에 대한 변명을 마친 소크라테스는 이제 재판관들을 향해 피고가 하는 말이라고는 생각조차 하지 못할 정도로, 오히려 마치 피고를 향해 질타를 퍼붓는 검사의 모습으로, 재판에 임하는 자신의 입장과 소신을 밝힌다. 아테네의 등에로서 자신의 공적인 소명의식과 그 때문에 공직에도 나서지 않게 된 배경을 철저한 자기 인식에 기초해서 밝히고 있는 이 부분은, 소크라테스의 생각과 태도 자체가 워낙 확고한 데다 그 내용 또한 아이러니를 담고 있어, 듣는 사람의 입장에서 보면 위압적이기도 하면서 한편으로 조롱받는 느낌마저 들 정도다. 이어 소크라테스는 자기의 평판을 확인해 줄 수 있는 사람들에 관해 간단히 말한 뒤 변명을 마무리한다.

소크라테스의 실질적인 변명은 이것으로 끝난다. 아테네 법정은 신에 대한 불경 소송의 경우엔 피고의 변명이 끝난 다음에 유죄냐 무죄냐만 판결을 내리고 유죄인 경우 다시 그 형량을 투표로 정했는데, 이 때에도 일방적으로 정하는 것이 아니라 먼저 원고 쪽이 원하는 형량과 피고 쪽이 원하는 형량을 듣고 나서 최종 형량을 정하도록 되어 있었다. 유무죄에 대한 판결은 예상대로 유죄였다. 그러나 표차는 예상보다 아주 적었다. 유죄로 투표한 사람이 280명, 무죄로 투표한 사람이 220명이었다. 이제 형량을 결정하는 일이 남았다. 원고 쪽 형량 제청은 물론 사형이었다. 그러나 비록 크리톤과 플라톤 들이 부탁한 끝에 30므나로 늘어나긴 했지만, 애초 소크라테스가 스스로 제청한 형량은 재판관들을 조롱이나 하듯 벌금 단 1므나에 불과했다. 최종 형량을 결정하는 투표 결과는 누구라도 예상할 수 있었다. 소크라테스의 제청은 그를 무죄로 판결한 재판관들의 비위까지 건드리는 것이었다. 투표 결과 소크라테스는 유죄 여부를 판결한 투표에 견주어 훨씬 큰 표차인 360대 140으로 마침내 사형을 선고받고야 만다.

이로써 모든 재판은 끝난다. 소크라테스는 이제 마지막으로 자기에게 유죄를 투표한 사람들과 무죄를 투표한 사람들을 향해 각각 경고와 위로의 연설을 한다. 그리하여 변명편은 무죄를 투표한 사람들에게 들려주는 죽음에 관한 의미심장한 언급과 더불어 그들을 향해 소크라테스가 건네는 마지막 인사의 말로 끝을 맺는다.

"그러나 시간이 다 되어 떠날 때가 되었습니다. 저는 죽기 위해 여러분은 살기 위해. 그러나 우리 가운데 어느 쪽이 더 좋은 곳으로 가는지, 신 말고는 아무도 모릅니다."

소크라테스는 왜 민주주의에 반대했을까

변명편이 비록 플라톤의 다른 대화편에 비해 소크라테스의 사상보다는 삶의 태도에 초점을 맞추고 있지만 여기서도 역시 소크라테스 사상의 몇 가지 기본 특징은 여러 군데서 나타나고 있다.

첫째 특징은 소크라테스 고유의 문답법 또는 논법이다. 물론 이것은 플라톤의 대화편 전체에 나타나는 특징으로서 더욱 정교해지고 보태져 이른바 플라톤의 변증법으로 자리 잡은 논법이기도 하지만, 그 뿌리는 무지의 지를 깨우치는 과정에서 소크라테스가 사용한 방법에 있었음은 두말할 나위가 없다. 소크라테스의 무지의 지는, 때때로 수사(修辭)를 위해 풍자적으로 말해지기도 하지만, 분명한 추론이 아닌 억측으로 이루어진 주장들을 가차없이 논파하려는 그의 확고하고도 적극적인 의도에서 비롯은 것이다. 변명편에서도 소크라테스는 멜레토스와의 문답을 통해 멜레토스가 스스로의 주장이 모순됨을 깨닫게 하여 그 주장이 억측에 불과하다는 것을 보여 준다.

그러나 한편 이런 논파 과정을 자세히 보면 그것은 멜레토스가 내린 결론 자체의 사실 여부를 캐는 논증이라기보다는, 그 결론을 이끌어 내는 추론 절차의 잘못을 폭로하는 논증임을 알 수 있다. 추론 절차의 잘잘못과 그로부터 나온 결론 자체의 사실 여부는 다른 것이다. 예를 들어 "그는 영웅이다. 여자를 좋아하는 자가 영웅이다. 따라서 그는 여자를 좋아한다"라고 누가 추론했을 때 이 추론이 터무니없다는 것은 여러 가지로 지적될 수 있지만 이 추론이 정말 그가 여자를 좋아하는 게 사실인지를 판가름해 주는 근거가 되지는 않는다. 이렇게 보면 소크라테스의 논증이 자신은 청년을 부패시키지 않았다는 근거로선 별 의미가 없음을 알 수 있다. 다만 그렇게 주장한 자가 무지하다는 것을 폭로하는 논증으로 유효할 뿐이다.

이것은 결국 재판에 임하는 소크라테스의 근본적인 의도가 자신을 변명하는 데에 있었던 것이 아니라 언제 어디서나 무지의 지를 가르치는 교사로서 사람들의 무지와 어리석음을 깨우치는 데 있었음을 보여 주는 것이다.

둘째 특징은 소크라테스가 심혈을 기울인 지식에 대한 견해이다. 많은 부분에서 플라톤의 사상은 스승인 소크라테스의 사상에 크게 힘입었지만 특히나 지식과 덕에 관한 플라톤의 생각은 거의 그대로 소크라테스 사상을 이어받고 있다 해도 지나친 말이 아니다. "덕은 곧 지식이다"라는 잘 알려진 명제는 이와 관련한 그들의 사상을 단적으로 표현해 주는 말이다. 이 말은 오늘날의 용어로 표현하면 실천적 지혜와 이론적 지식은 서로 뗄 수 없이 연관되어 있다는 뜻이다. "할 줄 안다"라는 우리 말에서 '안다'라는 말의 의미가 실천 능력과 밀접하게 관계를 이루며 쓰이는 것과 비슷하다 하겠다. 예를 들어 운전 지식이 있다는 지식의 문제는 운전할 수 있는 능력이 있다는 실천의 문제와 불가분한 관계에 있다.

이것은 소크라테스에게 올바른 삶과 올바른 앎의 문제 즉 도덕과 지식의 문제가 별개의 것이 아님을 보여 준다. 선한 행위를 하려면 선함이 무엇인지 알아야 한다. 선인지 알고 있었지만 행하지 못했다고 누군가 말한다면 선인지 알고 있었다는 그의 말은 거짓말이다. 이른바 소크라테스의 '지행합일(知行合一)' 사상이다. 덕을 뜻하는 그리스 말 '아레테'가 '능력'이란 뜻을 갖고 있다는 점을 고려하면, "덕은 곧 지식이다"라는 명제에서 '지식'이 '할 줄 아는 능력'을 뜻한다는 것을 더 잘 이해할 수 있을 것이다. 소크라테스는 자주 무지가 부도덕을 낳는다고 이야기한다. 죽음을 두려워하는 이유는 죽음에 대해 무지하기 때문이고 스스로가 어리석고 도덕적으로 타락해 있음은 스스로에 대해 무지하기 때문이다. 이렇게 본다면 소크라테스가 왜 무지의 지를 깨우치고 가르치는 일에 매달렸고 왜 그것이 도탄에 빠진 아테네를 구하는 길이라고 생각하고 있었는지를 이해할 수 있다.

셋째 특징은 민주정파 사람들과 민주정에 대한 소크라테스의 태도, 즉 소크라테스가 정치를 보는 태도이다. 지식에 관한 소크라테스의 견해는 이미 그의 정치적 태도가 근본적으로 민주정을 비판할 수밖에 없음을 시사해 준다. 즉 소크라테스에 따르면, 나라의 좋음이 무엇인지를 아는 사람이 나라를 다스려야 한다는 것은 정치 영역에서도 전문가를 요구하는 것이다. 이것은 분명 추첨과 순번에 따라 정사를 맡기고 수많은 필부들의 의사에 따라 정무를 결정하는 아테네 민주정의 현실과는 어긋나는 것이다. 왜냐하면 민주정은 오늘날도 그러하듯 모든 분야에서 하나같이 다 전문가의 역할을 중시하면서도 유독 가장 중요하다고 보는 정치 분야에서는 이른바 전문가 개념을 두고 있지 않기 때문이다.

변명편에서 말을 키우는 사람들에 관한 이야기는 소크라테스의 정치적 견해의 한 단면을 드러내고 있다. 그 곳에서 소크라테스는 말에 대해 아는 자만이 말을 훌륭하게 키울 수 있고 그러한 자들은 소수라고 말하는데 그것은 소크라테스와 플라톤의 정치 사상에서 핵심인 소수 엘리트에 의한 전문가 통치, 플라톤이 『국가』편에서 정립하여 내놓는 이른바 '철인(哲人) 정치론'의 한 단면을 보여주는 것이다. 그러나 소크라테스의 정치적 태도가 소수 엘리트 정치라고 해서 소수의 특권을 조장하는 정치적 견해로 곡해되어서는 안 된다. 그것은 다만 국가라는 공동체에 필요한 여러 일들이 그야말로 좋은 국가를 이루는 일이 되기 위해선 그 일을 가장 잘 아는 사람이 맡아야 한다는 일반 원리 위에서 철인이 할 일을 강조한 것일 뿐이다.

변명편에는 이미 그러한 생각을 몸소 실천한 소크라테스의 모습이 보인다. 그는 공직도 가사도 저버리고 철학적 소명의 수행에만 고집스럽게 머무르는 이유에 대해, 자기가 선 그 곳이 "제가 가면 최대의 이익을 각 사람에게 줄 수 있으리라 생각하는 곳"이기 때문이라고 말하고 있다. 다시 말해 각자는 자기가 가장 잘 아는 그래서 가장 잘 할 수 있는 곳에서 자기 할 일을 할 때 가장 행복한 것이다. 그리고 그것을 이루는 나라가 가장 정의로운 나라인 것이다.

변명편이 전하는 법정에서 소크라테스의 모습은 결코 무죄를 호소하고 변명에 연연하는 피고의 모습이 아니다. 오히려 이미 자신의 죽음을 예감하면서 평생을 바쳐 수행해 온 소명과 확신을 깨우치고 마지막 순간까지 한결같이 자신에 찬 어조로 아테네의 무지를 질타하는 숭고한 교사의 모습이다. 재판정 역시 그에게는 자신이 평생 진리를 논하며 서 있던 광장이나 거리나 시장과 다를 것이 없었다. 어느 누구도 그가 살아온 삶의 태도와 신념을 바꿀 수 없었고 차라리 그는 죽음을 결단하면서까지 자신의 신념이 아테네 법정에서 그대로 평가되고 시인되어 아테네 사람들의 삶과 역사에 아로새겨지기를 바라고 있었는지도 모른다.

소크라테스가 끼친 영향은 플라톤에 의해 영원히 썩어 없어지지 않을 고전 그리스 시대의 사상이 되어 오늘날에 이르기까지 철학사의 중심을 관통하고 있다. 소크라테스가 지킨 양심의 법정을 승인

하지 않고 오로지 국가 이성을 절대시한 근대 철학자 헤겔조차 소크라테스를 가리켜 "결단하는 의식의 절대 권리를 주장한 최초의 근대인"이라고 말했는가 하면, 소크라테스를 "감히 개인으로서 고대 그리스의 본질을 침탈한 데카당스"라고 비판한 니체 또한 동시에 그야말로 저 진리를 향한 본능 즉 지식과 논증으로 죽음의 공포를 돌파한 최초의 사람이라고 말했다. 그는 진정 사람의 모습을 갖춘 철학 그 자체, 다시 말해 온몸으로 사람들 속에서 철학한 사람이었다. 소크라테스 스스로 이야기하고 있듯 철학이란 오직 긴밀한 정신의 교제를 통해서만 사람의 영혼 속에 불꽃처럼 점화될 수 있는 것이기 때문이다.

소크라테스는 진정 한 시대의 모순은 물론 인간적 삶의 본질과 가치를 근본에서 응시하고 지성으로 대결하고 음미한 고결하고도 숭고한 한 시대의 개인이었다. 그러나 동시에 그는 한 개인의 삶이 얼마나 역사적 보편성과 인간적 삶의 진실에 뿌리 박고 있는가, 그리고 우리의 구체적 삶이 왜 그 곳을 지향하고 음미하고 육박해 들어가지 않으면 안 되는가를 보여 준 실존적 인간 지성의 영원한 표상이기도 한 것이다.

◇ 읽을 거리

- 플라톤, 『플라톤의 대화』, 최명관 옮김, 종로서적, 1981. (특히 변명편 외에 유티프론편, 크리톤편, 파이돈편을 꼭 읽을 것)
- 코라 메이슨, 『소설 소크라테스』, 최명관 옮김, 서광사, 1991. (소크라테스의 삶을 소설로 각색한 글)
- 마르틴, 『소크라테스 평전』, 박갑성 옮김, 삼성문화문고 52, 1992.

6

니코마코스 윤리학

Ethica Nicomachea

아리스토텔레스

Aristoteles(기원전 384~322)

한석환(숭실대학교 교수)

철학의 명저 20

푸코
맑스
엥겔스
니체
비트겐슈타인
후설
베르그송
루카치
사르트르
하버마스
헤겔
칸트
흄
데카르트
플라톤
아리스토텔레스

아테네 시민들이 철학자에게 두 번 죄를 짓지 않게 하겠다

'(아카데미아) 학원의 정신'이니 '책벌레'니 하는 별명의 주인공 아리스토텔레스는 그리스 사람들의 정치 생활의 고전적 형식인 독립 도시국가들이 몰락해 가던 때의 사람이다. 그가 살던 때는 그러니까 아테네가 그 주변 일대에서 정치와 문화의 중심지 노릇을 하던 이른바 페리클레스 시대(기원전 433~429)가 막을 내린 한참 뒤이다.

아리스토텔레스는 칼키데케 반도(그리스 북부)에 있는 스타케이로스라는 작은 도시에서 기원전 384년 (이하 '기원전' 표기 생략) 후반에 태어났다. 그의 아버지 니코마코스는 마케도니아 왕 아뮌타스 3세(알렉산더 대왕의 조부)의 시의(侍醫)였으며 어머니 또한 의사 집안 출신이었다. 그러나 어려서 양친을 여읜 아리스토텔레스는 프록세노스라는 친척 손에서 자라났다.

아리스토텔레스가 18세 되던 해(367) 프록세노스는 그를 아테네로 보내 플라톤의 아카데미아에 진학시킨다. 당시 이 학원은 공공교육 기관이기도 했지만 내로라 하는 여러 나라 과학자들과 철학자들이 모여들던 소문 난 국제적 교유(交遊) 장소이기도 했다. 그러나 아리스토텔레스가 이렇게 색다른 지적 분위기 속에서 학업을 시작할 무렵 플라톤은 시칠리아섬의 시라쿠사에 머물고 있었으며 그의 학원은 이제 막 30세 된 에우독소스에 의해 운영되고 있었다. 플라톤이 언제부터 어떤 경로로 자신보다 44세나 어린 아리스토텔레스에게 관심을 갖게 되었는지에 관해서는 알려진 바가 없다. 어쨌든 아리스토텔레스는 스무 해 동안 그 곳에서 보냈다. 그는 거기서 배우고 익히며 연구하는 일에 매진했다. 그는 젊은 나이에 강의를 맡기도 했다. 한마디로 그는 학구적이었다. 뿐만 아니라 독서의 폭도 넓어 그가 알고 있던 것은 플라톤과 그 제자들의 저작만이 아니었다. 소피스트나 소크라테스 이전 철학자들과 의술인들의 저술을 비롯하여 고대 그리스의 서정시와 서사시, 그리고 극작품에 이르기까지 그는 다방면에 정통해 있었다. 그러나 그는 세상 물정 모르는 책상물림은 결코 아니었다.

347년 초 플라톤이 80세의 고령으로 세상을 뜨자 아카데미아의 원장 자리는 아리스토텔레스가 아니라 플라톤의 조카이자 유산 상속인이었던 스페우시포스가 물려받았다. 아리스토텔레스가 아테네를 떠난 것은 공교롭게도 이 무렵이다. 그래서 그런지 사람들은 일찍부터 그 이유를 궁금해 했다. 자연히 원장 자리에 오르지 못한 데 대한 불만 때문이었다는 등 추측도 무성했다. 그러나 그와 같은 후계자 결정은 당시 유효한 상속법상 아무런 하자가 없었다. 모르긴 몰라도 아리스토텔레스가 아테네를 떠난 것은 정치적으로 신변에 위험을 느꼈기 때문이었을 것이다. 시민권이 없는 거류 외국인이었던 그로서는 반(反)마케도니아 분위기가 점점 고조되어 가던 아테네에서 점점 궁지에 내몰릴 수밖에 없었을 테니 말이다.

아테네를 떠난 이후 열두 해 동안은 아리스토텔레스의 이른바 편력기이다. 그는 먼저 크세노크라테스를 비롯해 아카데미아에서 동문수학하던 몇몇 동료와 함께 역시 친구이자 동창인 헤르미아스의 초청으로 그가 통치하던 앗소스를 방문한다. 그 곳에서 그는 나중에 그의 제자가 되어 함께 일하게 되는 테오프라스토스를 만난다. 그는 헤르미아스의 질녀이자 양녀였던 피티아스와 결혼도 하는데 그녀와의 사이에서는 같은 이름의 딸 하나를 얻는다. 첫번째 부인과 사별한 뒤 동향의 헤르필리스와 재혼해서는 니코마코스라는 이름의 아들을 낳는데 이 아들이 뒤에 아리스토텔레스의 『니코마코스 윤리학』을 편찬한다. 345년 헤르미아스가 죽자 아리스토텔레스는 이태 동안의 앗소스 체류를 청산하고 레스보스섬의 미텔레네로 간다. 그의 해양생물학에 관한 경험적 연구의 대부분이 이 지역에서 이루어진다. 343~342년에는 마케도니아 왕 필리포스의 요청에 따라 당시 13세 된 왕세자 알렉산더의 교육을 떠맡는다. 추측컨대 아리스토텔레스의 사부 노릇은 두세 해 동안 지속된 것 같다. 그러나 이상하게도 그의 글에는 그 유명한 제자 얘기가 한 마디도 나오지 않는다.

알렉산더가 아시아 원정에 나설 준비를 하자 335년 아리스토텔레스는 아테네로 돌아온다. 그 때부터 열두 해 동안 리케이온이라 불리는 공립학교에서 교편을 잡았다. 그러나 당시의 제반 사정을 고려해 볼 때 그가 공식적으로 독자적인 교육 기관을 설립했던 것 같지는 않다.

323년 알렉산더가 바빌론 원정의 진중에서 뜻하지 않은 열병으로 33세를 일기로 세상을 뜨자, 아테네의 정치 분위기는 다시 아리스토텔레스에게 불리한 방향으로 전개되었다. 결국 그는 일찍이 소크라테스에게 들씌워졌던, 신을 욕되게 했다는 혐의를 받게 되자 323년 다시금 아테네를 떠난다. 전하는 바에 따르면 그 때 그는, 플라톤의 표현대로 "당시 살아 있던 사람들 가운데서 가장 훌륭하고 가장 지혜롭고 가장 올곧았던" 소크라테스의 운명을 떠올리며, 자신은 아테네 시민들로 하여금 철학자들에게 두 번씩이나 죄를 짓는 잘못을 저지르지 않게 하기 위해 아테네를 떠나노라고 했다 한다. 아테네를 떠난 아리스토텔레스는 어머니의 고향이기도 한 에우보이아섬의 칼키스에 거처를 마련한다. 그러나 그는 1년도 채 못 되어 이승을 하직한다.

아리스토텔레스는 죽을 때까지만 하더라도 그리 유명하지 못했기 때문에 그가 쓴 글들도 플라톤의 경우와는 달리 썩 잘 보존되지 않았다. 그의 저작은 대체로 두 부류, 즉 광범위한 일반 독자를 위해 집필된 것과 리케이온의 강의를 목적으로 집필된 것으로 나뉜다. 그러나 전자는 일부만 토막글 형태로 전해질 뿐, 아리스토텔레스의 철학에 대한 전거로 오늘날 흔히 인용되는 저작의 대부분은 후자이다. 남아 있는 저작들 대부분이 이처럼 출판을 위한 원고가 아니라 강의 노트들이기 때문에 강의실 냄새를 짙게 풍긴다. 이를테면 다른 것으로 바뀐 문안(文案)들이 삭제되지 않은 채 함께 들어와 있는가 하면 갑자기 끼여 들어와 문맥을 끊어 놓는 부분도 눈에 띈다. 물론 수정과 증보도 있었을 터이다. 여러 해에 걸쳐 강의를 한 데다 같은 문제를 다양한 방면에서 다양한 공략 수단을 동원하여 요리했기 때문이다.

아리스토텔레스의 저작집은 체계적으로 구성되어 있다. 배열 순서상 맨 처음 나오는 것은 논리학적 저작들이다. 『범주론』『명제론』『분석론』『변증론』『오류론』 등이 그것이다. 『범주론』에서는 명사(名辭)들, 즉 명제를 이루는 요소들이 다루어지고, 『명제론』과 『분석론』에서는 명제들과 그것들로 구성되는 삼단논식들이 각각 다루어진다. 논리학적 저작들 다음에는 자연에 관한 다양한 글들이 상당히 길게 이어진다. 『자연학』『천체론』『생성－소멸론』『영혼론』『동물지』『동물부분론』과 같은 글들 말이다. 그 뒤를 잇는 것은 '제1철학'에 관한 글들, 즉 14권으로 된 『형이상학』이다. 그리고 그 나머지는 『윤리학』『정치학』『수사학』『시학』 등 '실천적인' 주제의 저작들로 채워져 있다.

아리스토텔레스는 문젯거리나 답안을 알뜰하게 담아 내는 부러워할 만한 능력을 지니고 있다. 또 너무 빠듯하게 논술되어 있어 이해하기 어려운 대목도 적지 않지만 그의 명쾌한 문장들은 독자들로 하여금 곰곰이 되씹어 보도록 부추긴다. 한편 그는 단순하고 평범한 일상의 말들을 전문 용어로 다듬어 쓰기도 했는데 일상 언어에 대한 그의 세심한 주의는 그의 글에 견실성을 부여하는 데 크게 이바지했다.

중용을 발견하는 것은 실천적 지혜의 몫이다

확실히 아리스토텔레스는 윤리학을 문제 삼았던 최초의 철학자는 아니다. 그러나 그는 윤리학을 독립된 분과로 여긴 최초의 철학자이다. 그에 따르면 윤리학은 탐구 대상과 목표에서 다른 부문들과 다르다.

윤리학이 탐구하는 것은 무엇인가? 아리스토텔레스에 따르면 윤리학은 자연철학 같은 것과는 달리, '원인'이 자기 자신 속에가 아니라 행동하는 사람의 결단에 놓여 있는 것들을 탐구 대상으로 삼는다. 즉 영원한 것, 불변인 것, 늘 똑같은 양태를 취하는 것들은 윤리학이 문제로 삼지 않는다. 윤리학의 관심사는 이렇게 될 수도 있고 저렇게 될 수도 있는 것들이다. 이것은 그러나 윤리학이 도달할 수 있는 엄밀성의 한계를 시사하는 말이기도 하다. 아리스토텔레스가 취하는 기본 입장에 따르면, 과학들 가운데는 고도의 정밀성과 고도의 확실성을 목표로 할 수 있는 것들도 있지만 이런 저런 이유 때문에 그럴 수 없는 것들도 있는데 윤리학이 그 한 예이다. "정밀성을, 문제가 되고 있는 대상의 본성이 허용하는 만큼만 요구하는 것이 학식 있는 사람의 징표이다. 수학자에게 그저 개연성밖에 없을 뿐인 추론을 받아들이라고 하는 것은, 웅변가에게 논증적 증명을 요구하는 것과 마찬가지로 어리석은 일이다."

윤리학의 목표는 무엇인가? 그것은 인식이 아니라 실로 행하는 것이다. 이것은 물론 윤리학의 테두리 안에 인식될 만한 것이 전혀 없다는 말이 아니다. 윤리학은 '인간적인 것'을 고유의 인식 대상으로 하는 독립적인 실천 과학이다. 아리스토텔레스는 그의 윤리학에서 도덕적으로 의미 있는 현상들을 논하는가 하면 통용되는 도덕론들을 저울질해 보기도 하고 도덕과 관계된 개념들을 분석하기도 한다. 그러나 별도의 어떤 목적이나 효용에서가 아니라 바로 인식하는 것 자체 때문에 수행되는 것이 이론 철학인 데 반해 "우리가 지금 여기서 종사하고 있는 철학의 부분(윤리학)은 다른 것들과는 달리 순수 이론적인 것이 아니다. 우리가 궁구(窮究)하는 목적이 그저 덕이란 무엇인가를 깨치는 데 있는 것이 아니라 그럼으로써 우리가 유덕(有德)하게 되는 데 있기 때문이다. 그렇지 않다면야 이런 철학함은 아무짝에도 쓸모가 없을 터이니 말이다. 그러므로 우리는 행동에, 즉 우리의 일거수 일투족을 어떻게 해야 할 것인가에 관심을 가져야 한다."

그러면 도덕철학에서 그토록 큰 비중을 차지하고 있는 행동(프락시스)이란 무엇인가? 그것은 먼저 다른 동물들의 몸놀림과는 달리 사태를 머리로 헤아려 본 다음 단안을 내리는 것이다. 즉 인간의 행동에는 합리적 선택의 계기가 들어 있다. 그것이 도덕적으로 칭찬이나 책망의 대상이 되는 것도 바로 이 때문이다. 다음으로 행동은 제작(포이에시스)이라는 인간의 몸놀림하고도 다르다. 아리스토텔레스의 지론에 따르면 "실천적 사고는 제작적 사고를 다스린다." 우리가 제작하는 것은 우리가 하려고 마음 먹고 있는 것에 의존하며 또 그것을 통해 설명된다는 말이다. 그러나 윤리학이 다루는 행동은 그런 것이 아니다. 그것은 무엇을 제작하기 위해 수행되는 것이 아닐 뿐만 아니라 기술적인 활동과는 달리 노련하다거나 노련하지 못하다고 평가될 수 있는 성질의 것이 아니다. 그것은 그 자체 때문에 수행되는 것들이자 그 자체 때문에 평가되는 것들이다. 착하거나 좋은 사람이 용감한 행동을 하거나 친절을 베푸는 것은 상을 타기 위해서도 아니요, 무슨 꿍꿍이속을 갖고 있기 때문도 아니다. 또 나중에 잘살려고 그러는 것도 아니다. 그것은 그가 그렇게 행동하는 것이 곧 '잘 사는 것'이라고 보기 때문인데 이것이 그가 내심 행하고자 하는 것이다.

아리스토텔레스의 윤리학적 문제의식은 인간이 구가할 수 있는 가장 좋은 삶(에우다이모니아)은 어떤 삶인가에 집약되어 있다. 상하관계 속에 놓여 있는 다양한 욕구와 목표를 갖고 있는 인간이라는 고도로 복잡한 생명체가 실로 향유할 수 있는 가장 좋은 삶 말이다. 일련의 논의 끝에 아리스토텔레스가 내놓는 답안은 실천적 지혜와 도덕적 덕을 드러내 보여 주는 행동의 삶이 곧 그런 삶이라는 것이다.

덕(아레테)이란 무엇보다도 정념(파토스)과 고리 지어져 있는 것이다. 분노, 공포, 연민 같은 정념과 관련하여 잘잘못이 문제 되잖는가 말이다. 그러나 정념 그 자체가 덕이 있고 없는 것은 아니다. 덕이 있고 없음은 정념이 어떤 식으로든 현실로 표출되었을 때 나타나는 것이다. 둘째로 덕은 위에 시사되어 있다시피 활성태에서 문제되는 것이지 능력의 차원에서 가려질 수 있는 성질의 것이 아니다. 게다가 능력의 속성은 전혀 똑같은 것이 서로 대립하는 것들을 다 함께 수용할 수도 있다는 데 있다. 이를테면 전혀 똑같은 사람이 질병이란 무엇인가를 인식할 수도 있고 건강이란 무엇인가를 인식할 수도 있다. 또 전혀 똑같은 사람이 기쁨을 느낄 수도 슬픔을 느낄 수도 있다. 그러나 덕의 경우는 그렇지 않다. 덕과 악덕은 서로 배타적이다. 이를 아리스토텔레스는 "덕은 성품의 상태이다"라는 말로 표현한다. 덕은 좋은 방향으로 굳어진 성품의 상태이고 악덕은 나쁜 방향으로 굳어진 성품의 상태인 것이다. 그것은 물론 인간 본성의 문제가 아니라 버릇이나 습관의 문제이다. "한 마리의 제비가 날아왔다고 해서 봄이 되는 것도 아니고 단 하루 만에 그렇게 되는 것도 아니다." 인간은 어떤 방향으로 길들여지느냐에 따라 좋은 성품의 소유자가 될 수도 있고 나쁜 성품의 소유자가 될 수도 있는 것이다. 여기서 좋다는 것은 중용을 유지하는 것을 말하고, 나쁘다는 것은 양극단에 서 있는 것을 말한다. 우리의 정념이나 느낌은 일정한 수준을 유지함으로써 칭찬감이 되기도 하지만 도(度)를 넘거나 도에 못 미침으로써 꾸지람의 대상이 되기도 한다. 요컨대 "덕은 중용에 터잡혀 있는 성품의 상태이다."

그러나 중용이 고정돼 있는 것은 아니다. 그것은 상대와 장소와 시간과 사안 들에 따라 제각기 다르다. 심지어 '극단'이, 즉 전부 또는 전무가 적도(適度)가 되는 특수한 경우도 있을 수 있다. 그러면 중용은 어떻게 발견될 수 있는가? 그것은 실천적 지혜(후로네시스)의 몫이다. 실천적 지혜는 사람들로 하여금 개개의 정황 속에서 어떤 것이 공정한 것이고 어떤 것이 친절한 것이며 또 어떤 것이 너그러운 것인가를, 한마디로 말해서 마땅히 취해야 할 행동은 어떤 것인가를 헤아려 볼 수 있도록 해 준다.

실천적 추리나 숙고는 당사자로 하여금 문제가 되고 있는 여건에서 목표를 달성하려면 어떤 행동을 해야 가장 좋은가를 알아차릴 수 있게끔 해 준다. 그러므로 그것은 합리적 선택과 절도 있는 행동으로 마무리되어야 마땅하다. 사실 통상의 경우 문제의 인물은 그 일을 수행한다. 그러나 꼭 그런 것만은 아니다. 마땅히 해야 할 것인 줄 뻔히 알면서도 그 일을 뒷전으로 미뤄 두거나, 해서는 안 되는 것인 줄 뻔히 알면서도 그 일을 하는 경우도 적지 않다. 나름대로 내린 최선의 판단에 배치되는 행동을 하는 것(아크라시아) 말이다.

아크라시아에 빠져 있는 사람에 대해서는 그가 한 일과 관련하여 책임이 추궁되어야 한다. 그러나 한걸음 뒤로 물러서서 보자. 어떤 일에 대해 누구를 책망하고 징벌하는 일은 정당화될 수 있는 것인가? 책임의 조건들은 무엇이며, 못된 짓을 저지른 데 대한 책망이 희석될 수도 있는 변명의 조건들은 무엇인가? 행동하는 것에 대한 설명을 꾀하는 이들을 비롯하여 행동에 대한 문책의 조건들을 밝혀 내려는 이들은 결국 행동으로 치부될 수 있는 것은 무엇이냐는 물음과 대결할 수밖에 없다.

사람들이 날마다 입에 올리는 말에서 철학을 시작한다

아리스토텔레스는 헤겔처럼 자신의 사유를 역사적으로 이해하는 철학자들 가운데 한 사람이다. 그는 빈틈 없이 잘 짜여진 철학을 구상했던 것으로 보이거니와 자신의 철학이 그리스적 사유 일반이 노렸던 것 전부를 담아 낸 것으로 믿었던 것 같다. 바꾸어 말해서 그는 철학적 사유가 그 자신에게 와서 마침내 발전의 한 단계를 매듭 짓게 되었다고 보았던 듯싶다.

어떤 의미에서 아리스토텔레스는, 역사적 전적(典籍)들을 다룰 때에 과거 사상가들의 문제의식을 본질적으로 오늘의 시각에서 읽어 내려고 하는 현대 철학자들과 견줄 만하다. 그는 많은 현대 철학자들처럼, 자기보다 앞서 철학했던 사람들도 물론 썩 잘 그랬던 것은 아니지만, 원칙적으로는 자기가 지금 하고 있는 것과 같은 일을 했다고 상정했던 것 같다. 그는 그에 앞서 철학했던 사람들과 체계적으로 대결한다. 그는 그 어떤 논구에서든 첫머리에 이전 철학자들의 견해부터 검토하곤 한다. 무릇 이전 사람들이 품었던 생각들 속에는 진리의 요소가 얼마쯤 담겨 있기 마련이며 이전 철학자들이 서로 합의를 보지 못했던 쟁점들은 후대 사람들이 풀어야 할 문젯거리를 마련해 주기 때문이라는 것이다. 그러나 그는 이전 철학자들을 자기 자신의 개념과 물음에 비추어 가면서 읽으며 그들의 입장을 자기 자신의 생각과 멀고 가까움의 차원에서 그려 낸다.

후대의 철학적 논의에 끼친 아리스토텔레스의 영향은 지대하다. 일례로 그가 정성 들여 빚어 낸 개념적 도구들은 중세를 거쳐 근대에 이르기까지 끊임없이 작업 현장에 투입되었거니와 오늘날까지도 그 사정은 별로 달라지지 않았다. 그러나 우리는 그의 철학이 잘 짜맞추어진 이설(理說)들의 덩어리가 아니라는 점에 주의해야 한다. 그의 이른바 철학 체계는 스승 플라톤의 것에 견주어 덜 단정적이다. 그의 체계는 특히 그것이 끼친 영향의 역사를 훑

어볼 때 플라톤의 것보다 덜 경직되어 있다. 아닌게아니라 그의 저작집에서는 이따금 반성과 회의의 목소리가 흘러 나오기도 한다. 또 문제가 답보 상태에 머물러 있거나 해결의 기미조차 보이지 않는 대목도 더러 눈에 띈다.

아리스토텔레스는 그의 저작들이 증언하듯이 다양한 문젯거리들을 장기간에 걸쳐 검토했던 것 같다. 그리고 체계에 들어 있는 난점들은 그로 하여금 다양한 해결책들을 모색하게끔 만들기도 했다. 따라서 어떤 답안이 그의 최종 입장을 드러내 보여 주는 것이냐는 독자들이 판가름할 문제이다. 아리스토텔레스의 철학은 이처럼 여러 면에서 열려 있다. 그것은 입론적이지, 독단적이지 않다. 많은 현대 철학자들이 그에게 각별한 관심을 쏟는 이유도 바로 그런 데 있을 것이다.

아리스토텔레스의 철학 가운데서도 특히 그의 윤리학은 예부터 철학적 사유의 무궁무진한 원천이자 보고(寶庫)였으며 철학적 훈련의 흔치 않은 도장이었다. 현대도 예외는 아니어서 윤리학 분야에서 이루어진 연구 성과들을 놓고 볼 때 어떤 식으로든지간에 그에게 신세 지고 있는 예는 꽤나 많다. 일례로 책임의 조건들과, 잘못을 저지른 데 대한 징벌이 줄어들 수 있는 변명의 조건들을 보자. 먼저 아리스토텔레스는 일상에서 쓰이는 언어와 법정에서 주로 쓰이는 언어, 구체적으로 말해서 '모르고서' '우연히' '본의 아니게' '마지못하여' '강박당하여'와 같은 변명용 표현들의 통상적 쓰임새를 주도면밀하게 분석함으로써 문제의 본질에 육박해 들어간다. 영국의 J. L. 오스틴 역시 마찬가지이다. 1956년에 발표된 "변명을 옹호함"이라는 논문의 제목은 물론이려니와 그가 채택하고 있는 기본 접근법의 출처는 다름 아닌 아리스토텔레스의 『니코마코스 윤리학』(제3권)이다. 오스틴은 아리스토텔레스의 논의에 고취되었던 것인데 더 정제된 그의 논변은 새로운 구별들을 담고 있다.

미국 철학자 D. 데이비드슨의 연구들 역시 아리스토텔레스를 연상시킨다. 『행동과 사건에 관한 논총』에 수록된 그의 논문들은 대체로 아리스토텔레스가 제기했던 물음들을 다룬다. 행동과 사건 간의 차이, 한 행동의 원인과 근거 사이의 연관, 나름대로 내린 최선의 판단에 배치되는 행동을 하는 것 들이 그것이다. 뿐만 아니라 그가 내놓은 답안들도 대개 아리스토텔레스적인 것들이다. 그러나 데이비드슨을 비롯한 현대 철학자들의 아리스토텔레스에 대한 관심은 단순히 그를 이해하는 수준에 머물지 않는다. 그들에게 관심의 초점은 그가 붙들고 씨름했던 철학적 난문들 중 몇 가지라도 더 낫게 이해하려는 데 있다.

그리스 말의 쓰임새와 그리스 사람들의 사고 관행들은 아리스토텔레스에게 세계에 대한 이해의 본질적 거점을 마련해 준다. 그가 개진했던, 그의 생각을 단적으로 보여 주는 생각들 가운데에는 사람들이 일상에서 입에 올리곤 하는 것에 대한 논의로부터 전개된 것이 많다. 그의 철학 속에서 열쇠 노릇을 하는 개념들 가운데에도 일상 언어에서 전용된 것들이 많다. 그러나 이것은 그의 장점이기도 하지만 동시에 그의 한계일 것도 같다. 전혀 색다른 안경을 끼고 있는 사람에게는 동일한 세계가 전혀 딴판으로 드러날 수도 있기 때문이다.

◇ 읽을 거리

• 아리스토텔레스, 『니코마코스 윤리학』, 최명관 옮김, 서광사, 1984.

- 조요한, 『아리스토텔레스의 철학』, 경문사, 1988.
- J. L. 아크릴, 『철학자 아리스토텔레스』, 한석환 옮김, 서광사, 1992.
  (앞의 2권은 아리스토텔레스 철학 일반에 대한 좋은 길잡이)
- 이진우, 「아리스토텔레스의 정의론」, 『철학과 현실』, 1990 가을.
- 정태욱, 「아리스토텔레스의 정의에 관한 소고」, 『서양고전학연구』, 제3집, 1989.
- 한석환, 「법, 정의, 덕——아리스토텔레스의 정의론」, 『서양고전학연구』, 제4집, 1990.
  (앞의 3편은 아리스토텔레스 윤리학에 관한 연구)

7

방법서설

Discours de la méthode(1637)

데카르트

René Descartes(1596~1650)

박정하(성균관대학교 교수)

철학의 명저 20

푸코
맑스
엥겔스
니체
비트겐슈타인
후설
하이데거
루카치
사르트르
하버마스
헤겔
칸트
흄
데카르트
플라톤
아리스토텔레스

의사들도 살리기를 포기한 어린 철학자

데카르트는 17세기 초기의 가장 중요한 철학자로서, '근세 철학의 아버지'라 불린다. 데카르트가 산 시대는 결코 평온한 시대가 아니었다. 그 시대는 중세의 세계관이 무너지고, 근대라는 새 시대가 탄생하기 위한 해산의 고통을 겪던 격변기요 과도기였다. 사회적으로는 종교 개혁 때문에 프로테스탄트와 카톨릭의 종교 세력이 복잡한 갈등 속에서 30년 전쟁(1618~48)을 치렀고, 오랜 전쟁 때문에 많은 사람들이 비참한 상태에서 고통받던 시대였다. 사회가 불안했기 때문에 신비주의와 미신이 널리 퍼져 정신적으로도 혼미한 상태였다.

이런 시대 상황 속에서 데카르트는 젊은 시절 전쟁터에 뛰어들기도 했고 세상을 배우기 위해 오랫동안 이 곳 저 곳을 기웃거리며 방랑 생활도 했다. 그리고 이런 경험 속에서 세상 사람들의 어리석음과 세상 온갖 일의 허무함, 무의미함 같은 것을 느끼고, 혼자 숨어 살면서 오직 진리 탐구를 위해 일생을 바치려고 노력했다. 그런 진지한 삶의 역정를 겪은 끝에 데카르트는 합리주의 운동의 선구자로 떠올라, 길 잃은 나그네처럼 흔들리고 있는 사람들이 중세의 낡은 사고방식과 세계관에서 벗어나 새로운 세계로 나가는 데 결정적인 역할을 하게 된다.

이 위대한 새 시대의 선구자는 셰익스피어보다는 32년 늦고 뉴턴보다는 46년 빠른 1596년, 프랑스 투렌느 지방의 작은 마을에서 태어났다. 태어난 지 1년 뒤 "마른 기침과 창백한 안색"을 그에게 물려준 채 어머니가 세상을 떠났다. 그는 몹시 병약했기 때문에 의사들조차도 오래 살지 못할 것으로 진단할 정도였다. 그러나 의사들의 포기에도 불구하고 건강하게 돌봐 준 유모 덕분에 데카르트는 정상 생활을 할 수 있게 된다.

그는 이렇게 어렵게 삶을 시작했지만 아프기 때문에 덕본 일도 있었다. 학교에 다니면서 수업이 있을 때에도 친구들의 부러움과 시기 속에서 아침 늦게까지 침대에 누워 있을 수 있었다. 이 때문에 침대에 누워서 사색하는 습관을 평생 지니게 되었다. 그리고 명상하는 버릇 때문에 이를 기특하게 여긴 아버지는 어린 데카르트에게 '철학자'라는 별명을 붙여 주기도 했다.

데카르트가 다닌 학교는 전통 깊은 예수회 학교로서 중세 학풍으로 공부하는 곳이었다. 데카르트는 순종적이고 책임감이 강하며, 열심히 공부하는 모범생으로 인정을 받았다. 그러나 이런 겉모습과는 달리 속으로는 학교에서 진리라고 배우는 중세 사상에 대해 많은 의심을 품고 있었다. 학교에서 배우는 과목 가운데 수학만이 확실하고 명석한 과목이라 생각해서 열심히 공부했다. 그리고 학교에서 배우는 중세 철학보다는 당시 예수교 학교들이 종교적인 이유 때문에 금지한 새로운 과학과 철학에 은밀하지만 뜨거운 관심을 갖고 있었다.

이렇게 학교 생활을 근본적으로 회의했기 때문에 스무 살이 갓 지난 어느 때 그 동안 학교에서 배운 것을 다 팽개쳐 버리고 대신 '세상이라는 커다란 책' 속에서 다양한 경험을 하면서 새로운 지식을 쌓기로 결심한다. 그래서 이 곳 저 곳을 여행할 욕심으로 군대에 지원해 무보수의 장교로 복무한다. 그러다 데카르트 자신의 고백에 따르면, 1619년 11월 난롯가에서 사색에 몰두하다 잠든

틈에 새로운 학문을 수립할 것을 계시하는 세 가지 꿈을 꾸고는 허무한 군대 생활을 청산한다. 그 뒤로도 몇 해 동안 유럽 여러 곳을 여행했으며 한때는 파리에서 몇 사람의 시종을 거느리고 신사 행세도 했다. 파리에서는 사교계에 들락거리면서 쾌락의 소용돌이 속으로 말려 들어가 말도 타고 펜싱도 하고 춤도 추고 도박도 즐겼으며 연애 사건에 휘말려 결투를 하기도 했다. 이 때까지는 아직 학문적 야심은 은밀히 감춘 채 과학과 수학에 대한 단편적인 글만 조금씩 썼고 강의와 토론을 즐겼다.

1628년 데카르트는 '세상이라는 커다란 책'을 탐구하기 위한 방랑 생활을 청산하고 네덜란드에 정착하여 1649년까지 거기서 살았다. 이제 그는 본격적인 연구에 몰두하기 시작했다. 그는 사람들과 만나는 기회를 최대한으로 줄이고 하루에 10시간씩 충분히 자면서 고요한 분위기 속에서 생각하고 글쓰는 데 몰두했다. 자신을 찾아오는 사람을 피하려고 이 20년 동안 열세 번이나 집을 옮겼으며 아주 친한 친구들 외에는 주소를 가르쳐 주지 않았다. 1주일에 하루는 꼬박 편지를 썼고 주로 편지를 통해 다른 과학자나 철학자와 토론했다. 실험에도 열심이었다. 광학과 생리학 실험도 하고 자신의 안경알을 스스로 갈기도 했으며 도살장에서 송아지를 사 와서 해부도 했다. 한번은 어떤 낯선 사람이 그에게 서재를 구경시켜 달라고 하자 반쯤 해부된 송아지를 가리키며 "저것이 내 책입니다"라고 말했다는 유명한 일화가 있다.

네덜란드에 은거하기 직전에 데카르트는 이미 『정신 지도의 규칙』을 쓰기 시작한다. 끝을 맺지 못한 이 책은 1701년에야 출판되었는데 수학의 방법을 모든 학문에 써 보려는 생각이 잘 나타나 있다. 은거한 지 처음 몇 해 동안은 주로 수학과 물리학을 연구하면서 1632년까지 "세계"라는 제목으로 야심에 찬 책을 썼다. 다양한 분야에서 중세 과학에 정면으로 도전하는 이 책을, 갈릴레이가 종교 재판으로 파문당했다는 소식을 듣고는 공개하지 않기로 결정한다. 이 책에서 데카르트도 지동설을 주장하고 있었으므로 교회 당국과 마찰이 일어날 것이 분명했기 때문이다. 이 책은 출판하지도 않았고 지금 전해지지도 않는다. 단지 내용의 일부가 나중에 출판된 『철학 원리』에 포함되어 있을 뿐이다.

1637년 마침내 데카르트는 자신의 생각을 공개하기로 결심하고 자기 이름을 밝히지 않은 채 『굴절광학』 『기상학』 『기하학』 등을 출판했다. 그리고 이와 더불어 이 책들의 서론에 해당하는 『방법서설』을 썼다. 『방법서설』은 데카르트 사상의 주제들을 대부분 아주 간결하면서도 명쾌하게 요약하고 있어서 그의 사상 전체를 아주 잘 엿볼 수 있다.

『방법서설』에서는 제4부에서만 간략히 다룬 철학의 주제들에 대해 체계적이고 완전한 설명을 제시하는 책은 1640년에 나온 『성찰』이다. 『성찰』에 대해서는 당시 중세 철학을 고수하던 철학자는 물론이고 중세 철학에 반대하여 새로운 철학을 추구하던 사람들도 열띤 찬반 논의를 제기했다. 이론적인 반박만이 아니라 무신론과 신성모독죄로 공공연히 고발하는 사태까지 일어나 데카르트는 곤경에 빠지기도 했다.

『성찰』이 많은 비판적인 반응을 일으켰지만 데카르트는 실망하지 않고 언젠가는 사람들이 자기 사상이 옳다는 것을 깨닫고, 아리스토텔레스 철학이나 중세 스콜라 철학 대신 학교에서 가르칠 것이라고 낙관하면서 자기 사상을 교과서식으로 서술한 『철학 원리』를 1646년에 내놓는다. 이 책은 당시 쟁점이 되던 철학과 자연과학의 거의 모든 문제를 다룬 방대한 책이고 데카르트의 저술 중 가장 큰 책이지만 데카르트 자신은 별로 긴 시간을 들이지 않고 썼다. 이 때에는 사상이 무르익어 있었고 자신감도 있었기 때문이다. 데카르트의 마지막 책인 『정념론』은 데카르트가 죽기 한 해 전인 1649년에 출판되는데 여기서는 평생을 통해 중요한 문제로 계속 논의된 마음과 몸의 관계를 본격적으로 다루고 있다.

『정념론』이 나온 1649년 데카르트는 자기를 표적으로 한 비판들을 피해 고독한 생활을 청산하고 스웨덴으로 이사한다. 스웨덴 여왕이 『정념론』을 읽고 감명하여 해군 제독과 군함을 보내면서까지 그를 초청했기 때문이다. 그러나 스웨덴 왕궁 생활은 데카르트에게 큰 피해만 주었다. 그는 여왕의 요청 때문에 낮 12시가 되어서야 하루를 시작하던 오랜 생활 습관을 바꾸어 새벽 5시에 여왕에게 철학을 가르쳐야 했다. 외로움과 소외감에 시달렸으며 엎친 데 덮친 격으로 북유럽의 찬 기후에도 잘 적응하지 못하다 마침내 폐렴에 걸려 1650년 2월 11일 54세의 나이로 죽음을 맞이하게 된다.

나는 사기당하고 있다, 그러므로 나는 존재한다

『방법서설』은 아주 짧은 책이다. 정식 제목은 "이성을 올바르게 인도하고, 모든 학문에서 진리를 탐구하기 위한 방법의 서설"이다. 6부로 되어 있는 이 책은 언뜻 엉성하고 치밀하지 못한 것처럼 보인다. 그러나 데카르트의 사상 전체를 쉽고 간결하게 압축하고 있고 또 중세의 사고에서 벗어나려는 데카르트의 문제의식이 잘 나타나 있는 중요한 책이다. 그리고 이 책은 데카르트가 과학과 철학의 전문가들보다는 일반 대중을 염두에 두고 일부러 쉽게 쓴 책이다. 당시에 학자들은 책을 쓸 때 어려운 라틴 말로 썼는데 그는 의식적으로 이 책을 누구나 읽을 수 있도록 프랑스 말로 썼다. 우리 나라에 비유하자면 학자들이 한문으로 책을 쓰던 조선 중기쯤에 한글로 책을 쓴 격이라고나 할까. 그리고 데카르트 자신의 말에 따르면 학문을 잘 모르는 부인네들조차 이해할 수 있고 무언가 깨달을 수 있도록 썼다는 것이다. 그렇다면 과연 데카르트가 이 책을 통해서 제시하려던 메시지가 무엇일까?

그는 정말 대담하고 야심 만만하게 철학의 기초를 새롭게 놓으려 했다. 그는 중세와 근세의 건널목에서 길 잃은 나그네처럼 방황하고 있는 철학에서 새로운 방법을 확립함으로써 새로운 길을 개척하려고 했다. 그래서 그를 "방법의 철학자"라고 자주 부른다. 그는 진리를 탐구하기 위한 규칙을 4가지로 압축하여 제시한다. 요약해 보면 이렇다.

첫째, 의심할 수 없을 정도로 확실하게 진리인 것 외에는 어떤 것도 진리로 받아들이지 말 것. 속단과 편견을 피할 것.

둘째, 어려운 문제를 해결하기 위해서는 쪼개서 탐구할 것. (분석의 규칙)

셋째, 가장 단순한 것에서 시작하여 점점 복잡한 것에 다가갈 것. (종합의 규칙)

넷째, 문제의 요소들을 다 열거하고 그 중 단 하나라도 빠뜨리지 말 것.

그리고 유명한 이 4가지 규칙 외에 진리를 탐구하는 사람이 가져야 할 도덕으로 신중한 태도와 겸허한 마음을 제시하고 있다.

20세기 말에 살고 있는 우리는 이 규칙들을 보면서 실망 반, 비웃음 반으로 비아냥거릴 것이다. 무슨 엄청나고 대단한 규칙인 줄 알았더니 그게 뭐냐면서 속았다고 분하게 생각할지도 모른다. 이런 규칙들은 오늘날 지극히 상식적인 것이고 국민학교 학생들에게도 새발의 피 같은 시시한 것이기 때문이다. 워낙 상식적인 것이니까 이 규칙들은 어느 시대에서나 당연히 알고 있었고 사용했을 것이라고 생각하기 쉽다. 그러나 데카르트가 활동하던 시대에는 독단적이고 공허한 중세 스콜라 철학이 지배하여 실제로 이 규칙들이 무시되고 있었다. 이에 데카르트는 『방법서설』 첫머리에서 사람이면 누구나 날 때부터 양식을 가지고 있고 이것이 곧 이성임을 강조하면서 이성의 빛에 의지하여 이런 규칙에 따를 것을 강조한다.

데카르트는 이런 규칙들을 철학 연구에도 적용하여 철학을 새롭게 세우려 했다. 이 때 그가 제시한 규칙 가운데 특히 첫째 규칙은 철학사에서 아주 중요한 의미를 갖는다. 그는 '의심할 수 없을 만큼 확실함'을 가진 것의 전형이 수학이라고 보았다. 그래서 수학의 정확한 방법을 철학에 도입하여 철학을 중세의 신비적이고 사변적인 암흑에서 끌어내고 철학을 수학, 특히 기하학과 같이 확실하고 명증한 투명한 학문으로 확립하려 했다.

그렇다면 수학을 모델로 해서 얻은 새로운 방법으로 철학의 물음들을 다룬다는 것은 구체적으로 무엇을 뜻하는가? 데카르트도 신의 존재라든가 인간 정신의 본질과 같은 중세 철학이 제기한 물음을 반드시 다루어야 한다고 주장한다. 그러나 이 문제들을 진정 학문으로 다루려면 신비적이고 추상적으로 다루어서는 안 되고 확실한 토대에 근거해야 한다고 생각한다. 수학이 엄밀한 학문일 수 있는 이유는 누구도 부정할 수 없는 공리에서 출발하기 때문이다. "두 점 사이의 최단 거리는 직선이다" 또는 "평행하는 두 직선은 만날 수 없다"와 같은 명제는 누구도 부정할 수 없는 확실성을 가진 공리들이다. 수학은 이런 공리들에서 출발하여 구성된 체계다. 우리는 학교에서 수학 시간에 도형의 어떤 성질을 나타내는 '정리'가 참이라는 것을 밝히기 위해서는 증명을 해야 한다고 배운다. 바로 이 증명에서 근거로 제시되는 것이 '공리'다. 그러나 '공리'에 대해서는 더 이상 증명을 요구하지 않는다. 왜냐하면 공리는 스스로 명백히 참인 것이고 따라서 최초의 출발점, 제1원리가 되기 때문이다.

그러므로 데카르트는 철학도 확실한 학문이 되기 위해서는 수학의 공리와 같이 직접으로 확실하고 명백해서 철학의 전체 구조를 떠받쳐 줄 수 있는 토대가 되는 한 점을 발견해야 한다고 보았다. 이런 절대 확실한 시작에 도달하려면 지금까지 의심의 여지 없이 진리라고 여겨 온 것들을 일단 의심해 보아야 한다. 그래서 데카르트는 대담하게도 지금까지의 모든 것을 근본적으로 뒤엎어 버리고 첫번째 기초부터 새롭게 시작하는 것을 과제로 삼고 철저한 의심 속에 자신을 내던진다. 데카르트의 이런 작업을 '방법적 회의'라고 부르는데 이것이 근세 철학의 결정적인 일대 변혁을 이룩한 과정이었다.

데카르트는 지금까지 의심의 여지 없이 확실한 것이라고 여겨 온 것의 토대를 의심해 보자마자 모든 것이 흔들거리기 시작함을 느꼈다. 우선 내가 보고 있는 많은 사물이 정말 내가 보는 대로 내 밖에 존재하는지 의심스러워진다. 우리 눈은 우리를 속일 때가 많기 때문이다. 물 속의 막대기가 휘어져 보이는 빛의 굴절 현상이나 똑같은 색이 바탕 색에 따라 밝기가 달라 보이는 착시 현상 등에서 종종 경험하듯이 감각은 우리를 자주 속이기 때문에 100% 믿을 수가 없다. 하지만 이런 의심 속에서도 최소한 내 몸이 지금 여기 있다는 것은 확실하지 않을까? 그러나 조금만 주의해 보면 그 확실함도 무너진다. 왜냐하면 우리는 꿈을 꾸면서 내 몸이 벼랑에 서 있는 것으로 착각하여 땀을 흘리기도 하고 물에 빠진 것으로 착각하여 두려워하기도 한다. 따라서 내 몸이 지금 여기 있다는 것이 절대로 꿈일 리 없다는 보장도 없지 않은가? 그러나 이런 흔들림 속에서도 흔들리지 않는 또 하나의 진리가 있다. 예컨대 "2+3=5"라는 수학의 진리나 "물체는 무게를 가진다"는 과학의 진리는 의심할 수 없는 확실한 것이 아닐까? 그러나 모든 인식의 기초가 되는 이런 진리마저도 데카르트가 근원적으로 철저히 회의하자 무너져 버리고 만다. 실제로는 2+3=5가 아닌데 만일 신이 인간을 2+3=5로 생각하도록 만들었다면, 즉 신이 인간을 근본적인 기만과 본질적인 왜곡과 비진리 속에서 살도록 창조해 놓았다면 어떻게 되는가? 신이 신학과 철학이 끊임없이 주장해 온 '진리의 원천'이 아니라 '기만하는 신' 또는 더 나아가 '악의에 가득 찬 악마'라면 어떻게 되는가? 이런 얘기는 억지 주장처럼 들릴지도 모른다. 이 대목에서 데카르트도 신성모독의 위험 때문에 주춤거린다. 그러나 중세 전체를 통해 절대시된 신에 대해 감히 가설로라도 대담하게 의심의 대상으로 삼은 것은 근대로 한 발짝 더 내디뎠다는 점에서 의미 있는 일이었다.

역설적으로 데카르트는 앎의 모든 확실성이 무너져 버린 바로 그 자리에서 하나의 새로운 확실성이 생겨나고 있음을 깨달을 수 있었다. 내가 생각하는 모든 것, 내가 알고 있다고 믿는 모든 것을 전부 의심할 수 있다. 그럼에도 불구하고 내가 의심하고 있다는 것만은 분명하고, 내가 의심하는 한 의심하고 있는 나는 존재해야 한다. 의심하는 나에 대한 확실성은 신이 사기꾼일 수 있다는 생각으로도 흔들리지 않는다. 신이 나를 속일지라도 속는 나는 존재한다. 이렇게 해서 데카르트는 유명한 명제, "나는 의심한다. 그러므로 나는 존재한다" "나는 사기당하고 있다. 그러므로 나는 존재한다" "나는 생각한다. 그러므로 나는 존재한다"에 이르게 된다.

데카르트가 철학의 기초로 세운 이 명제에 대해 그 무슨 잠꼬대 같은 소리냐고 말할 사람도 있음직하다. 그러나 이 명제는 상당히 깊은 의미를 갖는다. 이 명제는 근원적인 확실성을 신에게서 찾은 중세 철학에서 벗어나 인간의 사유, 인간의 자의식에서 철학의 토대가 되는 확실성을 찾음으로써 서양 사상의 새 장을 열어 놓았기 때문이다. 이로써 인간이 자신의 두 다리로 서서 오직 자신으로부터만 솟아나는 확실성에 따라 진정한 주체가 되는 근대 사유의 특징을 데카르트는 최초로 정초하게 된다. 또한 자연도 이제 중세 세계관에서처럼 신성한 피조물이 아니라, 세계의 중심이며 토대인 인간이 적극으로 파악하고 이용해야 할 대상으로 설정된다. 결국 데카르트의 이 명제는 신 중심의 중세 세계관에 치명타를 주면서 근대의 인간에 대한 '주체성의 철학'이 확립되는 결정적인 계기가 되었다.

데카르트는 왜 근세 철학의 아버지일까

20세기의 데카르트 연구가들은 『방법서설』을 평가하여 "서양 정신이 중세주의로부터 근대로 성큼 한걸음 내디디려 노력한 이야기"라든가 "근대에 대한 서언이면서 동시에 선언"이라고 평가한다. 중세의 암흑을 헤치고 나와 오직 이성의 빛 아래에서만 모든 사물과 현상을 보려는 근세의 합리주의 운동이 바로 『방법서설』에 기록되어 있는 데카르트의 사상적 몸부림에서 시작된다. 스피노자와 라이프니츠로 이어져 유럽 대륙 전체를 주름 잡은 이 합리주의 운동은 영국에서 시작된 경험주의 운동과 함께 중세의 세계관을 무너뜨리고 근대의 세계관을 개척한 자연과학을 정당화함으로써 근대 서구 사상의 대들보 역할을 했다.

데카르트가 『방법서설』에서도 간략히 제시했고 전 생애를 통해 탐구한 문제 가운데 근세 철학 전체에 걸쳐 논의되고 오늘날에도 여전히 중요하게 떠오르고 있는 문제는 정신과 육체, 마음과 몸의 관계에 대한 문제다. 이 문제는 더 일반적인 차원에서 존재와 사유 또는 물질과 의식의 관계 문제라고도 불린다. 표현 방식은 다르지만 다 같은 문제다. 쟁점이 되는 물음은 물질과 의식 중 어느 쪽이 1차적이고 근원적이냐는 것이다. 더 쉽게 표현하면 몸 가는 데 마음이 따라가느냐, 마음을 둔 곳에 몸이 따라가느냐는 문제다. 문제를 제기한 데카르트 자신은 어정쩡한 태도를 취해서 어느 한 쪽이 다른 한 쪽에 더 의존하지 않고 똑같은 자격을 갖는다는 2원론에 서 있었다. 그러나 이런 대답이 만족스럽지 못했기 때문에 뒷날 철학자들은 이 물음에 답할 때 크게 두 패로 갈라졌다. 한 패는 물질이 1차적이라는 쪽인데 보통 '유물론'이라고 부른다. 다른 패는 의식이 1차적이라는 쪽인데 보통 '관념론'이라고 부른다. 이 두 패는 몸과 마음의 관계를 어떻게 보느냐에 따라 다른 여러 철학 문제와 심지어는 사회 안에서 이루어지는 실천적 태도에서까지 서로 대립하기 때문에 이 물음은 철학에서 근본적인 물음의 위치를 차지하고 있다. 데카르트가 비록 올바른 대답을 내리지는 못했지만 근대와 현대의 철학자들이 모두 붙어서 씨름해야 할 문제를 제대로 제기했다는 점 또한 그를 근세 철학의 아버지로 평가하게끔 하는 점이다.

◇ 읽을 거리

- 데카르트, 「방법서설」, 『방법서설, 성찰, 데카르트 연구』, 최명관 옮기고 지음, 서광사, 1983. (데카르트에 대한 국내 연구 논문이 들어 있음)
- R. 샤프트, 『근대철학사』, 정영기 외 옮김, 서광사, 1992. (데카르트 철학 전반에 관한 개론이 들어 있음)
- 안쏘니 케니, 『데카르트의 철학』, 김성호 옮김, 서광사, 1991.
- 우기동 외, 『철학의 철학사적 이해』, 돌베개, 1991.

8

인성론

A Treatise of Human Nature(1738)

흄

David Hume(1711~1776)

김우철(한국철학사상연구회 연구원)

철학의 명저 20

거듭된 실패에도 꺾이지 않은 기질

서양 철학사에서 흔히 '회의론자'의 대명사로 불리는 데이비드 흄은 1711년 스코틀랜드 에딘버러에서 지방 귀족의 아들로 태어났다. 어려서 아버지가 세상을 떠나는 바람에 흄은 어머니와 함께 가족 사유지 나인웰즈에서 유년기를 보냈다. 13세 되던 해 에딘버러 대학에 들어가 라틴어, 철학, 문예 등을 공부했으나 3년 뒤 졸업은 하지 않고 집으로 되돌아왔다. 가족들은 그가 법률가가 되길 바랐으나, 학구적 성격이었던 흄의 관심은 처음부터 딴 데 있었다. "나는 철학과 보편적 지혜에 대한 추구 외에 어떤 것에 대해서도 참을 수 없는 염증을 느꼈다. 가족이 내가 보이트와 비니우스를 읽고 있겠거니 생각할 때에도 나는 몰래 키케로와 버질을 열심히 읽었다."

흄은 지나친 독서로 건강을 해친 탓에 생활방식을 바꿀 겸 1734년 브리스톨에 있는 한 회사에 취직했다. 그러나 몇 달 지나지 않아 그 생활을 깨끗이 단념하고 "오직 학문적 능력을 향상시키기 위해" 프랑스로 건너갔다. 그는 파리를 거쳐 데카르트가 학교를 다닌 적이 있는 라 플레슈에 머물면서, 3년 동안 주저 『인성론』을 집필하는 데 몰두했다. 이 책의 기본 발상을 한 건 이미 18세 때였는데, 8년에 걸친 독서와 사색 끝에 이 곳에서 마침내 책으로 완성했다. 1737년 영국으로 돌아와 이듬해 3권으로 된 책을 출판했다. 그러나 부푼 기대와 달리 책은 세간에 아무 반응도 불러일으키지 못했고, 뒤에 스스로 회고한 것처럼 "인쇄기에서 죽은 채 태어나고 말았다."

『인성론』이 실패로 돌아가자 흄은 나인웰즈로 물러나 주로 정치학과 경제학 연구에 몰두했다. 1741년 『도덕과 정치학 논고』 제1권을 출판했다. 이 책은 이듬해 재판이 나올 만큼 어느 정도 성공을 거두었다. 그러나 흄은 재정 자립을 위해 안정된 직장을 찾지 않으면 안 되었다. 이 당시 그는 에딘버러 대학의 도덕철학 교수가 되려고 했지만 무신론자라는 이유 때문에 수포로 돌아갔다. 할 수 없이 흄은 정신이상자로 선고받은 경력이 있는 애넌대일 후작의 가정교사로 들어가 1년을 보냈다. 그 뒤 먼 친척뻘 되는 성(聖) 클레어 대장의 비서직을 맡아 프랑스 군사원정을 다녀오는가 하면 군 사절단에 끼여 빈과 토리노 왕실을 방문하기도 했다. 그러나 2년에 걸친 비서 시절이 끝나고 스코틀랜드로 돌아올 무렵 그의 수중에는 고작 천 파운드의 돈밖에 들어 있지 않았다.

영국을 떠나 있던 1748년에 『인성론』을 더욱 이해하기 쉽도록 고쳐 쓴 『인간 지성에 관한 연구』를 출판했다. 여전히 사람들의 반응은 신통치 않았다. 『인성론』 제3권의 내용을 다시 쓴 『도덕 원리에 관한 연구』는 1751년에 출판되었다. 같은 해 흄은 다시 에딘버러 대학의 교수직을, 이번에는 친구 애덤 스미스가 자리를 비운 논리학 교수직을 지원했으나 역시 실패로 끝났다. 이듬해 이단자라는 비난을 무릅쓰고 에딘버러 변호사 도서관의 사서로 취직할 수 있었다. 급료는 많지 않았지만 그로서는 연구에 전념하는 데 안성맞춤의 자리였다. 그리고 이 시기에 흄은 문필가로서 최고의 성공을 거두게 된다. 「종교의 자연사」가 들어 있는 『4편의 논설』을 출판했고, 예전부터 쓰기 시작한 『자연 종교에 관한 대화』도 이 무렵 완성했다. 이 책은 무신론에 대한 세간의 비난을 염려한 친구들의 권유로 출판이 미루어지다가 결국 그가 죽은 뒤에야 출판되었다. 1752년 흄은 에딘버러로 이주하여 여기서 유명한 『영국사』 집필에 착수했다. 부와 명예를 한꺼번에 안겨다 준 이 책은 1753년 제1권이 출판된 뒤 1761년에 가서야 제6권의 출판으로 완결되었다.

『영국사』를 끝낸 뒤, 그는 파리에 있는 영국 대사관 근무를 받아들였다. 이미 유명해진 터라 파리 사회에서 각계 각층의 사람들에게서 환대를 받았다. 그는 근무를 마치고 고국으로 돌아오는 길에 당시 프랑스에서 곤경에 처한 루소를 데려와 거처를 마련해 주었다. 그러나 둘의 우정은 얼마 가지 않아 깨졌다. 정상 심리 상태에 있지 않던 루소가 갑자기, 흄의 초청이 자신의 명성을 깎아내리려는 비열한 음모였다고 선언하고 프랑스로 되돌아가 버린 것이다. 흄은 즉시 사건의 자초지종을 밝힌 소책자를 출판하여 루소의 비방이 아무 근거도 없다고 주장했다. 1768년 흄은 1년 동안 외무부 차관직을 지낸 뒤 모든 공직에서 은퇴했다. 그는 "매우 흡족한 상태에서" 에딘버러로 돌아왔다.

그는 고향에서 남은 생애를 보냈다. 1775년 건강이 나빠지기 시작하자 죽음을 예감하고 『나의 생애』라는 짤막한 자서전을 썼다. 여기서 그는 자신의 성품에 대해 다음과 같이 썼다: "나는 온화한 성격에 자제심이 많았을 뿐 아니라 허심탄회하고 사교적이며 쾌활한 성격의 소유자였다. 사람 사귀길 좋아했고 적개심을 품어 본 적이 없으며 감정을 다스릴 줄 알았다. 심지어 평생 따라다닌 문필가의 명성에 대한 열망이 번번이 좌절될 때조차 나의 기질을 잃은 적이 없다." 이 말이 그다지 과장이 아니라는 것은 절친한 친구였던 애덤 스미스가 증언해 주고 있다: "걸핏하면 어리석고 천박한 일들이 일어나던 사회에서 그는 대단히 유쾌한 기질을 지니고 있었을 뿐 아니라, 모든 면에서 비할 데 없을 정도로 엄격한 지적 성실성, 완벽한 학식, 심오한 사고와 재능을 두루 갖추고 있었다." 흄은 배스 지방으로 여행을 다녀온 뒤 병이 악화되어 1776년 8월 25일 에딘버러에서 죽었다.

인과 관계의 필연성은 상상력의 산물일 뿐이다

『인성론』은 비록 출판 당시 사람들의 주목을 받지 못해 흄에게 낙담을 안겨 주었지만, 그의 사상을 이해하는 데는 가장 중요하고 기본이 되는 책이다. 뒤에 그가 쓴 책들은 대개 이 책의 사상을 더욱 분명한 형태로 다듬거나 주제를 더 발전시킨 것에 지나지 않기 때문이다. 그리고 그가 서양 철학사에 중요한 인물로 남게 된 것도 다름 아니라 이 책에 나오는 '인과성'과 '실체성'에 대한 날카로운 분석 때문이었다. 다소 딱딱하고 어려운 주제들이긴 하지만, 그의 중심 사상을 이해하기 위해서는 직접 이 두 가지 문제에 대한 논의를 검토해 볼 필요가 있다.

먼저 인과성에 대한 그의 논의부터 살펴보자. 인과성 또는 인과 관계란 간단히 말해 두 현상 또는 두 사건 사이의 원인과 결과 관계를 말한다. 가령 "물을 계속 가열하면 수증기가 된다"라는 명제는 물의 가열(加熱)과 물의 기화(氣化) 사이에 원인과 결과의 관계가 있다는 우리의 믿음을 나타낸다. 만약 정상 조건에서 물을 가열하는데도 수증기가 생기지 않는 경우가 있다면, 당연히 두 현상 사이에 인과 관계는 성립하지 않을 것이다. 그런데 여기서 핵심은 우리가 이 두 현상 사이의 인과 관계나 결합을 '필연적'이라고 생각한다는 점이다. 흄이 의문을 가진 것은 바로 이 결합이 우리가 믿는 것처럼 필연적인가 하는 점이었다. 흄은 그 물음에 부정적으로 대답함으로써 인과 관계의 필연성을 부정했다. 이유는 간단한데, 인과적 필연성이 경험이나 논리로 증명되지 않기 때문이다.

경험상으로 볼 때 우리가 관찰할 수 있는 것은 물의 가열 현상과 물의 기화 현상 그리고 이 두 현상의 시간적 선후 관계뿐이다. 그러나 이 시간적 선후 관계만으로는 둘 사이의 인과 관계가 증명되지 않는다. 가령 내가 버스에서 내리자마자 비가 왔다고 해서 이 두 사건 사이에 인과 관계가 성립하는 것은 아니다. 내가 버스에서 내렸을 때 우연히 비가 왔을 수도 있기 때문이다. 인과 관계가 성립하기 위해서는 반드시 결합의 필연성이 보장되어야 하는데, 이 필연성을 우리는 경험에서 확인할 수 없는 것이다. 그렇다고 그 필연성이 이성에 의해 논리적으로 증명되는 것도 아니다. 예컨대 "하나에 하나를 더하면 둘이 된다"라는 수학 지식은 필연성을 가지고 있다. 그 명제를 부정한다면 모순이 생겨서, "삼각형은 둥글다"처럼 우리는 말을 하면서도 무슨 말을 하는지 알 수 없게 될 것이다. 그러나 그와 달리 "물을 가열하면 수증기가 된다"라는 인과 명제는 설령 부정된다고 해도 아무 모순도 일으키지 않는다. 따라서 그것은 수학의 지식과 같은 논리적 필연성을 갖고 있지 않다. 결국 인과 관계의 필연성은 경험으로나 이성으로 모두 증명되지 않는 것이다.

그러나 이러한 흄의 비판에도 불구하고 우리가 인과 관계의 필연성을 강하게 믿고 싶어하는 것이 사실이다. 하루 종일 물을 끓이는데도 수증기가 생기지 않는 경우를 과연 믿을 수 있는가?

상상할 수 있을지 몰라도 실제 믿을 사람은 아무도 없을 것이다. 우리로서는 물을 끓이면 '반드시' 수증기가 나온다고 굳게 '믿고' 있다. 따라서 흄은 이 믿음을 설명하지 않으면 안 되었다. 그러나 흄은 그것을 설명한 뒤에도 여전히 그 믿음에 아무 객관적 근거도 없다고 본다. 어째서 그런지 흄의 설명을 따라가 보자.

우연적 관계와 달리 우리가 두 사건 사이의 인과 관계를 믿는 경우에는 한 가지 경험적 특징이 꼭 나타난다. 두 사건이 '규칙적으로' 결합된다는 점이 그것이다. 내가 버스에서 내리는 사건과 비가 오는 사건은 결합될 때도 그렇지 않을 때도 있다. 그러나 물이 가열되는 현상과 물이 기화하는 현상은 예외 없이 항상 결합되어 왔고, 바로 이 규칙성 때문에 우리는 둘 사이에 인과 관계가 있다고 믿는 것이다. 그러나 흄은 이 경험의 규칙성이 결코 필연성을 뜻하는 것이 아니라고 강조한다. 왜냐하면 두 현상이 지금까지 규칙적으로 결합되었다고 해서 앞으로도 그러리라는 보장은 전혀 없기 때문이다. 1억 년쯤 뒤에는 물을 끓여도 수증기가 나오지 않는 일이 생길지 누가 알겠는가? 아무도 이 세계가 이제껏 존재한 방식 그대로 미래에도 똑같이 존재하리라는 점을 증명할 수 없다. 그리고 흄에 의하면 경험적 규칙성은 경험에 의해 언제나 깨질 가능성을 안고 있다.

그렇기는 하지만 이 규칙성의 경험은 우리 정신에 한 가지 중요한 변화를 일으키는데, '관념 연합'의 습관이 바로 그것이다. 정신은 특정한 두 현상이 규칙적으로 결합하는 것을 경험하면 이제 둘 가운데 한 현상만 경험해도 다른 현상의 관념을 연합시키는 성향을 갖게 된다. 물을 담은 주전자가 불 위에 있는 것을 보면 우리는 얼마 지나지 않아 수증기가 나오겠지 하는 관념을 머리 속에 떠올린다. 이처럼 경험하지 않은 사건을 마음속에 떠올릴 수 있는 상상력의 습관이 바로 인과성에 대한 우리 믿음의 정체다. 요컨대 흄에 따르면, 인과성은 순전히 주관적인 것인데 인간의 상상력이 그 인과성을 객관적인 것인 양 바깥 세계에 투사한 것에 지나지 않는다.

이리하여 흄은 인과성에 대한 우리의 믿음을 "자연스럽고 불가피한 것"으로 보기는 하지만 그 필연성에 관한 한 회의적 결론을 내렸다. 쉽게 예상할 수 있는 것이지만, 그의 주장이 철학과 과학의 역사에 일으킨 파장은 실로 대단한 것이었다. 그러나 흄은 이에 그치지 않았다. 그는 전통적으로 철학자들이 확고하게 믿어온 정신과 물질의 실체성마저 부정했다. 나아가 그는 객관 세계의 존재 자체까지 의심함으로써 사람들의 어안을 벙벙하게 만들었다. 이러한 극단적 회의론은 그의 수미일관된 경험론에 비추어 볼 때 당연한 귀결이라고 할 수 있다. 흄이 어떻게 이러한 결론에 도달했는지 마저 검토해 보도록 하자.

'실체'는 아리스토텔레스 때부터 서양 철학자들이 세계를 설명할 때 가장 즐겨 사용해 온 개념 또는 범주 가운데 하나다. 이 말과 짝을 이루는 것은 '속성'이라는 범주인데, 철학자들은 세계의 어떤 사물이건 '실체'와 '속성'이라는 범주를 통해 설명해 왔다. 가령 사과 한 개를 놓고 보더라도, 그것은 특정한 모양, 색깔, 맛, 향기, 무게 등을 갖고 있다. 전통 철학자들은 이 특정한 모양, 색깔, 맛 등을 속성이라 부르고, 서로 다른 속성들을 묶어 '하나'의 사과로 만드는 동일한 것을 실체라고 불러 왔다. 이 실체는 속성들이 변하더라도 변함없이 존속하는 자기동일적인 어떤 것이어야 한다. 왜냐하면 사과의 모양이 쭈글쭈글해지고 맛이 상하거나 해서 속성들이 모두 변하더라도 여전히 그 사과는 이전에 존재하던 바로 그것이어야 하기 때문이다. 그러나 문제는 속성들의 존재와 변화는 감각으로 지각(知覺)할 수 있지만, 동일하게 존재한다는 그 실체 자체는 전혀 지각할 수 없다는 데 있다.

전통 철학자들은 그 동일한 실체를 오직 이성으로만 인식할 수 있다고 예부터 주장해 왔다. 그러나 모든 지식의 기원을 경험에서 찾으려 한 흄으로서는 당연히 그 실체의 존재에 대해 의문을 품지 않을 수 없었다. 우리는 사물에게서 '지각의 다발'을 경험할 뿐 형이상학자들이 주장하는 것과 같은 동일한 실체를 경험할 수 없다. 나아가 그런 실체가 없다고 주장하더라도 아무 모순도 생기지 않는다. 그렇다면 서로 다른 지각들을 하나의 사물로 묶는 것은 실체와 같은 무슨 객관적 근거가 있는 것이 아니라 단지 우리 상상 활동일 뿐이다. 우리의 상상력은 다양한 지각들의 공존을 규칙적으로 경험하면 이 경험을 토대로 그 일련의 지각 내용들에 동일한 실체라는 가상을 부여하는 습관이 있다. 둥글다, 빨갛다, 새콤달콤하다 같은 지각들이 함께 있음을 되풀이해서 경험하면 이런 지각들을 낳는 사과라는 실체가 객관적으로 있다고 상상하는 습관이 있다. 이 상상력의 습관이 바로 동일한 실체에 대한 믿음의 근거다. 그러므로 흄의 결론에 따르면, 인과성과 마찬가지로 실체성도 역시 순전히 주관적인 것인데 인간의 상상력이 바깥 세계에 투사한 '허구'에 지나지 않는다.

그러나 이러한 실체성에 대한 비판은 흄 자신도 예상치 않은 또 다른 결과를 낳았다. 그것은 객관 세계의 존재 자체에 대한 회의다. 흄은 이제 우리가 지각하지 않을 때 사물들이 객관적으로 존재하는지에 대해서조차 말할 수 없게 되었다. 왜냐하면 일련의 다양한 지각들을 동일한 것으로 묶는 실체가 한낱 상상력의 산물에 지나지 않는다면, 우리가 지각하지 않을 때 사물이 존재하는지는 전혀 증명할 수 없기 때문이다. 여기에 이르러 흄의 경험론은 극단적 회의론으로 끝나고 만다. "사물의 독립적이고 지속적인 존재, 즉 외적 사물이 의식 밖에 있어서 의식이 지각하지 않는 동안에도 존재한다는 것은 결코 증명되지 않는다."

심리주의와 원자론

지금까지 우리는 흄의 경험론이 어떻게 회의론으로 끝나고 있는지 그 과정을 간단히 살펴보았다. 물론 그가 처음부터 이러한 결과를 예상한 것은 아니었다. 『인성론』에는 "실험적 추론방법을 정신과학의 주제들에 적용하려는 한 시도"라는 다소 긴 부제가 붙어 있다. 여기서 알 수 있듯이, 흄의 관심사는 근대 물리학자들이 물질 세계를 탐구하는 데 사용한 관찰과 실험의 방법을 인간 정신의 본성을 해명하는 데도 적용하는 일이었다. 이미 로크나 버클리 같은 선구자들이 경험을 인간 지식의 진정한 기초로 확립하려 한 바 있지만, 흄은 한걸음 더 나아가 철학적 분석 원리 자체까지 경험 법칙으로 대체하려 했다. 그는 이러한 경험적 원리에 의해 인간 본성을 남김없이 해명할 수 있고, 또 이에 기초하여 모든 철학 문제를 해결할 수 있다고 믿었다. 흄은 『인성론』 서론에서 자신의 인간학에 대해 다음과 같이 확신에 찬 말을 하고 있다. "우리는 이러한 종류의 관찰을 주의 깊게 모으고 견줘 봄으로써 다른 어떤 인간 지식보다 확실성에서 뒤떨어지지 않고 유용성에서 더 뛰어난 하나의 과학을 확립할 수 있으리라 기대할 수 있다."

그러나 그 결과는 앞서 보았듯이 회의론으로 끝나고 말았다. 물론 우리는 이러한 회의론이 무조건 잘못된 것이라고 볼 필요는 없다. 오히려 그의 회의론에서 우리가 배울 점은 인간의 지식이 사실 얼마나 허약한가 하는 점이다. 이 점에 대해 철학사가 슈퇴리히는 이렇게 평하기도 했다.

"흄이 행한 모든 증명은 인간의 상식과 대립하지 않는다. 더욱이 그의 생활은 그가 누구보다 극단적 이론가가 아니었음을 나타내고 있다. 오히려 그가 대립하고 있다면 그것은 독단적인 철학자, 즉 한계를 넘어서 우리가 아무것도 모르는 것을 무엇인가 아는 체 하는 형이상학자들이다. 흄의 회의론은 명백히 이들에게 파괴적인 타격을 주었다. 위대한 칸트조차 고백하고 있듯이 그는 흄의 사상 덕분에 비로소 독단의 잠에서 깨어났다. 흄은 과학을 전혀 올바른 것으로 본다. 뿐만 아니라 표상의 양적 관계를 분석하는 학문인 수학에 대해서는 절대적 확실성을 인정한다. 사실에 관한 학문에 대해서는 수학과 같은 확실성은 아니지만 고도의 개연성을 인정한다. 그는 이 점을 위해 나름대로 상세한 개연성의 이론을 전개했다. 오히려 그가 예상하지 못한 정도로 현대 자연과학에서는 엄밀한 인과 관계를 개연성으로 대체하려는 사상이 부활되었다."

그러나 그렇다고 해서 흄의 경험론 사상이 아무 문제가 없는 것은 아니다. 칸트는 흄의 비판을 깊이 인정하면서도 흄이 부정한 인과성과 실체성을 되살리기 위해 이 개념이 보편 타당하게 쓰일 수 있는 원리를 제시하기에 이르렀다. 적어도 우리는 흄의 회의론이 안고 있는 문제를 심리주의와 원자론이라는 두 가지 측면에서 지적해 볼 수 있을 것이다.

우선 심리주의는 진리를 객관적 사실이 아니라 인간의 주관적 의식에서 찾는 철학 경향이다. 경험적 의식에 대한 흄의 강조는 단순한 개념 분석 대신 이 세계에 충만해 있는 사실들을 탐구하려는 자세를 주장하는 것 같지만, 실은 진리를 인간의 주관적 느낌에 의존하게 만듦으로써 학문의 주관화를 낳고 말았다. 그가 경험적 의식을 강조한 나머지 이 세계의 존재마저 부정하게 된 것이 좋은 보기다. 형이상학적 독단을 방지하기 위해 내세운 경험이 오히려 모든 것의 출발점인 객관 세계의 존재 자체까지 부정하는 역설의 결과를 낳은 것이다. 뒷날 딜타이, 후설, 러셀과 같은 현대 철학자들은 한결같이 이 심리주의의 단점을 지적함으로써 각기 새로운 철학 원리를 수립하려고 노력했다.

원자론은 심리주의보다 더 뿌리 깊은, 흄의 회의론의 기본 전제였다. 원자론의 기본 가정은 "모든 사물과 감각이 원자처럼 근원적으로 아무 연관도 없이 그저 나란히 있으며, 따라서 오직 부분과 총합은 있을지언정 통일을 이룬 전체는 존재하지 않는다"라는 것이다. 이 전제는 갈릴레이나 뉴턴을 비롯한 근대 자연과학자들에게 가장 기초가 되는 세계관이었다. 또 현대 철학에 이르기까지 흄을 전후한 대부분의 철학 사상에서도 쉽게 발견되는 원리이기도 하다. 흄 자신의 인과성 비판이나 실체성 비판은 모두 이 원자론적 가정에 직접으로 의존해 있다. 그러나 헤겔이나 화이트헤드 등이 이미 비판했듯이, 원자론적 세계관은 그렇게 자명한 원리가 아니다. 현대 과학에서도 점차 그 세계관이 잘못된 것이라는 점이 자주 지적되고 있다. 따라서 우리는 "부분들로 쪼개져 있는 이 세계를 어떻게 하나로 합칠 것인가" 하는 흄식의 물음을 던지기 전에 먼저 그로 하여금 "모든 사건들이 전적으로 서로 연관이 없으며 제각기 떨어져 있다"고 하는 점을 증명하도록 요구하지 않으면 안 된다. 이 점을 증명하지 못하는 한 흄의 비판은 근본적으로 재검토되고 수정되어야 마땅할 것이다.

◇ 읽을 거리

- 데이비드 흄, 『인성론』, 한상범 옮김, 대양 서적, 『세계사상 대전집』, 22권, 1983.
- 벌린, 『계몽시대의 철학』, 정병훈 옮김, 서광사, 1992.
- 레러 콘맨 파패스, 『철학의 문제와 논증』, 류의근 옮김, 형설출판사, 1989. (특히 2장 "인식과 회의주의의 문제" 참조)
- W. V. 콰인, 『인식론——믿음의 거미줄』, 정대현 옮김, 종로서적, 1984.
- A. C. 유잉, 『철학의 세계』, 편집부 옮김, 동화출판공사, 1988. (특히 2장 "선험적 지식과 경험적 지식"과 8장 "원인" 참조)

9

순수 이성 비판

Die Kritik der reinen Vernunft(1781)

칸트

Immanuel Kant(1724~1804)

박정하(성균관대학교 교수)

철학의 명저 20

푸코
맑스
엥겔스
니체
비트겐슈타인
후설
베르그송
루카치
사르트르
하버마스
헤겔
칸트
흄
데카르트
플라톤
아리스토텔레스

최초의 '프로' 철학자

서양 철학사를 쭉 훑어볼 때 『순수 이성 비판』처럼 단 한 권의 책이 그처럼 큰 위력을 발휘한 경우는 그리 많지 않다. 칸트는 이 책 한 권만으로도 철학 사상의 새로운 한 시대를 연 철학자가 될 수 있었다. 칸트는 계몽주의 사상을 대표하는 사상가이며 철학사를 통틀어 가장 위대한 철학자 중 한 사람이다.

칸트가 이런 위대한 작업을 할 수 있었던 이유 가운데 하나는 최초의 '프로' 철학자였기 때문이다. 그는 우리가 철학사에서 만나는 대가들 가운데 최초의 직업 철학자로서 철학 교수였다. 고대 그리스의 탈레스로부터 18세기 초엽까지 오늘날 우리가 '철학자'라 부르는 사람들에게 철학은 사실 직업이라고 할 수는 없었다. 그들은 대부분 다른 일로 먹고살았거나 일할 필요가 없는 여유 있는 사람들이어서 철학함은 일종의 여가 활동이었다. 즉 그들은 '아마추어'였다. 그러나 칸트는 철학함이 자신의 유일한 생업이었고 따라서 오직 철학에만 전념한 최초의 '프로' 철학자였다.

『순수 이성 비판』의 뒷 부분에 나오는 "우리는 결코 철학을 배울 수는 없고 단지 철학함만을 배울 수 있을 따름이다"는 유명한 말도 철저한 프로의식, 전문가 정신에서 나온 것이다. 남의 철학만 따라 배우는 사람은 결코 전문가가 될 수 없고 평생 학생으로, '아마추어'로 남아 있을 수밖에 없어서 칸트의 표현을 빌면 '살아 있는 석고상'이나 다름없다. 철학함을 배워 스스로 자기 철학을 하는 본격적인 프로의식, 이것이 칸트를 위대하게 만든 요인이다.

칸트는 1724년 4월 22일 동프러시아의 쾨니히스베르크에서 태어나 평생을 거기서만 살았다. 아버지는 마구 상인이었다. 어머니는 독일 여자로 교육은 받지 못했지만 인품과 타고난 지성 때문에 유명했다. 양친 모두 루터교 경건파의 독실한 신자였다. 여덟 살 난 칸트는 어떤 현명하고 마음씨 좋은 목사의 눈에 띄어 그 목사가 운영하던 경건주의 학교에 들어가게 된다. 라틴어를 가르치던 이 학교에서 8년 반 동안 배웠는데 일생에 걸쳐 라틴어 고전을 좋아하게 된 것은 바로 이 때의 학교 교육 탓이다.

16세가 된 1740년 쾨니히스베르크 대학에 신학생으로 입학했다. 신학 과정을 이수하면서 때때로 설교까지 했지만 주로 흥미를 느낀 것은 수학과 물리학이었다. 합리론 철학을 체계화한 볼프 철학을 배웠으며 동시에 어떤 젊은 교수의 도움으로 뉴턴의 저작도 읽기 시작했다. 대학 시절 동안 그는 가정교사를 해야 할 만큼 재정적으로 넉넉하지 못했다. 그래서 학생 활동이나 즐거운 오락거리에 별로 관심을 갖지 않았으며 유일한 취미이자 즐거움은 당구를 치는 것이었다. 그는 친구들과 열심히 쳤고 재주도 있어서 돈을 따는 경우도 많았다. 졸업하고 나서 학자의 길을 택하기로 마음 먹었지만, 1746년 아버지가 죽자 우선 먹고살 방도를 마련해야 했다. 그는 가정교사직을 구해 9년 동안 이 일을 했다.

1755년 친구의 도움으로 대학에서 학위를 마치고 대학의 사강사 생활을 시작한다. 15년 동안의 사강사 기간은 강사와 저술가로서 점점 큰 명성을 얻는 시기다. 이 기간 동안 그는 과학에 대한 관심을 결코 잃지 않았다. 관심의 수준이 아마추어 이상이었다는 것은 이 때부터 몇 해 동안 과학의 여러 분야와 관련된 글을 여럿 썼다는 사실에서 알 수 있다. 강의도 수학과 물리학에서 시작하여, 논리학, 형이상학, 도덕철학 같은 철학의 주요 분야는 물론이고 자연지리학에 이르기까지 주제의 범위가 넓었다. 강의 내용은 유머가 넘치고 박진감 있었으며 영국, 프랑스 문학은 물론이고 여행기와 지리학, 과학과 철학 등 광범위한 독서에서 얻은 풍부한 실례를 들었기 때문에 실감 있고 생기 있었다.

쾨니히스베르크에서 교수직을 얻는 데 두 번이나 실패했음에도 불구하고 교수로 데리고 가려던 다른 대학들의 제안을 그는 받아들이지 않았다. 베를린 대학은 다른 곳에 비해 많은 특권을 주면서까지 시학 교수로 초빙했으나 이것도 거절했다. 그는 고향에서 조용하고 평화롭게 지내면서 자신의 철학을 발전시키고 완성해 가기를 더 원했다. 마침내 1770년 칸트는 15년간의 사강사 생활을 마감하고 쾨니히스베르크 대학에서 철학 교수로 임명된다. 교수가 되자 그는 11년 동안 아무 글도 발표하지 않으면서 연구에 전념한 끝에 1781년 『순수 이성 비판』을 발간하고 그 뒤 9년 동안 위대하고 독창적인 저술들을 계속 내놓음으로써 짧은 기간에 철학의 혁명적인 방향 전환을 이루어 낸다.

『순수 이성 비판』은 10년 동안 생각하고 고민한 결과다. 그럼에도 불구하고 칸트는 여러 번 연기를 하면서 망설인 끝에 초판을 발간했다. 자기 이론이 참임을 확신하긴 했지만 설명이 적절한지에 대해서는 확신하지 못했기 때문이다. 걱정은 맞아떨어졌고 그는 독자의 비판에서 많은 오해를 발견하고는 불만스러워했다. 자신에 대한 잘못된 해석들을 바로잡기 위해 『프롤레고메나』(1783)를 썼고 1789년에는 초판을 개정하여 재판을 발간했다. 『순수 이성 비판』의 진정한 의도는 철학을 확실한 길 위에 올려놓으려는 것이었다. 그는 이 뜻을 마저 이루기 위해, 1785년 발간한 『도덕 형이상학의 기초』를 체계적으로 확대하여 1788년 『실천 이성 비판』에서는 진정한 도덕의 체계를 제시하려고 했다. 그리고 여기서 확립한 원리를 사회에 적용하여 1797년의 『도덕 형이상학』에서는 법과 정치 같은 사회철학적인 문제를 다룬다. 1790년에는 『판단력 비판』을 발간하여 미의 문제와 자연의 목적론을 다루면서 비판철학을 마감하게 된다.

이렇게 체계를 잡은 비판철학은 곧 독일 말을 쓰는 모든 중요한 대학에서 강의되었고 많은 젊은이들은 쾨니히스베르크를 새로운 철학의 성지로 여기고 몰려들었다. 그들은 마치 신탁을 구하듯이 칸트에게서 온갖 문제에 대한 답을 얻으려 했다. 이런 존경을 받으면서도 칸트는 자신의 규칙적인 습관을 어긴 적이 없는 엄격한 생활을 유지했다. 160㎝도 채 되지 않는 키에 기형적인 가슴을 가진 칸트는 몸이 약했기 때문에 평생 엄격한 식생활을 했다. 자기 덕택에 '철학자의 산책로'라 불린 거리를 규칙적으로 산책했기 때문에 사람들은 그의 산책을 기준으로 시간을 맞췄다. 그는 노령으로 산책이 힘들어질 때까지, 루소의 『에밀』을 읽는 데 열중하느라 며칠 집에서 나오지 않은 때를 빼고는 한 번도 규칙적인 산책을 거른 적이 없었다.

1793년 『이성의 한계 내에서 종교』를 출간하면서 칸트는 프로이센 당국과 종교의 믿음을 표현할 권리를 둘러싼 논쟁에 휘말려 들었다. 이 책에서 지나치게 합리주의적인 태도로 종교에 접근한 것이 정통 종교에 문제가 되어 종교적 주제에 대한 강의나 저술 활동을 한동안 금지당하기도 했다. 나이가 들어 점점 쇠약해지면서 고통스런 나날을 보내다가 1804년 2월 12일 칸트는 쾨니히스베르크에서 죽었다. 그의 마지막 말은 "좋다"였다.

우리가 알 수 있는 것은 무엇인가

『순수 이성 비판』에서 칸트는 자기 철학의 핵심 문제를 "인간이란 도대체 무엇인가?" 하는 물음이라고 요약했다. 그런데 칸트는 이 물음에 대해 "인간은 이성적인 존재다"라는 추상적인 대답을 이미 염두에 두고 있었다. 그러나 추상적인 대답에 그치지 않고 인간 이성의 더 구체적인 모습을 찾아내기 위해 칸트는 자신이 탐구해야 할 문제를 세분하여 셋으로 나눈다. 첫째, 나는 무엇을 인식할 수 있는가? 둘째, 나는 무엇을 해야만 하는가? 셋째, 나는 무엇을 희망해도 좋은가?

이 세 물음을 통해 칸트는 인간 이성에게 허용되는 지식, 행위, 희망이 성립할 수 있는 근거와 범위를 탐구하려 했고, 그것은 바로 '인간 이성에 대한 비판'이라는 말로 요약할 수 있다.

인간 이성에게는 있는 것을 있는 그대로 파악하고 그려 내어 지식, 이론, 과학을 성립시키는 능력이 있다. 이것을 칸트는 '이론 이성'이라 부른다. 또 있는 것을 변화시키거나 없는 것을 있도록 만드는 능력이 있는데 이것을 '실천 이성'이라고 부른다. 또 하나씩 주어지는 특수한 사례들을 반성하여 통일적 원리를 생각해 내는 능력이 있는데 이것을 '반성적 판단력'이라 부른다.

그러므로 칸트에게서 '이성 비판'은 인간 이성이 알 수 있는 것과 알 수 없는 것, 마땅히 해야만 할 것과 해서는 안 될 것, 합당하고 희망해도 좋은 것과 희망할 수 없는 것을 분간해 내는 일이다. 이 각각에 대한 칸트의 체계적인 연구가 『순수 이성 비판』, 『실천 이성 비판』, 『판단력 비판』이라는 3권의 비판서로 결실을 맺었다.

『순수 이성 비판』이란 책은 이성 비판의 체계 속에서 첫 부분, 즉 우리가 무엇을 인식할 수 있는가 하는 이론 이성의 성격과 한계를 밝히는 작업이다. 그렇기 때문에 이 책에서 하는 작업은 좁게는 철학의 분야에서 인식론 영역에 속한다. 그리고 인식론의 작업을 최초로 전문적으로 행한 책이기도 하다.

그렇다면 칸트는 도대체 어떤 필요성과 문제의식 때문에 이런 인식론적 작업을 했을까? 이는 물론 당시 시대 상황을 떠나서는 이해할 수 없다. 『순수 이성 비판』은 뉴턴의 『자연철학의 수학적 원리』(1687)가 나온 지 거의 100년이 지난 뒤에 나왔다. 이 때는 이미 100년 전에 등장한 뉴턴의 자연에 대한 새로운 설명 방식이 강력한 설득력을 지니고 지성계를 정복해 가고 있던 때다. 새로 대두한 자연과학 앞에서 형이상학을 주축으로 한 철학은 낡아빠진 독단론으로 몰락해 버려서 '학문의 여왕' 소리를 듣던 좋은 시절이 끝나고, 이제는 무관심의 대상이 되거나 심지어는 조롱의 대상으로 전락해 버렸다. 이처럼 철학이 위기에 빠져 있던 것이 칸트의 철학적 문제 상황이었고, 이런 철학의 위기를 극복하는 것이 바로 칸트 철학의 과제였다.

당시 지성계는 네 사람의 싸움꾼이 한쪽 구석씩 차지하고는 서로 팽팽히 맞서고 있는 사각의 링과 같은 형세였다. 그림을 그리면 다음과 같다.

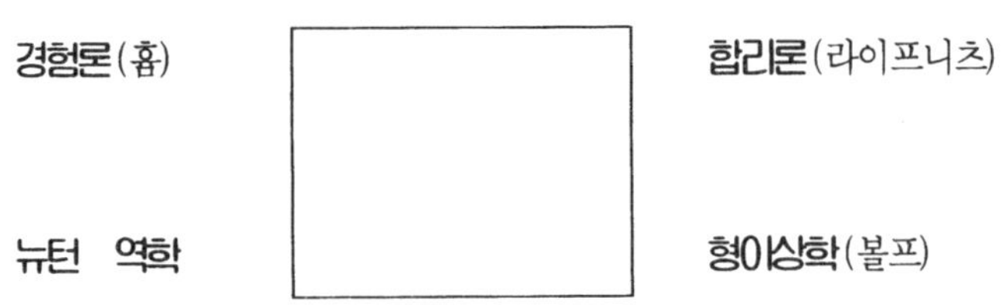

이 사각의 링 안에서 칸트의 진땀 나는 철학 싸움이 벌어진다. 그는 이 네 가지 입장을 철저히 비판하고 거기서 일리 있는 주장들만을 종합하여 철학의 위기를 극복해 보려고 했다. 그러나 그 종합은 무원칙한 혼합을 의미하는 것은 물론 아니었다. 우선 칸트의 원칙적인 방향은 이렇다. 실험과 관찰 같은 이성의 올바른 실증적 절차를 거치지 않고 단지 머리만 굴려서 나온 사변 철학들은 일단 틀린 것이다. 존재 세계에 대해서는 뉴턴 역학이 말하는 바가 백 번 옳고 참이다. 이전의 철학이 뉴턴 역학과 다른 말을 한다면 그 철학이 틀린 것이다. 이렇게 전통 사변 철학보다 뉴턴 역학을 더 우월시하는 것이 기본 원칙이었다.

칸트는 뉴턴 역학이 보편타당한 필연적 진리라는 것을 믿어 의심치 않으면서 뉴턴 역학의 명제들을 '선험적 종합 판단'이라고 규정했다. '선험적 종합 판단'에서 '선험적'이라는 말은 그 판단이 경험의 우연성에서 벗어나 있어서 보편적이고 필연적이라는 뜻이고, '종합 판단'이란 이미 알고 있는 대상의 부분들을 조합하여 무언가를 알게 되었다는 뜻이 아니라 모르던 대상에 대해 새롭게 알게 되었다는 것을 뜻한다. 칸트의 목표는 이성을 올바로 사용하여 얻은 진리인 뉴턴 역학이 가능했던 근거를 파헤쳐 인간 이성의 본질적 구조를 파악하고 그리하여 이성으로부터 나올 수 있는 참된 철학의 모습이 어떤 것일지를 모색해 보려 하는 것이었다. 그래서 결국 뉴턴 역학이 성립하는 근거를 따지기 위해 '선험적 종합 판단이 어떻게 가능한가?' 라는 물음을 제기한다.

『순수 이성 비판』은 바로 이 물음에 답하는 것이다. 인간의 지식이나 판단은 경험과 더불어 생기는 것이므로 칸트는 경험이 가능해지는 조건들을 해명함으로써 인간 이성을 해부한다. 『순수 이성 비판』이란 이처럼 이성이 스스로를 해부하는 자기 검토, 자기 비판 작업이다. 칸트는 인간의 이성을 직관 능력인 감성과 판단 능력인 지성, 추론 능력인 이성으로 나누고 이에 따라 『순수이성 비판』도 크게는 감성론, 분석론, 변증론의 세 부분으로 나눈다. 감성론은 경험을 가능하게 하는 감성의 조건을 밝히고 분석론은 경험을 가능하게 하는 지성의 조건을 밝힌다. 그리고 변증론은 그 때까지 형이상학들이 이성을 잘못 사용하여 오류에 빠졌음을 밝힌다.

이 분석 과정에서 칸트는, 우리의 감성과 지성이 경험을 가능하게 하는 선험적인 요소들을 가지고 있음을 발견한다. 감성은 시간과 공간이라는 선험적인 형식을 가지고 있고 지성은 인과성을 비롯한 12개의 개념을 선험 형식으로 가지고 있다. 이 개념을 칸트는 '범주'라고 불렀다. 칸트가 분석한 결과를 요약하면 대강 다음과 같다.

이성이 '우리 밖'의 사물에 관해 지식을 얻을 수 있는 유일한 통로는 감각이다. 그러므로 우리는 감각 재료 없이는 결코 내용 있는 인식을 얻을 수 없다. 그런 점에서 로크가 인식의 재료들을 경험으로부터 얻는다고 본 것은 옳다. 그러나 감각 재료들 자체는 감각 기관을 통해 수시로 수용되는 잡다한 것으로 이것이 정돈되어 하나로 결합되고 통일될 때 우리는 하나의 사물을 인식하게 된다. 감각에 주어지는 잡다한 재료들을 정리 정돈하고 서로 결합하는 데는 일정한 틀(형식)이 기능하는데 이 틀 자체는 감각 재료가 아니다. 칸트에 따르면 이 틀은 우리 인식 능력이 스스로 마련해 가지고 있는 선험적인 것이다. 그리고 이 틀에는 크게 보아 두 종류가 있는데 그 하나가 감성의 형식인 공간과 시간 표상이고, 다른 하나는 지성의 형식인 순수한 지성 개념인 범주들이다. 이 형식들의 작동 없이 감각 재료를 경험하는 것만으로는 아무런 대상인식도 일어나지 않으므로 모든 인식에는 반드시 이성의 선험적 작용이 필요하다.

보기를 들어 보자. 우리는 종이나 산에 불이 붙어 연기가 나는 것을 보고 대번에 "불이 붙으면 연기가 난다"는 인식을 얻는다. 그러나 이 인식을 얻는 과정을 슬로 비디오로 틀어 보면 크게 두 가지 단계가 있다. 우선 뭔지 모르지만 눈에 보이는 것이 있으니까 우리의 감각과 지성이 작용한다. 눈에 보이는 뭔지 모르는 이것이 감각 재료다. 이 때 먼저 작용한 감각이 이 재료를 정리하여 내리는 결론은 "지금 여기 불이 붙는다"는 내용과 "지금 여기 연기가 난다"는 내용이다. 감각이 내리는 결론에는 항상 '지금', '여기'와 같이 우리가 미리 머리 속에 가지고 있는 틀, 즉 시간과 공간이 작용한다. 다음으로 감각이 내린 결론은 지성이 다시 정리하는 재료가 된다. 지성은 "지금 여기 불이 붙는다" "지금 여기 연기가 난다" 라는 두 가지 재료 또는 과거에 감각에서 받아 쌓아 둔 수많은 비슷한 재료를 보태 최종적으로 "불이 붙으면 연기가 난다"라는 결론을 내린다. 이 최종 결론에는 뭐가 보태졌는가? 바로 '——하면 ——한다'라는 원인과 결과의 관계, 줄여서 인과성이 보태졌다. 이 인과성이 보태지지 않았으면 최종 결론은 나오지 않는다. 이 인과성도 우리가 미리 머리 속에 가지고 있는 틀, 즉 범주들 가운데 하나다. 그러므로 모든 인식에는 감성의 틀인 시간, 공간과 지성의 틀인 범주가 꼭 필요하다.

이런 결론을 칸트는 "우리의 모든 지식은 경험과 함께 시작하지만 그렇다고 해서 바로 경험으로부터 생겨나지는 않는다"는 말로 요약했다. 결국 지식 형성에 투여되는 인식 주체의 선험적 요소 때문에 뉴턴 역학은 보편타당하고 필연적인 진리가 된다는 것이 칸트의 답이다. 칸트는 이 선험적인 요소들이 어떻게 생겼으며,

왜 딱히 시간과 공간, 12개의 범주들뿐인지는 설명할 수 없지만 개인이 지닌 생물학적 특이성이나 역사적 경험과는 상관없이 공통적으로 주어져 있는 요소임은 틀림없다고 주장한다.

이런 분석을 통해 『순수 이성 비판』이 궁극적으로 확보하려 하는 것은 과연 무엇인가? 일차적으로는 뉴턴 역학에 대해 강력하게 도전하던 흄의 회의론을 극복하고 합리론과 경험론의 화해를 모색하려는 것이었다. 그러나 더 중요한 것은 도덕과 종교에 확실한 근거를 제공하는 새로운 철학을 제시하려는 것이다. 변증론에서 칸트는 이전의 형이상학이 모두 속임수인 까닭은 정당한 지식에 반드시 필요한 조건의 하나인 실증적 감각 재료 없이 단지 개념들을 공허하게 엮어 놓은 것을 참된 지식으로 주장하기 때문이라고 분석한다. 칸트는 오히려 사실과 당위를 엄격히 나누어 자연과학과 같은 지식의 차원은 사실의 세계에서, 칸트 용어로 하면 현상계에서 성립하는 것이지만, 도덕과 종교는 사실의 세계와는 차원이 다른 당위의 세계에서 성립할 수 있는 것으로 보려 한다. 그러므로 과학과 도덕, 종교를 같은 차원에 놓으려고 한 과거의 철학들은 오류를 범했다. 과학과 도덕, 종교는 대립 관계가 아니라 서로 다른 차원에서 공존하는 것이다. 칸트가 『순수 이성 비판』의 재판 서문에서 "신앙에 자리를 마련해 주기 위해 지식을 부정할 필요가 있다"고 말하는 것은 바로 이런 뜻에서다.

철학에서 코페르니쿠스 혁명

흔히 칸트에 대해 "칸트 이전의 철학은 모두 칸트로 흘러 들어갔고 칸트 이후의 철학은 모두 칸트로부터 흘러 나왔다"는 평가를 한다. 약간 과장된 표현이긴 하지만 맞는 평가다. 칸트의 비판철학은 계몽 사상의 입장에서, 이에 대립하던 사상 조류들을 진정한 의미에서 모두 소화하면서 극복했다. 이런 의미에서 계몽 사상의 완성이라 할 수 있다. 그리고 근대 초기부터 대륙의 합리론과 영국의 경험론이 대립해 오던 것을 변증법적으로 종합하여, 오랫동안 논의되던 근세 철학의 거의 모든 문제들과 대립들을 용의주도하게 해결했다. 그 때부터 많은 철학자들은 칸트와 철학적으로 대결하면서 자기의 철학을 형성하게 된다. 피히테, 셸링을 거쳐 헤겔에서 완성되는 독일 관념론도 칸트를 토대로 하고 또 칸트를 비판하면서 형성되었다. 헤겔과 비슷한 시대에 독일 관념론의 이성 중심주의에 반대하여 비합리주의를 내세운 쇼펜하우어 또한 칸트와 대결하면서 자기 사상을 형성했다.

철학사에서 『순수 이성 비판』이 갖는 획기적인 의미는 인간이 가진 인식 능력의 한계와 가능성을 근대 자연과학을 기반으로 하여 명백히 밝혔다는 점이다. 그리고 인식에서 인간의 능동적이고 선험적인 요소가 결정적인 역할을 한다는 점을 밝혔다는 점이다. 이것을 보통 철학에서 '코페르니쿠스 혁명'이라고 평가한다. 근대 천문학의 기초를 세운 코페르니쿠스가 겉으로는 별이 움직이는 것처럼 보이는 현상을 실은 지구가 움직인다는 사실로 설명한 것과 꼭 마찬가지로 칸트는 마음의 선험적인 원리가 대상에 적용된다고 설명함으로써, 마음이 대상을 따르는 것이 아니라 대상이 마음을 따른다는 것을 보여 주었기 때문이다.

그러나 경험적인 것과 선험적인 것을 엄격히 구분하고 사실과 규범을 엄격히 구분한 칸트의 뚜렷한 입장은 오늘날 많은 비판을 받고 있다. 특히 『순수 이성 비판』에서 칸트가 주장하듯 지식에 결코 변하지 않는 초역사적인 토대가 있다는 입장은 오늘날 많은 도전을 받고 있다. 칸트는 유클리트 기하학과 뉴턴 역학이 변함없는 절대 진리라는 믿음에서 이런 태도를 취했지만, 200여 년이 지난 오늘날의 관점에서 그 동안의 수학과 자연과학의 눈부신 발전을 놓고 바라보면, 칸트의 믿음은 너무 소박한 것이어서 의문을 제기할 여지가 많기 때문이다.

◇ 읽을 거리

- 칸트, 『순수 이성 비판』, 최재희 옮김, 박영사, 1972.
- 우베 슐츠, 『칸트』, 김광식 옮김, 한국신학연구소, 1976. (전기 형태의 책)
- F. 카울바하, 『칸트 비판철학의 형성 과정과 체계』, 백종현 옮김, 서광사, 1992.
- C. D. 브로드, 『칸트 철학의 분석적 이해』, 하영석 외 옮김, 서광사, 1992.

  (앞의 2권은 칸트 철학 전반에 관한 안내서)
- 한자경, 『칸트와 초월철학』, 서광사, 1992. (국내 연구서)
- T. E. 윌커슨, 『칸트의 순수 이성 비판』, 배학수 옮김, 서광사, 1987. (『순수 이성 비판』에 국한된 해설서)

10

정신현상학

Phänomenologie des Geistes(1807)

헤겔

Georg Wilhelm Friedrich Hegel(1770~1831)

우기동(경희대학교 교수)

철학의 명저 20

푸코
맑스
엥겔스
니체
비트겐슈타인
후설
베르그송
루카치
사르트르
하버마스
헤겔
칸트
흄
데카르트
플라톤
아리스토텔레스

고전 문학과 철학에 좀더 가까워지기 위해서

한 사상가의 위대함은 그의 사상이 당대에 끼친 영향은 물론이고 후대에 끼친 영향으로 평가된다. "칸트 이전의 모든 사상은 칸트로 흘러 들어와 독일 관념론이라는 호수에 고여 있다가 헤겔을 통해 흘러 나가 이후 모든 사상의 원천이 되었다." 이 말은 바로 헤겔 철학이 서양 사상사에서 차지하고 있는 위치를 단적으로 표현한다.

헤겔은 베토벤과 횔더를린이 태어난 해인 1770년 8월 27일 독일 슈투트가르트에서 공국 관리(公國 官吏)의 장남으로 태어나 고향에서 고등학교(김나지움)를 졸업하고, 1788년 신학을 공부하기 위해 튀빙겐 대학에 입학했다. 지극히 모범생이던 헤겔은 1789년 프랑스 혁명을 지켜 보면서 현실에 눈을 뜨기 시작했다. 프랑스 혁명은 '자유'라는 인류의 고귀한 가치를 전파했고, 당시 유럽의 학생들은 그 영향으로 자유와 혁명을 찬양하고 이를 뒷받침하는 사상에 깊은 관심을 가지고 있었다. 헤겔도 다른 학생들과 더불어 '자유의 나무' 둘레에서 춤을 추면서 혁명에 대한 정열을 불태웠다. 헤겔이 매년 기념일마다 프랑스 혁명을 자축하며 포도주를 마셨다는 일화는 혁명이 그에게 얼마나 깊고 큰 사상적 영향을 끼쳤는지를 짐작할 수 있게 한다.

학창 시절 횔더를린, 셸링 같은 친구들과 문학 논쟁을 벌이기도 하고, 자유를 표방하는 '학생 동맹'을 결성하여 활동하기도 했다.

그리스의 비극 문학, 계몽주의 문학, 루소의 작품 등을 섭렵했고, 이 때 이미 철학에 관심을 가져 플라톤, 야코비, 스피노자 등을 공부했다. 헤겔은 프랑스 혁명이 불러일으킨 자유와 혁명의 이념을 통해 사회 현실에 관심을 갖는 한편, 지적 열망을 채워 주는 문학과 철학 공부를 하면서 학창 시절을 보냈다. 전공이던 신학 공부는 등한시한 것으로 보인다. 헤겔은 1804년에 가서야 부모님의 소원대로 신학 공부에 본격적으로 손을 댔다. 그러나 신학을 공부한 이유는 다른 데 있었다. "고전 문학과 철학에 좀더 가까워지기 위해서."

헤겔은 1801년 「행성의 궤도에 관한 철학적 논문」으로 교수 자격을 획득하여 예나 대학의 강사가 되었으며, 주로 자연법학, 자연철학, 정신철학을 강의했다. 이 예나 시절에 당시 교육부 장관이던 괴테의 도움을 많이 받았으며, 실러, 셸링 들과 가깝게 지내면서 본격적인 집필 활동을 했다. 셸링은 1798년부터 피히테, 슐라이어마허, 슐레겔 등과 『철학비평지』를 공동으로 발간하고 있었는데, 셸링과 피히테의 사이가 멀어지자 피히테 대신 헤겔이 1802년 공동발간인으로 참여하게 되고, 여기서 헤겔은 "독일 헌법론" "철학적 비판 일반의 본질"과 같은 현실적이고 예리한 글들을 쓰기 시작했다. 그러나 셸링이 친구인 슐레겔의 부인과 사랑에 빠지고 덕분에 슐레겔과 극도로 사이가 나빠져 예나를 떠나자 『철학비평지』의 발간도 1803년 중단되었다. 그 뒤 헤겔은 대학 강의에 전념했고 1805년에는 괴테의 추천으로 원외 교수가 되어 철학사를 강의하기 시작했다. 헤겔은 강의를 하면서 자신의 철학 체계를 다듬어 갔다. 드디어 1807년 헤겔 철학 체계의 제1부라 할 수 있는 『정신현상학』이 나왔다.

헤겔은 그토록 바라던 대학의 정교수가 되지 못하고 밤베르크

신문의 편집장을 거쳐 1808년 친구 니트하머의 소개로 뉘른베르크 김나지움의 교장이 되었다. 여기서 헤겔은 논리학에 관한 연구에 본격적으로 착수하여 1813년 변증법을 체계화한 『논리학』 제1권을 간행했다.

이미 1811년에 뉘른베르크 명문 집안의 딸인 마리아 폰 투허와 결혼하여 아들 둘을 낳았다. 헤겔은 결혼하기 전 1807년 초에 어느 공작집 하인과의 사이에서 사생아 루트비히를 낳았는데, 루트비히는 가족들과 잘 어울리지 못하고 1826년 네덜란드의 외인부대에 입대하여 1831년 인도네시아의 자카르타에서 전사했다. 헤겔의 두 아들은 정상적으로 성장하여 첫째는 나중에 역사학자가 되었고, 둘째는 신교의 종교국장을 지냈다. 헤겔은 결혼 생활을 만족스러워 했는데, 니트하머에게 보낸 편지에 이렇게 적었다. "나는 세속적인 목적을 완전히 이룬 셈이다. 왜냐하면 세상 사람들의 입장에서는 직장과 사랑하는 아내를 얻었다는 것으로 이 세상에서 할 일을 다 한 것이기 때문이다." 그러나 헤겔은 줄곧 정식 대학 교수가 되고 싶어했다.

그렇게 소망하던 대학 교수의 꿈은 1816년에야 풀렸다. 1816년 뉘른베르크에서 『논리학』 제2권을 출판하고, 그 해 가을 하이델베르크 대학의 정교수가 되었다. 그리고 대학 교수가 되자마자 자연철학, 정신철학과 같은 철학의 개별 분과를 집대성한 『엔치클로페디』를 출간했다. 1817년에는 베를린 대학의 정교수로 자리를 옮겼고, 1821년 법, 권리, 도덕, 인륜을 다룬 『법철학』을 내놓았다. 1829년에는 베를린 대학의 총장에 취임하여 약 1년간 재임했다. 헤겔은 서자 루트비히가 인도네시아에서 죽은 해인 1831년 11월 14일 급성 콜레라로 세상을 떠났다. 독일 최대의 문호 괴테는 이렇게 애도했다. "뛰어난 천부의 재능을 지닌 탁월한 향도요,

확고한 기초 위에서 다방면으로 활동하던 친구를 잃고 말았다."

숱한 대립과 모순의 과정을 겪는 의식의 역사

"헤겔 철학은 그 비밀이 묻혀 있는 『정신현상학』에서 시작하지 않으면 안 된다." 마르크스의 말이다. 철저히 현실의 철학을 추구하고 실천을 중요시한 마르크스가 관념론의 전형이면서 난해하기로 이름 난 헤겔의 『정신현상학』에 이렇게 관심을 가진 이유는 무엇일까? 도대체 헤겔의 『정신현상학』에는 어떤 비밀이 묻혀 있을까?

학창 시절에서 보이듯이 헤겔은 현실에 대한 깊은 고뇌 속에서 철학을 연구했다. "날마다 아침 신문을 보는 것이 곧 아침 기도를 하는 것이다"라는 말은 그가 얼마나 현실의 문제에 깊은 관심을 보였는지를 웅변하고 있다. 『정신현상학』을 쓰는 동안 헤겔은 원고료 문제로 출판사와 심한 말다툼을 벌일 정도로 궁핍한 상태에 있었다. 더구나 나폴레옹과 프로이센 사이의 전투가 있은 뒤 헤겔이 강사로 있던 예나 대학은 기능이 거의 마비되었기 때문에, 헤겔은 원고를 들고 예나의 여기저기를 전전하면서 우편으로 발송한 원고가 출판사에 제대로 들어갔는지를 매우 불안해 했다고 한다.

이런 와중에서도 헤겔은 역사적으로 일어나는 사건들에 대한 관심만은 잃지 않고 있었다. 1806년 10월 프랑스 군대를 이끌고 예나 시내를 지나가는 나폴레옹을 보고 헤겔은 니트하머에게 이렇게 말했다. "나는 정찰을 하기 위해 말을 타고 시내를 가로지르고 있는 세계 정신을 보았다." 헤겔은 나폴레옹이 자유와 민족주의를 전파한다고 보고 높이 평가했다. 같은 시대에 살고 있던 베토벤이 나폴레옹을 위해 『에로이카(황제)』를 작곡한 것과 똑같은 맥락이다. 예나 전투의 포성 속에서 헤겔이 쓴 『정신현상학』에는 크게 두 가지 사상이 들어 있다. 하나는 철학에서 중요한 인식론의 문제로서 인간의 지식이 성장하는 과정을 역사적 맥락에서 변증법적으로 제시한 것이고, 다른 하나는 주인과 노예의 관계를 통해 인간 노동의 중요성을 밝힌 것이다.

첫번째 문제와 관련해서, 헤겔은 인간의 인식 능력의 발전 단계를 감각적 확신, 지각, 오성, 이성, 정신으로 제시하고 있다. 보기를 들어 설명해 보자. 우리가 김포공항에서 눈앞에 있는 비행기를 보고 "이것은 비행기다"라고 말했다고 하자. 이것이 감각적 확신 단계의 인식이다. 그 뒤 고개를 돌려 옆에 있는 비행기를 보니까 조금 전 앞에 있는 비행기를 보고 한 말이 또 나온다. 분명히 처음에 "이것은 비행기다"라고 한 것은 앞에 있는 비행기를 보고 한 말인데 옆에 있는 비행기에도 맞는 말이다. 왜 그럴까? 앞에 있는 비행기와 옆 비행기가 공통의 속성들, 즉 보편성을 지니고 있기 때문이다. 말하자면 비행기는 모두 몸체, 날개, 바퀴, 엔진 등을 가지고 있다. 그래서 우리는 비행기가 몸체, 날개, 바퀴, 엔진 등으로 이루어진 사물이라고 인식하게 된다. 이것이 지각 단계의 인식이다.

그런데 몸체, 날개, 바퀴, 엔진 등을 아무렇게나 조합해 놓으면 우리는 그것을 제대로 된 비행기라 하지 않는다. 적어도 비행기는 그 기능을 잘 발휘할 수 있도록 어떤 구조적 원리에 의해 만들어져야 한다. 우리는 비행기가 날아가는 모습을 보고 저 비행기가 구조적 원리에 맞도록 잘 제작되었다는 사실을 인식하게 된다. 이런 인식은 과학의 법칙과 밀접히 연관되어 있다. 가령 만유인력 법칙의 경우 우리가 아무리 노력해도 이 법칙 자체를 볼 수는 없다. 돌이 위에서 아래로 떨어지는 모습, 행성의 운동, 비행기가 날아가는 모습 등을 보고 만유인력 법칙을 인식할 수 있다. 다시 말해서 우리는 만유인력 법칙이 구현되어 있는 구체적인 사물이나 운동을 보고 이 법칙을 인식할 수 있는 것이다. 이것이 오성 단계의 인식이다.

돌이 떨어지고 비행기가 날아가는 '현상'을 통해 만유인력 법칙이라는 '본질'을 인식하는 것은 객관적 진리를 인식하는 것이다. 객관적 진리는 인간 의식이 파악한 사고의 내용과 사물의 본질이 일치할 때 얻을 수 있다. 이런 진리를 얻는 것이 인간의 이성이다. 이 단계에서는 개별 현상과 보편 본질 사이의 구별이 없고 일치한다. 그런데 헤겔에 의하면 감각적 확신, 지각, 오성으로 전개되는 인식 능력의 각 단계는 이전의 상태를 언제나 잊어버리고 발전하는데, 이전의 단계를 모조리 포함하고 각 단계를 자신의 계기로 파악하는 것이 정신이다. 다시 말해서 정신 이전의 모든 단계는 정신의 낮은 형태의 인식 능력이다. 정신은 이성이 인간 사고의 내용과 객관적 사물의 본질을 일치시키고 종합함으로써 생겨나는 능력이다. 그리고 이 정신이 최고의 절대 지식을 얻는 이른바 절대 정신이다. 인간이 대상을 인식해 가는 과정은 언제나 낮은 단계의 지식을 매개로 발전하면서도 낮은 단계의 지식을 부정하고 궁극적으로는 정신에 의해 통합되는 과정이다. 이런 뜻에서 헤겔의 인식론은 변증법적이다.

『정신현상학』에서 정신은 다른 낮은 형태의 배역들을 무대에 적절히 등장시키면서도 자신을 전면에 드러내지 않는 연출자와 같다. 그리고 그 연출자는 배역을 임의로 만들어 내는 것이 아니라 역사적 사건들로부터 빌려 온다. 『정신현상학』에 나타난 감각적 확신, 지각, 오성, 이성과 같은 의식의 형태들은 그렇게 해서 정해진 배역들이다. 트로이 전쟁이 끝난 뒤 오디세이가 고향 아티카에 도달하기까지 숱한 우여곡절을 겪어야 하는 운명에 놓인 것처럼, 인간 의식 역시 절대 지식에 도달할 때까지 숱한 대립과 모순의 과정을 겪으면서 '경험의 역사'를 이루어 가야 하는 운명에 놓여 있는 것이다. 요컨대 『정신현상학』은 헤겔이 의식의 이런 운명을 인위적으로 꾸며내어 자신의 예술적 입맛에 맞게 구성한 것이 아니라, 인류 역사가 겪어 온 과정을 의식의 형태들을 통해 철학적으로 기술한 것이다. 헤겔 철학은 자기 시대가 던진 현실 문제를 철학적으로 기술하려는 사람들을 위해 하나의 전형을 보여주고 있다.

두번째 문제와 관련해서, 헤겔은 주인과 노예의 관계를 통해 노동의 중요성을 끌어낸다. 헤겔이 주인과 노예의 관계를 통해 자의식과 노동을 설명한 것은 역사적으로 최초의 계급 사회인 고대 노예제가 형성되는 과정에 해당한다. 헤겔에 따르면 인간이 자의식을 갖고 있다는 것은 욕망을 지니고 있다는 뜻이다. 이 욕망은 다른 사람으로부터 인정받고 싶은 욕망이다. 예를 들어 우리가 명예를 얻고 싶고 돈을 많이 벌고 싶고 권력을 갖고 싶은 것은 언뜻 자기 스스로 만족을 얻고 싶은 것처럼 보이지만, 그 이면을 자세히 들여다보면 다른 사람들로부터 인정을 받고 싶은 것이다. 다른 사람들과의 관계를 무시한 명예, 돈, 권력은 아무 의미도 없기 때문이다. 명예, 돈, 권력은 사회에서 인정하는 명예, 사회에서 유용한 돈, 사회적 관계에서 다른 사람을 지배하는 권력이다. 자기 스스로의 만족도 따지고 보면 다른 사람들로부터 인정을 받음으로써 얻는 만족이다.

인간의 역사에서는 서로 인정받으려 하는 욕망 때문에 싸움이 일어났고 그래서 주인(지배 계급)과 노예(피지배 계급)가 생겼다. 인정을 받기 위해 두 자의식 사이에 싸움이 벌어져 승리한 쪽은 주인이 되고 패배한 쪽은 노예가 되었다. 이 '인정 투쟁'에서 패배한 노예는 자신을 살려 준 대가로 주인에게 봉사해야 한다. 노예는 노동을 통해 자연과 관계하면서 주인의 생활을 떠맡는다. 주인은 노예의 노동 산물을 향유한다. 노예는 끊임없이 주인에게서 죽음의 공포를 경험한다. 게으름은 곧 죽음을 뜻한다. 노동은 노예가 생존하는 방식이다. 고대 노예제에서 주인이 노예에게 집어넣은 죽음의 공포는 채찍과 같은 직접적인 물리력이었지만, 오늘날 자본주의 사회에서 자본가가 노동자에게 불어넣는 죽음의 공포는 해고라는 딱지다.

그러나 헤겔은 죽음에 대한 공포 속에서 이루어지는 노동이야말로 자립적인 자의식을 확립하는 계기라는 사실을 밝혀 냈다. 노예는 노동하는 과정에서 노동 대상의 객관적 법칙을 인식하고 그 대상을 자신의 의지에 종속시킬 수 있다는 사실을 깨닫게 된다. 이 깨달음은 자신의 잠재 능력에 대한 확인이다. 이에 반해 주인은 물질 생활 전체를 노예에게 의존함으로써 오히려 자립성을 잃는다. 노예가 없으면 주인은 물질 생활을 영위할 수 없고 나아가 생존마저 위협을 받게 된다. 반면 노예는 주인이 없더라도 자신의 창조적 노동을 통해 스스로 생산하면서 살아갈 수 있다. 이렇게 보면 사실 주인은 노예의 노예이고, 노예는 주인의 주인인 셈이다. 이처럼 주인과 노예의 실질적 관계가 역전되는 데 결정적인 역할을 하는 것은 죽음의 공포를 경험하면서 자의식을 확립하는 노예의 노동이다. 노동이야말로 인간이 참으로 현실의 생활을 영위하고 역사를 형성해 가는 원천이다. 헤겔의 이런 노동관은 마르크스에게 커다란 영향을 끼쳤다.

노동의 긍정적 측면과 부정적 측면

역사적 시대 상황에 비추어 볼 때 헤겔의 철학 체계는 프랑스의 정치 혁명과 영국의 산업 혁명에 대해 뒤처진 독일이 철학적으로 응답한 것이라 할 수 있다. 당시 독일의 시민 계급은 산업 혁명을 수행하거나 프랑스 혁명의 이념을 실현할 만한 경제 능력과 정치적 힘이 없었다. 따라서 그들은 프랑스 혁명 이념을 정신 원리로 수용할 수밖에 없었고 그 결과가 헤겔에서 정점에 오른 독일 관념론으로 나타났다. 헤겔은 현실을 총체적으로 파악하고 정신의 발전을 구체적인 현실의 발전과 통일하려 했다. 이런 헤겔 사상에 대한 평가는 그가 죽은 뒤 크게 두 입장, 헤겔 우파와 헤겔 좌파로 나누어진다.

헤겔 우파 또는 노년 헤겔 학파는 딜타이, 빈델반트, 크로체 등이 대표한다. 이들은 헤겔 철학을 궁극의 완성태로 보고 그것에 대한 해석, 연구, 보충 설명을 과제로 삼았다. 헤겔 좌파 또는 청년 헤겔 학파는 브루노, 슈트라우스, 포이에르바흐 등을 거쳐 마르크스-레닌주의로 발전한다. 이들은 헤겔 철학을 새로운 정치와 사회 현실에 맞도록 변형하는 급진적 입장을 취했다. 먼저 『정신현상학』에서 드러난 인식론의 역사적 의의를 살펴보자.

『정신현상학』에서 나타난 인식론은 헤겔이 칸트, 피히테, 셸링으로 이어진 독일 관념론의 유산, 즉 주관과 객관의 통일이란 과제를 수행하여 독자적인 체계를 구축한 출발점이었다. 독일 관념론자들은 주관과 객관을 떼어놓고 보면 철학적 진리를 얻을 수 없다고 보고 어떻게 하든 둘을 통일하려 했다. 헤겔은 주객 통일의 계기를 이성에서 찾았다. 헤겔이 볼 때 절대주의의 폐지, 자유경쟁의 확립, 법 앞의 평등 등을 실현한 프랑스 혁명은 "이성이 궁극적으로 현실을 지배하는 힘"을 가졌음을 선언한 것이다. 이때 이성은 개인의 합리적 사고가 아니라 '보편 타당한 신적 원리'다. 헤겔 철학의 주요 개념인 자유, 주체, 정신 등은 이 이성 개념과 깊은 연관을 맺고 있다. 예컨대 정신 개념은 역사 속에서 실현되는 이성을 의미한다. 역사가 몇 단계로 구분되는 것은 이성이 실현되는 수단이 다르기 때문이다. 이처럼 이성에 의해 이루어지는 주객 통일은 헤겔 역사철학의 근거가 되었으며, 비록 관념론적이지만 인류의 역사 현실을 설명하는 원리로 등장했다.

마르크스는 헤겔의 노동관이 지니고 있는 긍정적 측면과 부정적 측면을 명확하게 구별했다. 헤겔은 인간이 노동을 통해 대상을 변형하고 가공하는 과정에서 자신의 능력을 확인하고 스스로 역사를 창출한다고 했다. 마르크스도 동의한다. 그러나 마르크스는 헤겔이 노동의 부정적 측면을 제대로 보지 못했다고 비판한다. 이를테면 헤겔은 근대 경제학자들의 입장에서 노동을 무한한 부의 원천으로만 간주했다는 것이다. 애덤 스미스, 리카도 같은 근대 경제학자들에 따르면 이윤을 산출하는 자본은 인간의 노동이 축적된 것이다. 말하자면 부의 유일한 원천은 노동이고 그래서 노동은 긍정적 의미만을 지닌다. 헤겔은 이런 견해를 수용하여 노동을 긍정적으로만 해석함으로써 역사의 특정 단계, 특히 자본주의 사회에서 노동이 지니고 있는 부정적 측면을 제대로 통찰하지 못했다는 것이 마르크스가 헤겔을 비판한 핵심이다.

마르크스에 따르면 노동의 부정적 측면은 노동 소외로 나타난다. 노동은 분명히 인간의 역사를 만드는 기본 동력이다. 그러나 특정 조건 아래서 노동은 노동하는 사람을 비참하게 만든다. 그

까닭을 살펴보자. 자본주의는 인류에게 이전 시대보다 훨씬 풍요로운 물질을 제공하고 있다. 이것은 자본주의 사회에서 생산력이 비약적으로 발전했기 때문이다. 자본주의의 생산은 발달한 생산 기술을 이용하여 대규모 공장에서 철저한 분업에 의해 이루어지기 때문에 매우 효율적이다. 그러므로 자본주의 아래서는 대규모 생산에 동원할 수 있는 대규모 노동력이 꼭 필요한 조건이다. 이런 노동력은 자신의 노동력을 상품으로 판매하는 자유 임금 노동자에 의해 공급된다. 다시 말해서 자본주의는 노동력을 상품화하고 있다.

자본주의 사회에서는 노동이 상품화되어 있기 때문에 노동자는 자유롭고 창조적인 노동을 통해 자기를 실현하기보다는 오히려 노동력의 대가만을 바라보고 기계처럼 일해야 한다. 노동자는 자신이 만든 밍크 코트를 살 수도 없고 자신이 지은 아파트에서 살 수도 없다. 이것이 바로 노동의 소외 현상이고 마르크스에 의하면 자본주의에서 노동 소외의 궁극 원인은 생산수단의 사적 소유다. 개인이 생산수단을 소유하기 때문에 노동의 산물은 노동하는 사람에게 제대로 돌아가지 않고 대부분 생산수단을 소유하고 있는 사람의 몫이 된다. 이처럼 생산수단의 사적 소유와 노동력의 상품화를 바탕으로 이루어지는 자본주의 생산에서 노동은 본래 의미와는 달리 소외라는 극도로 부정적 측면을 훨씬 많이 지니고 있다.

생산뿐 아니라 인류 문화 전체도 노동의 산물이기 때문에, 노동 소외는 경제적 형태 외에 온갖 종류의 사회 문화적 형태로 나타날 수 있다. 오늘날 우리는 돈만 있으면 상품을 살 수 있으므로 돈을 벌기 위하여 노동한다. 그래서 인간과 인간의 관계는 상품과 상품의 관계에 지나지 않는다. 돈이면 다 된다는 물신주의(物神主義), 돈이 삶의 전부가 되는 배금주의, 무절제한 과소비가 선망의 대상이 되는 향락주의 같은 것이 팽배한 것이 오히려 자연스러워 보이기까지 하는 것이다. 인간 노동이 소외됨으로써 노동의 산물인 상품이 신이 되어 거꾸로 인간을 지배하는 것이다. 이처럼 노동 소외는 결국 삶의 가치를 인간 자신에 두지 않고 상품에 두는 가치 전도(顚倒) 현상까지 일으키고 있다.

헤겔이 『정신현상학』에서 인간 노동의 철학적 의미를 정확하게 밝힌 것은 높이 평가할 만하지만, 역사 현실 속에서 노동의 의미와 역할을 구체적으로 분석하여 노동 소외라는 부정적 측면을 폭로한 마르크스의 견해도 새겨 볼 만하다. 노동 소외를 극복하는 길은 어떤 면에서 헤겔이 제시한 노동의 긍정적 의미를 되살리는 것이라 할 수 있다.

◇ 읽을 거리

• G. W. F. 헤겔, 『정신현상학』, 임석진 옮김, 지식산업사. 1988.
• 황태연 편역, 『헤겔 정신현상학 해설』, 이삭, 1983.
• W. 마르크스, 『정신현상학』, 장춘익 옮김, 서광사, 1984.
• J. 이폴리트, 『헤겔의 정신현상학』, 이종철 외 옮김, 문예, 1986.
(앞의 3권은 정신현상학 해설서)
• G. 루카치, 『청년 헤겔』, 김재기 외 옮김, 동녘, 1986.
(헤겔의 초기 사상을 해설한 책)
• 한국헤겔학회, 『헤겔 연구』, 지식산업사.
(국내 연구서로 4호까지 나옴)

11

독일 이데올로기

Die deutsche Ideologie(1846)

마르크스 · 엥겔스

Karl Heinrich Marx(1818~1883)

Friedrich Engels(1820~1895)

김범춘(건국대학교 강사)

철학의 명저 20

세계의 노동자들이여, 단결하라!

영국 런던의 하이게이트 묘지에 묻힌 마르크스는, 부릅뜬 눈에 조금은 겁먹은 듯하기도 하고 순박해 보이기도 하는 흉상 아래 묘비에서 "세계의 노동자들이여, 단결하라!"고 외치고 있다. 마르크스만큼 우리에게 여러 가지 모습으로 다가온 인물도 없을 것이다. 급진적 혁명가에서 짐승에 가까운 공산주의의 창시자, 급기야는 사라지는 몽상가에 이르기까지 남들이 지어 준 악의에 찬 찬사를 마르크스 자신은 어떻게 받아들일까?

마르크스는 1818년 5월 5일 독일의 라인 지방 트리어에서 태어났다. 아버지 하인리히 마르크스는 유태인이었지만 기독교로 개종한 변호사였고 휴머니즘과 계몽주의에 심취한 당시 독일의 전형적인 지식인이었다. 어린 시절이야 평범한 우리와 크게 다를 바 없이 잘 놀고 씩씩하게 자란 마르크스는 대다수 사람들이 그랬듯이 아버지의 뜻에 따라 본 대학의 법학부에 진학했다. 그가 요즈음 대학생들처럼 점수에 맞춰서 과를 선택하지는 않았겠지만 정작 법학보다는 철학과 역사학에 관심이 많았다고 한다. 그럴 만도 한 것이 당시에는 이른바 배웠다는 사람들이 대부분 철학에 관심을 가졌고, 특히 많은 철학자들이 헤겔 학파를 만들어서 연구할 만큼 헤겔의 사상이 절대적인 권위와 인기를 누리고 있었다. 철학에 대한 마르크스의 관심은 베를린 대학을 거쳐 예나 대학에서 1841년 「데모크리토스의 자연철학과 에피쿠루스의 자연철학의 차이」라는 논문으로 철학 박사 학위를 받는 것으로 이어졌다.

마르크스는 교수가 될 수도 있었지만 당대의 유물론 철학자인 포이에르바흐와 마찬가지로 프로이센 정부의 방해로 뜻을 이루지 못했다. 당시 지배적이던 헤겔 철학은 현실을 적극 긍정하는 입장에 서 있었다. 헤겔에 따르면 "이성적인 것은 현실적이고, 현실적인 것은 이성적"이기 때문에 당시 현실의 프로이센 국가는 이성이 실현해 낸 최상의 국가로 둔갑했고 프로이센 정부는 헤겔을 국가 철학자로 극진히 대우했다. 그러나 마르크스는 헤겔 철학의 핵심을 모든 것이 끊임없이 운동하고 변화한다는 변증법에서 발견하고, 프로이센 국가를 역사의 종국적 상태가 아니라 단지 역사 발전 과정의 한 국면으로만 보았다. 그의 이런 태도는 프로이센 정부의 눈에는 국가의 혁명적 변혁을 주장하는 반(反)국가적 행위로 비쳤다.

1842년 마르크스는 신흥 자본가들이 만든 『라인신문』의 편집장을 맡아 진보적인 논설을 실었지만 이 일도 프로이센 정부의 발행금지 명령과 신흥 자본가들의 미온적인 태도로 끝나고 마르크스는 프랑스로 떠나게 되었다. 가난과 불행으로 가득 찬 한 철학자의 망명 생활이 시작된 것이다.

마르크스는 1843년 어린 시절 같은 반 친구의 누이인 예니 폰 베스트팔렌과 결혼했다. 급진 민주주의자였던 마르크스는 『라인신문』의 폐간과 망명 생활을 시작한 후, 더 정확하게는 『헤겔 법철학 비판』의 서문을 쓴 뒤 공산주의자로 변모하게 된다. 철학자로서 마르크스의 작업은 사변적이고 종교적인 사상이나 개인주의 사상과 대결하는 것으로 시작되었다. 1844년 늦여름부터 사귀기 시작한 평생 동지 엥겔스와 함께 『신성가족』을 썼는데, 그 내용은 슈트라우스, 슈티르너 같은 청년 헤겔 학파의 견해를 비판하고 헤겔의 관념론 철학을 넘어서는 새로운 유물론을 제시하는 것이었다. 1845년 마르크스는 유물론적 세계관을 거의 완전한 형태로 정식화한 「포이에르바흐에 관한 테제 11」을 썼는데, 마지막 11번째 테제가 다음과 같다. "철학자들은 지금까지 세계를 다양하게 '해석'하기만 했다. 그러나 중요한 것은 세계를 '변혁'하는 것이다."

이 시기에 우리가 다루려는 『독일 이데올로기』도 집필하기 시작했는데, 그 부제가 "최근 독일 철학과 그 대표자 포이에르바흐, 브루노 바우어, 슈티르너에 대한 비판 및 독일 사회주의와 그 여러 예언자들에 대한 비판"이었다. 역사적 유물론의 중요한 원리와 범주를 최초로 밝힌 이 미완성의 저술은 1932년에야 유고(遺稿)로 출간되었다. 마르크스와 엥겔스는 공산주의 운동의 선두에서 활동하면서 1848년 2월에는 혁명 운동의 팸플릿이라고 할 수 있는 『공산당 선언』을 통해 노동자 계급을 역사의 주체로 내세우고 공산주의의 대략적인 방향을 제시했다. "세계의 노동자들이여, 단결하라!"는 표어는 이 책의 마지막 구절이다.

1848년 3월 독일에서 노동자 혁명이 일어나자 마르크스는 귀국하여 1849년 5월까지 쾰른에서 혁명적 민주주의자들의 기관지인 『신라인신문』을 발행했다. 그러나 독일의 노동자 혁명은 실패로 끝났고 마르크스는 파리에 잠시 머물다가 다시 런던으로 가서 죽을 때까지 가족과 함께 거기서 살았다. 1851년 『정치경제학 비판』을 출간했고, 1865년부터 필생의 대작인 『자본론』을 집필하기 시작해 1867년 제1권을 출판했으나 제2권과 제3권은 그가 죽은 뒤 엥겔스에 의해 출판되었다. 『자본론』은 자본주의의 전모를 밝히는 경제학책이지만 마르크스의 역사적 유물론에 관한 사상이 집대성된 저술이다.

마르크스는 망명 생활 중 대부분의 생계를 엥겔스에 의존했는데 그들이 서로 주고받은 편지에는 마르크스의 극심한 궁핍이 잘 나타나 있다. 한 편지에서 마르크스는 그 동안 집세를 내지 못해 오히려 집주인이 쫓아내 주었으면 하고 바라기도 했고, 전당포에 저당 잡힐 물건이 더 이상 없었으며 제대로 끼니를 이을 수도 없었고, 딸과 하인의 약값을 대지 못한다고 슬퍼했다. 이런 어려운 생활 속에서도 마르크스가 저술 활동을 계속할 수 있었던 것은 인간 해방이라는 신념과 평생을 함께 한 엥겔스, 딸들의 도움, 아내 예니의 뒷바라지, 그리고 충직한 여자 하인이 있었기 때문이다. 1881년 아내 예니를 잃고 곧이어 1883년 1월에는 끔찍이도 사랑하던 딸 예니가 갑작스럽게 죽자 마르크스는 엄청난 충격을 받았다. 그는 이 충격에서 헤어나지 못했고, 결국 1883년 3월 14일 망명지 런던에서 노동 해방과 인간 해방의 한 심장이 멈추었다. 엥겔스는 추도사에서 "반대자는 많았으나 개인적인 적은 한 사람도 없었다. 그의 이름은 수백 년이 지나도 살아 있을 것이며, 그의 저작도 그럴 것이다"고 말했다. 그리고 우리는 그 추도사를 어떤 의미로든 지금 현실로 경험하고 있다.

사회적 존재가 사회적 의식을 결정한다

『독일 이데올로기』의 핵심 사상은 무엇인가? 간단히 말해서 마르크스는 이전 철학자들이 즐겨 말한 추상적이고 보편적인 인간이 아니라 사회 속에서 구체적으로 살아가는 인간, 즉 계급의 현실 생활 자체에서 역사의 근본 원리를 찾는다. 이것이 이 책의 핵심 사상인 역사에 대한 유물론 또는 역사적 유물론이다.

미완성의 제2권을 포함해서 모두 2권으로 된 『독일 이데올로기』의 핵심을 역사적 유물론으로 본다면, 서론격이자 총괄적인 결론이라고 할 수 있는 제1권 제1장 "포이에르바흐 : 유물론적 시각과 관념론적 시각의 대립"이 가장 중요한 부분이라 할 수 있다. 실제로 『독일 이데올로기』의 제1장을 제대로 이해한다면, 그 뒷 부분은 유물론적 시각을 가지고 여러 학설을 비판하고 있다는 사실을 확인할 수 있을 것이다.

먼저 이데올로기가 무엇인지 알아보자. 일반적으로 이데올로기는 '이념'을 가리키는데, 이 말을 처음 쓴 사람은 나폴레옹이다. 나폴레옹은 이데올로기를 연구하거나 전파하는 사람을 '이데올로그'라 부르고 이 말을 '정치적 공상가'라는 경멸의 뜻으로 사용했다. 마르크스는 이데올로기를 독창적으로 정의했는데, 그에 따르면 이데올로기는 한 시대를 지배하는 지배 계급이 피지배 계급에게 전통이나 교육을 통해 자신들의 이해를 일반적이고 보편적인 이해로 받아들이도록 만드는 제도나 법률, 철학과 종교, 예술 등을 망라하는 의식 체계다. 이러한 이데올로기는 지배 계급에게는 자신의 현실과 이해를 정확하게 반영한 진짜 의식이지만, 만일 피지배 계급이 똑같은 내용의 이데올로기를 자신의 현실과 이해를 반영한 것으로 생각한다면 이런 이데올로기는 가짜 의식 또는 '허위의식'이다. 이 말이 무슨 뜻인지 간단한 예를 들어 보자.

대중의 사랑을 한 몸에 받고 있는 연예인이 있다고 하자. 그는 자신을 대중의 우상이라고 생각하며 자신의 생활방식과 사고방식이 대중에게 일정한 영향을 주리라는 사실을 알고 있다. 그리고 그는 가급적 자기를 계속 우상으로 생각하게끔 여러 가지 일을 만들어 낼 수도 있고 인기를 유지하기 위해서는 참으로 가장된 일을 할 수도 있을 것이다. 그가 하는 일이나 꾸며내는 일은 그에게는 현실적인 이해와 욕구를 반영하는 것임에 틀림없다. 그래서 이 연예인의 의식은 허위의식이 아니다. 그러나 어떤 열성팬이 그처럼 옷을 입고 말하고 생각한다고 해서 대중의 우상이 될 수는 없다. 그렇게 할수록 그 열성팬은 자기 자신의 참된 모습을 잃고 자신의 현실조차 망각하게 될 뿐이다. 그러나 연예인에게는 이런 열성팬들의 자기 상실은 그를 계속 우상으로 만들어 주는 엄청난 역할을 한다. 여기서 연예인이 인기를 유지하기 위해 하는 말, 행동, 사고 등이 이념이나 이상의 형태로 정돈되어 열성팬에게 무조건 흘러들어간다면, 이것은 이데올로기가 되고 만다.

이런 이데올로기의 비밀를 폭로하려면 연예인이 왜 생기게 되었는지, 연예인의 행동은 현실을 참되게 반영하고 있는지, 팬들은 연예인이 건네 주는 의식이 사회와 역사 속에서 자기 위치를 깨닫게 하는 참된 의식인지를 물어야 한다. 내가 있는 현실 상황을 설명하지 못하고 나를 주어진 어떤 상태에만 머무르게 하는 의식은 허위의식이며, 이런 의식이 가짜임에도 불구하고 계속 유지되는 까닭은 어떤 형태로든 누군가에게는 이익이 되기 때문이다. 이 허위의식을 부수고 현실적인 의식, 제대로 된 생각으로 나아가는 길은 무엇일까? 마르크스를 따라가 보자.

『독일 이데올로기』에서 정식화된 인간, 사회, 역사에 대한 유물론은 우선 인간이 살아가기 위해 꼭 해야만 하는 제일 중요한 일로 먹고 마시고 거주하는 일을 내세운다. 삶을 유지하기 위해서는 생물로서 기본 욕구를 충족할 수 있는 물질적인 활동을 해야 한다. 그리고 인간은 이런 욕구를 충족하면 언제나 새로운 욕구를 만들어 낸다. 인간은 새로운 욕구를 만들어 내지 않고서는 동물

상태를 벗어날 수 없다. 또 인간은 역사를 이루고 살아가기 위해 인간 자신을 재생산해 내야 한다. 그렇지 않으면 인간은 멸종하고 말 것이며 자기에게 내일이 없다고 생각한다면 누구도 역사적이고 사회적인 일에 집착하지 않을 것이다. 끝으로 인간은 생존을 위해 생산하면서 서로 관계를 맺지 않고서는 살아갈 수 없다. 언제나 인간은 특정한 협동 관계를 맺으면서 역사적으로 생존해 왔다. 신분 질서 속에서 생활했던 봉건제나 자유롭고 평등한 인간을 외치는 민주주의 등은 인간이 맺는 특정한 사회 관계일 뿐이다. 사회적 존재가 사회적 의식을 결정한다는 말은 인간이 생각하는 방식이 이런 사회 관계에서 나온다는 뜻이다. 좀더 구체적으로 살펴보자.

인류 역사에서 이데올로기나 의식 활동은 어떻게 생겨났을까? 인간은 협동 작업을 하면서 노동을 분업하는데, 처음에는 남성과 여성의 성적 분업에 불과하던 분업은 개인의 자질이나 우연한 요소에 의해 자연스럽게 발전한다. 그러나 이 자연스러운 분업은 현실 활동 자체를 반영하는 것이기 때문에 아직 의식 활동이나 이데올로기 활동을 만들어 내지 못한다. 분업이 육체 노동과 정신 노동으로 분화되는 순간부터 인간의 의식은 현실을 수동적으로 반영하는 데 그치지 않고 순수 의식, 순수 도덕, 순수 철학을 할 수 있다. 즉 의식은 의식만의 독자적인 영역을 갖는 것이다.

역사적으로 최초의 이데올로기 활동, 의식 활동의 담당자는 제사장이었다. 제사장은 단순히 현실적인 생존 활동을 하는 것이 아니라 자신만의 독특한 역할, 즉 인간을 초월한 신적 존재나 자연과 대화하는 일을 한다. 이제 제사장은 자신의 이기적인 욕심조차 신의 예지라고 포장할 수 있고 보통사람들은 제사장의 역할에 아무런 의심도 품지 않는다. 그들은 단순히 제사장과 관계하는 것이 아니라 신과 관계한다고 믿기 때문이다. 종교는 이렇게 발생하고 급기야 인간이 만들어 낸 관계가 인간을 떠나서 인간을 지배하는 관계가 된다. 이데올로기의 기본 형태는 종교로 드러나지만 그 완성된 모습을 보여 주는 것은 철학이라 할 수 있다. 모든 철학은 이데올로기이거나 이데올로기에 대한 비판이다. 마르크스 이전에 독일 철학은 당시의 이데올로기이고, 마르크스 철학은 이 이데올로기에 대한 비판이자 한걸음 더 나아가 새로운 이데올로기이다. 이 때 새롭다는 말은 소수가 아니라 다수, 지배 계급이 아니라 피지배 계급의 이데올로기요 궁극적으로 마르크스가 바라는 세상이 오면 모든 사람의 이데올로기가 된다는 뜻이다. 결국 이데올로기는 지배 계급의 특정한 의도를 실현하는 수단이라는 부정적인 의미만을 갖지 않고 현실적인 삶의 문제를 정신과 의식으로 표상한다는 긍정적인 의미도 지닌다.

한편 제사장의 경우를 보면 이데올로기의 발생이 분업과 밀접한 연관을 갖는데, 마르크스는 분업을 폐지하는 것이 인간 해방을 위해 결정적인 계기라고 말하고, 『독일 이데올로기』에서 분업 때문에 발생하는 인간의 소외 문제를 다룬다. 노동 분업은 단순히 노동의 종류에 따른 분업만을 만들어 내는 데 그치지 않고, 분배의 불평등을 당연한 것으로 받아들이게 하고 나아가서는 소유의 불평등을 낳는다. 노동이 분화되면 사람들은 저마다 배타적인 노동 영역을 갖게 되고 이 영역은 자신이 선택한 것이라기보다는 사회에서 배분된 것이기 때문에 오히려 이 영역에 인간이 구속되는 모순이 나타난다.

마르크스는 공산주의 사회에서는 사회 전체가 생산 전반을 조절하고 통제하기 때문에 한 가지 영역에만 얽매이지 않고 내가 마음먹은 대로 오늘은 이것 내일은 저것, 아침에는 사냥 낮에는 낚시 저녁에는 목축 밤에는 비판을 할 수 있다고 말한다. 이 일은 꿈일까? 생산력이 발달하고 대부분의 생산 영역이 개인의 이해에 따라 조작되지 않는다면, 즉 생산이 사회적으로 조절된다면, 꿈 같은 이 일이 실현될 수 있다고 마르크스는 주장한다. 우리가 이런 일을 꿈으로 생각하고 현실은 결코 이런 이상 상태가 될 수 없다고 믿는 것이야말로 바로 우리가 어떤 이데올로기에 물들어 있기 때문은 아닐까? 그래서 마르크스는 공산주의를 어떤 이상이나 멀리 떨어져 있는 사회 상태로 보아서는 안 되고 "오늘의 상태를 지양하는 현실적인 운동"이라고 정의한다. 공산주의 사회는 마치 어린이에게 뒷날 어른 몸의 모습처럼 주어져 있는 상태가 아니라, 어떤 어른이 되기 위해서 현실적인 노력을 다하는 가운데 실현되는 현실적인 운동 과정이고 그 산물인 것이다.

현실적인 실천으로 묻고 대답하라

역사를 사상이나 이념이 지배해 온 것으로 파악하는 역사관의 신비가 『독일 이데올로기』를 통해 벗겨진다. 마르크스는 모든 시대의 지배적인 사상은 그 시대를 지배하는 지배 계급의 사상이지만 그 사상이 지배 계급뿐만 아니라 모든 계급의 사상이 되고 나면 결과적으로는 사상의 뿌리인 사회적 생산 관계에서도 독립한 것처럼 보인다고 주장한다. 이렇게 되면 지배 계급이 한 시대를 지배하는 것이 아니라 사상이나 이념이 시대와 역사를 이끌어 나가는 것처럼 보이고, 이제 철학자들은 사상과 이념이 역사를 지배해 왔다는 결론으로 비약한다. 철학자들은 이것이 환상임을 깨닫지 못한 채 역사를 더욱 더 이념적인 형태로 서술하고 재구성하려고 시도한다. 헤겔뿐 아니라, 『독일 이데올로기』에서 마르크스가 비판하고 있는 그 시대 대부분의 철학자들도 이 유치한 환상에서 탈출하지 못했다. 왜냐하면 그들은 현실이 아니라 이념에 발을 딛고 거꾸로 서 있었기 때문에 자연이든 역사든 거꾸로 서 있는 것이 아주 정상으로 보였기 때문이다. 그렇지 않은 철학자들은 오직 관념적이고 추상적인 절대 자아의 세계에만 매몰되어 있었다.

마르크스는 소매상인조차도 일상 생활에서 말로만 있는 것과 실제로 있는 것을 구분할 줄 아는데 오직 철학자들만이 이 평범한 사실을 깨닫지 못한다고 말한다. 예를 들어 사람들은 도덕이 우리를 지배한다고 말할 때, 실제로 우리를 지배하는 것은 도덕 자체가 아니라 사람들 사이의 현실적 관계라는 것을 알고 있다. 그리고 역사에서 자유가 승리했다고 말할 때에도 자유라는 이념이 아니라 자유를 위해 투쟁한 사람들이 승리했다는 것도 알고 있다. 도덕이 우리를 지배한다고 말할 때와 자유가 승리했다고 말할 때, 우리는 어떤 일도 하지 않는 수동적인 존재로 스스로를 낮추게 된다. 이렇게 되면 인간의 착취조차 사상이나 이념이 하는 일이고 우리는 그 일을 어쩔 수 없이 받아들인 셈이다. 현실에 대한 이 모든 왜곡과 거꾸로 서기의 근본 이유는 그 동안 철학이 인간과 세계의 해석에만 머물러 있었기 때문이다. 이런 저런 일들을 해석하기만 한다면 변하는 것은 아무것도 없고 현실은 언제나 그대로 받아들여야만 하는 절대적인 것으로 변하고 만다. 철학을 바로 세우고 인간을 현실에 개입하도록 만드는 일은 마르크스에 의해서 비로소 시작된 것이다.

『독일 이데올로기』와 함께 마르크스의 철학 작업은 끝났다고 평가하는 사람들이 많다. 물론 철학 작업이 끝났다는 말은 전통적인 의미에서 철학 작업이 종말을 고했다는 뜻이지 마르크스가 철학을 폐기했다는 뜻은 아니다. 많은 사람들이 이렇게 평가하는 근거는 무엇일까? 첫째 마르크스가 인간과 사회를 더 이상 이론과 학문의 입장에서만 보지 않고 사회 경제 활동, 즉 인간이 활동하는 토대인 사회 경제 조건들에서부터 설명해야 한다고 주장하기 때문이고, 둘째 철학은 이제 해석하는 이론 작업이 아니라 변혁하는 실천 행위가 되어야 한다고 주장하기 때문이다. 『독일 이데올로기』를 기점으로 마르크스의 사상은 철학적이고 이론적인 비판에서 변혁하는 실천 행위로 발전하게 된 것이다.

마르크스의 이론을 '경제결정론'이라고 비판하는 많은 사람들은 마르크스처럼 경제 활동에 초점을 맞추면 포괄적이고 총체적인 역사를 파악할 수 없다고 말한다. 사실 경제학자나 사회학자의 작업은 구체적인 한 시대의 실증적인 자료를 수집함으로써 한정된 결론에 도달한다. 그들의 한계는 자료의 분석에만 집착하는 연구 태도에서 나오는 것이다. 그러나 마르크스가 경제 활동을 강조한 것은, '분석'이라는 프리즘을 통과하고 나서 나타나는 낱낱의 빛들을 다시 현실을 통해 모으는 '종합'의 산물이다. 이 때 현실을 통해 모은다는 말은 실천을 끌어들여야 이해할 수 있다. 마르크스 사상은 사람들이 가진 관념적이고 자기 기만적인 이데올로기를 면밀히 분석하여 그 근거를 밝힌 뒤 새로운 이데올로기를 건설하는 단계에 머무르지 않고 사람들을 현실 변혁으로 이끌어 나가는 실천 단계로 발전한다. 마르크스의 역사적 유물론을 다른 역사철학이나 역사이론과 구분 짓는 관건은 바로 이 실천에 있다. 이런 뜻에서 마르크스는 「포이에르바흐에 관한 테제」 8번째 테제에서 "모든 사회적 삶은 본질적으로 실천적이다"고 말하고 곧이어 11번째 테제에서는 철학의 변혁적 역할을 강조하는 것이다.

마르크스는 「포이에르바흐에 관한 테제」를 통해 그 때까지 유물론 사상의 한계를 비판했고 거기서 싹으로만 나타나 있던 새로운 유물론의 핵심 사상을 『독일 이데올로기』에서 정리했다. 『독일 이데올로기』는 사변과 관념으로 이해해 온 인간, 사회, 역사를 인간의 물질적 활동과 경제 활동을 통해 유물론적으로 이해하려는 새로운 출발이다. 여기에 나타난 마르크스와 엥겔스의 사상은 그 뒤 『공산당 선언』을 통해 사회의 물질적 생산을 직접 담당하는 노동자 계급을 역사의 주체로 확정하고 사회를 공산주의적으로 변혁하는 혁명의 무기가 된다. 그리고 결정적인 연구 성과들은 『자본론』에서 집약된다.

◇ 읽을 거리

- 마르크스, 엥겔스, 『독일 이데올로기』, 김대웅 옮김, 두레, 1989.
- H. 겜코브, 『두 사람』, 김대웅 외 옮김, 죽산, 1990.
  (마르크스와 엥겔스, 두 사람을 함께 다룬 전기)
- T. I. 오이저만, 『맑스주의 철학의 성립사』, 윤지현 옮김, 아침, 1989.
- 루이 뒤프레, 『마르크스주의의 철학적 기초』, 홍윤기 옮김, 미래, 1986.
- N. 로텐스트라이히, 『청년 맑스의 철학』, 정승현 옮김, 미래, 1985.
  (앞의 3권에서는 마르크스의 사상을 역사적으로 살펴볼 수 있음)

12

권력에의 의지

Der Wille zur Macht(1906)

니체

Friedrich Wilhelm Nietzsche(1844~1900)

김재기(경성대학교 교수)

철학의 명저 20

푸코
맑스
엥겔스
니체
비트겐슈타인
후설
하이데거
루카치
사르트르
하버마스
헤겔
칸트
흄
데카르트
플라톤
아리스토텔레스

자유로운 정신의 반란

프리드리히 빌헬름 니체는 1884년 10월 15일 독일 작센주 뢰켄에서 개신교 목사 집안의 외아들로 태어났다. 5세 때 아버지가 죽자 어머니, 누이동생 엘리자베트와 함께 외가로 옮겼다. 할머니와 두 이모 등 외가 식구들 특히 여성들의 귀여움을 독차지하며 자란 니체는 기억력이 뛰어나 '꼬마 목사'라는 별명이 붙을 정도였지만 몸은 허약했다. 또 어려서부터 피아노를 배워 즉흥 연주를 하고 8세 때는 벌써 작곡을 하는 등 남다른 재주를 보였다. 14세 때 명문 고교에 진학했는데 딱딱한 학교 분위기와 낡은 도덕을 비웃으며 반항 기질을 보이기 시작했다. 이 때 셰익스피어, 괴테 등을 탐독했으며 18세 때 쓴 "운명과 역사"라는 글은 이미 그의 사상의 핵심이 될 만한 철학적 내용과 야망을 보여 준다. "어떤 강력한 의지로 세계의 과거 전체를 뒤집어엎을 수만 있다면 우리는 곧바로 자립적인 신의 대열에 오를 수 있을 것이며 세계사란 우리에게 꿈처럼 황홀한 무아지경에 지나지 않게 되리라."

고교를 졸업한 니체는 1864년부터 본과 라이프치히에서 신학과 고전어학을 연구했다. 대학 시절 잠시 술과 여자에 빠져 방탕한 생활을 하기도 했는데, 말년의 정신마비 증세가 이 때 걸린 매독의 후유증이라는 설도 있다. 그는 여자들을 경멸하면서도 마음에 드는 여자에게는 쉽게 접근하지 못하고 망설이곤 했는데 이런 이중성은 어릴 때 여자들에게 둘러싸여 받은 종교적 교육과 집안 분위기 때문에 생긴 것이다. 어쨌든 그는 자신이 "본능적 결벽증"이라고 부른 순수한 삶에 대한 열정을 끝내 버리지 못했기에 방탕한 생활을 곧 청산했다. 쇼펜하우어에 심취하기 시작한 것도 바로 이 무렵이었다. 어느 날 중고서점에서 쇼펜하우어의 주저인 『의지와 표상으로서 세계』를 우연히 사 읽고 3년 뒤 한 편지에서 "쇼펜하우어의 경이로운 선율이 내 가슴속 깊은 곳을 휘저어 놓은 1865년 가을의 며칠"이라고 회상할 정도로 큰 감명을 받았다. 물론 그는 나중에 쇼펜하우어를 비판했고 바그너와도 결별했지만 이 두 사람, 특히 쇼펜하우어의 영향은 평생 이어졌다.

25세 때 유명한 고전어 학자인 스승 리츨의 추천으로 박사 학위도 없이 스위스 바젤 대학의 고전어학 교수가 된 니체는 가끔 근처 트립셴에 살던 바그너 부부를 방문했으며 바그너의 부인 코지마를 흠모하여 나중에 그녀를 자기 작품의 등장인물로 형상화하기도 했다. 편두통, 치질, 가슴앓이, 류마티즘, 지독한 근시 같은 각종 질병으로 시달리던 니체는 1870년 보불 전쟁이 나자 위생병으로 지원 종군했다가 이질과 디프테리아에 걸려 건강이 크게 나빠졌다. 1872년 처녀작 『비극의 탄생』을 써 바그너에게 바친 뒤 여러 저술을 발표했으나 처음에는 별로 주목받지 못했다. 그러다 1876년 바그너가 바이로이트 축제 연주를 기획하자 니체는 새 오페라를 보러 갔다가 거기서 바그너에게 환멸을 느끼고 그와 결별한다. 니체가 보기에 바그너는 그리스도와 아폴로를 숭배하고 기독교 게르만적(도덕 이성적) 예술을 추구하면서, 개인적으로는 자신을 후원하던 군주를 위해 일하는 권력의 시녀로 전락하여 결국 독일과 서양의 몰락을 상징하는 화신이 되었기 때문이다. 니체는 이 때의 심정을 이렇게 읊었다. "아아, 너도 십자가 앞에 무릎을 꿇는구나. 너마저, 아, 너마저……. 정복당한 자여!"

이 때부터 니체는 초기의 낭만과 심미 경향에서 벗어나 독창적 사유 영역을 개척하기 시작했으며 그 첫 성과가 1878~79년에 쓴 『인간적인 너무나 인간적인』이다. 이 책에서부터 그는 아리송한 경구와 잠언 형식으로 자기 사상을 펼쳐 나간다. 또 이 시기에 자연과학과 다윈의 진화론을 공부하기도 했다. 1879년 건강 때문에 교수직을 그만두고 약간의 연금으로 생활하면서 주로 지중해 연안과 알프스 등을 떠돌며 집필을 계속했고 1881년 여름 알프스의 실스 마리아 호숫가를 산책하던 중 "모든 것은 끊임없이 윤회한다"는 영감을 얻었는데 이것이 이른바 '영겁 회귀' 사상을 낳게 된다.

1882년에는 젊고 총명하며 자기를 숭배하던 21세의 미녀 루 살로메와 결혼하려다 젊은 연인의 방해로 실패했으며 이 때를 "이 겨울은 내 생애에서 최악이었다"고 술회했다. 1883년부터 "신은 죽었다"라는 경구로 유명한 『짜라투스트라는 이렇게 말했다』의 1, 2, 3부를 각각 10여 일 만에 완성했지만 이 책은 1년 동안 겨우 60부가 팔렸을 뿐이고 4부는 출판사를 구하지 못해 자비로 출판해야 했다. 니체는 자신의 천재성이 인정받지 못하고 있다는 생각 때문에 외로워했고 어떤 때는 자기 책을 들여다보며 몇 시간씩 울기도 했다고 한다. 그리고 이런 상황은 주변에서 그를 맹목적으로 떠받드는 사람들 때문에 더 악화되었다.

1888년 9월 토리노로 이사한 뒤 니체는 점점 정신착란 증세를 보이기 시작했으며 병세가 심해지는 가운데 5편의 마지막 저작, 『바그너의 경우』 『니체 대 바그너』 『우상들의 황혼』 『반(反) 그리스도』 『이 사람을 보라』를 썼다. 이 책들은 보통 사람들이 이해하기 힘든 경구로 가득 차 있기 때문에 어떤 해석가들은 단순히 '정신병자의 넋두리'일 뿐이라고 혹평하기도 하지만, 일찍이 『서광』이라는 책에서 "새로운 사상의 길을 트고 사람들이 존중하던 관습이나 미신을 싹 쓸어 버린 것은 거의 어디서나 정신착란이었다"고 갈파한 니체의 말을 생각해 볼 때 그 속에는 전통이라는 사회의 억압에 대항하는 개인의 의지, 자유로운 정신의 반란이 숨어 있는 것만은 틀림없다.

1889년 들어 급속히 쇠약해진 니체는 1월 초순 길거리에서 발작을 일으키고 쓰러져 행인들에 의해 집으로 옮겨졌다. 이틀 만에 깨어난 그는 완전한 정신착란에 빠졌고 예나 대학병원으로 옮겨 '진행성 마비증'이라는 진단을 받았다. 평생을 불우하게 보낸 니체의 이름이 세상에 알려진 것은 우습게도 그가 쓰러진 뒤였는데 1894년 덴마크의 유명한 문예비평가 브란데스가 니체의 생애와 사상을 소개하는 책에서 그를 높이 평가하자 그의 이름은 유럽 전역에 알려지게 되었다. 그 뒤 니체는 어머니 곁에 머물다가 나중에는 바이마르에 있는 누이의 간호를 받았으며 1900년 8월 25일 심장쇠약으로 사망했다.

니체가 죽은 뒤 방대한 양의 유고와 편지는 누이동생 부부의 손에 넘어갔다. 사실 니체 자신은 지독한 반(反) 유태주의자인 매부를 아주 싫어했지만 결국 유고가 누이동생 부부에 의해 멋대로 왜곡되고 꾸며져 출판됨으로써 그의 저작은 오랫동안 반유태주의자들과 파시스트들에게 악용되었다.

생성은 모두 무죄

『권력에의 의지』는 니체의 마지막 작품이자 그의 사상 전체를 압축해 놓은 가장 중요한 저술이다. 그러나 이 책은 완성된 저작이 아니라 누이동생이 니체 말년의 단편들을 모아 1906년에 편집한 것으로, 유고 간행을 맡은 누이동생의 왜곡과 조작 때문에 그 해석을 둘러싸고 많은 논란이 벌어지기도 했다. 니체가 이 저작을 쓰기로 결심한 것은 1882년 9월인데 그 때 친구에게 이렇게 썼다. "내 눈앞에 있는 모든 것이 새로워지고 내가 필생의 과업의 두려운 면모와 대면하게 될 날도 멀지 않았다." 그 과업이란 영겁 회귀에 대한 영감을 좀더 분명하게 다시 설명하는 것이었다. 그는 1885년부터 구체적인 계획에 착수했다. 이 저작에 "모든 가치의 전환을 위한 실험"이란 부제를 붙이고 1888년까지 여러 개의 초안을 마련했는데, 그 내용은 대개 니힐리즘(허무주의)에 대한 설명, 기존 가치에 대한 비판, 새로운 가치의 정립, 영겁 회귀에 대한 통찰을 담은 '초극의 철학' 등이며 현재 나와 있는 『권력에의 의지』도 이를 바탕으로 재구성되었음은 물론이다.

모두 1,067개의 단편, 우리 말 번역본으로 600쪽에 이르는 이 거대한 분량의 책 속에 담긴 사상은 도대체 무엇일까? 간단히 설명하는 건 쉬운 일이 아니지만 한마디로 말해서 "모든 생성은 무죄임을 밝히고 모든 도덕으로부터 해방되기 위한 길잡이를 제시하는 것"이다. 제목이 말해 주듯이 니체가 보기에 세계의 본질은 권력을 추구하는 본능과 의지다. 여기서 권력이란 물론 정치 권력 같은 세속의 것이 아니라 모든 존재의 근원을 이루는 힘, 활력이다. 니체가 "삶은 권력에의 의지"이고 "이 세계란 시작도 끝도 없는 거대한 힘, 늘지도 않고 줄지도 않고 소모되는 게 아니라 변화하기만 하는 힘"이며, 또 "이 세계는 권력 의지다……. 그리고 그것 외에 아무것도 아니다! 게다가 또 여러분 자신도 이 권력에의 의지다"라고 강조할 때 이 수수께끼 같은 말들의 의미는 모두 똑같다. 이런 주장의 배경에는 물론 당시의 자연과학, 특히 진화론이 있다. 진화론이 나온 뒤 유럽에서는 인간의 삶과 사회, 역사까지도 생존 욕구나 본능적 충동, 생명력의 우월을 가지고 설명하려는 경향이 생겨났는데 니체는 이것을 무생물의 세계나 우주 전체에까지 적용하여 형이상학적 원리로 삼았던 것이다.

니체는 이 원리를 바탕으로 먼저 2,500년 동안 유럽 문명을 지배해 온 철학, 종교, 예술, 과학, 도덕, 정치 사상 들을 건강한 삶을 약화시키는 니힐리즘의 원인으로 규정하고 이를 신랄하게 비판한다. "니힐리즘은 문 앞에 서 있다. 모든 방문객 가운데 가장 기분 나쁜 이 존재는 어디서 오는 것일까?…… 사회적 빈곤 상태나 생리적 변질 또는 부패를 니힐리즘의 원인으로 보는 것은 잘못이다. 빈곤은 정신적인 것이든 신체적인 것이든 그 자체로는 결코 니힐리즘을 낳을 수 없다. 우리는 여러 종류의 빈곤에 대해 전혀 다른 여러 가지 해석을 할 수 있다. 그러나 하나의 특정한 해석, 즉 기독교 도덕적 해석 속에 니힐리즘이 숨어 있는 것이다."

그에 따르면 인류는 지금까지 절대자인 '신'의 보호막 아래서 우리의 이성으로 절대 진리와 가치를 알 수 있고 세계와 삶의 목적과 통일성을 이해할 수 있다고 믿어 왔다. 그러나 사회의 변화와 과학의 발달로 그 확신이 흔들림에 따라 거꾸로 이 세계 전체가 아무 의미도 없고 가치도 없다고 보는 병적 상태가 나타나게 되었는데 이것이 바로 니힐리즘이라는 것이다. 따라서 절대 진리나 가치, 의미가 있다는 믿음을 버리는 것이야말로 니힐리즘을 극복하는 첫걸음이다. 이런 믿음은 허약한 인간들, "가축떼 같은 저급한 종자들"이 좋아하는 것일 뿐이며 그 믿음에 대한 반발인 니힐리즘도 실은 "여우와 신 포도" 이야기처럼 기만적인 자기 위로에 불과하다는 것이다.

19세기 말 유럽의 정신적 상태를 이렇게 진단한 니체는 그 때까지 최고의 가치로 여겨진 종교, 도덕, 철학을 뒤집어엎어야 한다고 결론 짓는다. 신이 아닌 인간 자신이 위대한 존재라는 사실을 망각하게 하고 "원수를 사랑하라, 네 이웃을 네 몸같이 사랑하라"고 설교함으로써, 삶의 원리에 비춰 볼 때 멸망해야 마땅한 허약자들을 변호하는 기독교와 전통 도덕과 철학은 삶 그 자체를 부정하는 '노예의 도덕'이며 고귀하고 힘 있는 자들에 대한 비천하고 왜소한 자들의 '분풀이'에 지나지 않는다는 것이다. "지금까지 철학자들은 진리라는 이름의 두건을 쓴 경멸스러운 방탕아들"일 뿐이며 "철학의 명예를 회복하기 위해서는 도덕군자들을 목매달아야 한다."

그러면 이제 새로운 가치는 어떻게 세워야 하는가? 그는 과학의 발전에 발 맞추어 인간의 인식 능력을 끊임없이 비판적으로 검토함으로써 절대 지식의 주춧돌을 찾으려 애쓴 근대 철학자들의 노력을 헛수고라고 빈정거린다. 니체에 따르면 참과 거짓, 선과 악의 구별은 없고 모든 것은 상대적이므로 중요한 것은 오직 적나라한 삶 그 자체, 순수한 자연적 생성, 끊임없는 변화 속에서도 같은 것이 되풀이되는 영겁 회귀뿐이다. 최근 한 TV 광고에 나오는 "여자의 변신은 모두 무죄"라는 문구가 아름다움을 위해서라면 모든 게 정당화된다는 뜻이듯이, "모든 생성은 무죄"라는 니체의 말은 삶 자체를 위해서는 모든 게 정당화되므로 더 이상 객관적 진리나 도덕 따위는 필요 없다는 선언인 것이다. 이제 니체에게는 권력에의 의지 즉 강한 것을 추구하는 본능만 남고, 종래 미덕이라고 여겨진 평등, 정의, 진리, 겸손, 동정심, 검소함, 인내심 등은 악덕이 되는 반면 강하고 우월하고 재능 있는 모든 것이 말뜻 그대로 덕이 된다. 한마디로 노예 근성에 반대되는 주인다움, 승리자의 속성이 새로운 가치 기준으로 찬미되는 것이다.

니체는 이 새로운 가치 기준대로 살기 위해 '삶의 의지'를 약화시키고 방해하는 모든 것에 맞서 단호히 투쟁하여 기존 질서를 뒤집어엎을 것을 호소한다. "고통과 긴장과 상심의 시기에는 싸움을 택해야 한다. 싸움은 우리를 단련시키며 근육을 늠름하게 만든다." 그는 이런 삶을 '기독교적 삶'과 대비하여 '디오니소스적 삶'이라고 부르면서 세속의 행복을 거부하고 이 비극적 삶을 추구하는 것이 강하고 고귀한 자의 의무라고 주장한다. "비극적 인간은 가장 가혹한 고뇌도 긍정한다. 그는 그 정도로 충분히 강하고 풍요로우며 신격화되어 있기 때문이다. 그러나 기독교적 인간은 지상에서 가장 행복한 운명도 부정한다. 그는 어떤 식으로든 삶 때문에 고뇌하지 않을 수 없을 만큼 허약하고 가난하며 쇠락해 있기 때문이다. 십자가에 달린 신은 삶의 저주이며 스스로를 이 삶에서 구제하고자 하는 표시다……. 토막토막 잘린 디오니소스는 삶의 약속이다. 그것은 영원히 재생하고 파괴로부터 되돌아오는 것이다."

니체에 따르면 사람들이 흔히 '자유'라고 부르는 인간의 피할 수 없는 운명은 사실상 '권력에의 의지'며 이 의지는 영원히 생성하는 세계의 일부에 지나지 않으므로 우리는 이런 운명을 받아들이고 사랑해야 한다. 니체는 『짜라투스트라는 이렇게 말했다』에서 '영겁 회귀'를 깨달음으로써 기존의 가치와 위계 질서를 초극하고 운명애를 터득한 인간을 '초인'이라 불렀는데 그 초인의 모습은 이제 쓸쓸한 철학자의 독백으로 재현된다. "독수리는 결코 무리지어 날지 않는다. 그런 건 참새나 찌르레기한테 맡기는 게 좋다……. 높이 날아오르고 발톱을 갖는다는 것, 이것이야말로 위대한 천재의 운명이다."

귀족적 관념론, 염세적 영웅주의

"언젠가 많은 것을 말해야 할 이는,
많은 것을 가슴속에 말 없이 쌓는다.
언젠가 번개에 불을 켜야 할 이는,
오랫동안 —— 구름으로 살아야 한다."

니체의 이 시구는 평생을 질병과 홀대 속에 고통받으며 살아야 한 자신의 운명을 노래한 것이다. 그러나 그의 가슴속에 쌓인 생각들이 그의 표현대로 '쇠망치'와 '다이너마이트'가 되고 '새로운 복음'이 되어 번갯불처럼 사람들의 머리를 후려치는 데는 별로 오랜 시간이 걸리지 않았다. 그는 "언젠가 내 저서를 연구하기 위한 강좌가 개설될 것"이라고 말한 적이 있는데 그 예언은 적중했다. 그가 죽자마자 그의 사상은 엄청난 파문을 일으켰으며 현대의 주요 사상 가운데 니체라는 관문을 통과하지 않은 것은 거의 없다고 해도 과언이 아니다.

그럼 도대체 왜 니체가 그렇게 중요한 사상가로 떠올랐는가?

역사상 위대한 사상가들이 모두 그렇듯이 니체에 대한 평가도 극단적으로 갈라진다. 어떤 사람들은 그가 극단적 주관주의와 비합리주의에 빠져 인종 차별과 전쟁을 옹호하고 민주주의와 진보적 사회 운동을 반대한 반동 철학자라고 혹평하는가 하면, 어떤 사람들은 그를 20세기 현대 사상의 천재적인 선구자라고 극찬하기도 한다. 이렇게 서로 맞서는 평가가 나오게 된 것은 사실 니체 자신의 철학이 양면성을 지니고 있기 때문이며 이 양면성은 니체가 살던 시대와 밀접한 연관이 있다.

니체가 살던 시대는 격동기였다. 유럽 전체로 보면 산업 혁명이 완료되고 자본주의가 독점 단계로 넘어가 여러 나라들이 식민지 쟁탈전에 돌입하는 시기였으며, 후진국이던 니체의 조국 독일에서는 1848~49년의 시민 혁명이 실패한 뒤 위로부터의 개혁과 철혈 재상 비스마르크의 통치 아래 보불 전쟁에서 승리한 프러시아 제국이 대중의 민주화 운동을 총칼로 탄압하면서 유럽 최고의 강국으로 떠오르는 시기였다. 또 자본주의의 발달과 더불어 시민 운동과 노동 운동이 발전함과 동시에 과학 지식의 진보와 사회 구조의 급격한 변화로 기존의 모든 가치와 질서가 격렬하게 흔들리던 시기이기도 했다.

니체가 저술 활동을 가장 활발하게 한 시기(1872~88)가 비스마르크의 집권 시기(1871~90)와 같다는 것은 우연의 일치가 아니다. 니체는 물론 정치와 사회 사건에 직접 개입하지는 않았지만 그의 저작과 사상 곳곳에는 시대의 상흔이 깊이 남아 있다. 당대의 많은 사상가처럼 니체도 자신의 시대를 "유럽 문명 전체가 위기에 빠진 시대"로 보았으며 그 근본 원인을 유럽 사람의 삶이 나약해졌다는 사실에서, 다시 나약함의 원인을 전통 도덕과 가치관에서 찾았다. 따라서 니체는 전통 도덕과 가치관을 타파하고 새로운 질서를 세우는 것이야말로 혼란을 극복하고 위기에 빠진 문명을 살리는 길이라고 본 것이다. 말년의 자서전적 저작 『이 사람을 보라』에는 이런 문제의식이 명료하게 나타나 있다. "나는 여태까지 아무도 하지 않았던 항변을 한다……. 진리가 수천 년 묵은 거짓과 투쟁하게 되면 우리는 여태껏 꿈도 꾸지 못한 충격과 지진의 흔들림과 상전벽해를 경험하게 될 것이다. 그러고 나면 정치라는 개념은 완전히 허깨비 장난이 되어 버리고 낡은 사회의 권력 구조는 공중에서 분해되고 말 것이다."

사실 19세기 후반 유럽의 평범한 시민들의 속물 근성과 기회주의적 속성은 니체의 말마따나 "건강하고 활력 있는 삶의 몰락을 보여 주는 한 징후로서" 당연히 극복되어야 할 것이었다. 더구나 애당초 인간을 위해 만들어진 도덕이나 이성적 논리, 과학 기술 등이 거꾸로 인간의 삶을 억압하는 괴물로 둔갑해 버린 19세기 말의 역설적 상황에서 "모든 가치를 뒤집어엎어야 한다"고 부르짖으며 절대 진리와 가치에 대한 독단적 확신에 빠져 있는 사람들에게 철퇴를 던진 니체의 사상은 분명 선구적인 통찰력을 보여 준다. 그는 "삶의 목표를 세속의 행복과 안정"에 두고 기존의 가치와 질서에 순응하는 속물 군상들을 비판하면서 모든 것을 거부하고 끊임없이 유동하는 삶의 활기를 찬미한다.

이런 니체의 생각은 20세기의 많은 사상, 특히 논리만으로는 완전히 파악할 수 없는 삶을 중시하는 실존주의, 이성 중심의 서양 문명 전체를 근본적으로 비판하는 후기 구조주의와 포스트모더니즘 등에 큰 영향을 주었다. 현대 철학의 뚜렷한 특징 중 하나는 신, 물질 세계, 역사 법칙, 보편적 욕망 등 어떤 궁극적 근원이나 중심을 가지고 세계와 인간의 삶을 체계적으로 설명하려는 종래의 철학을 거부하고 철저한 상대주의의 입장을 취하는 데 있다. 이렇게 되면 참과 거짓, 선과 악, 주관과 객관, 이성과 광기 등의 이분법적 구별이 무너지는데 바로 이 점을 한 발 앞서 강조했기 때문에 니체는 현대 사상의 선구자로 평가받게 되었다. 니체에 따르면 이제 자신의 삶을 이끌어 갈 수 있는 자기만의 관점, 자기 고유의 가치를 스스로 창조해야 한다. 미리 정해진 안전한 길을 따라가지 않는 이 과정은 고통스럽고 혼란스러울 수밖에 없으며 이 힘든 과정을 꿋꿋하게 견뎌 낼 수 있도록 해 주는 것이 바로 '권력에의 의지'라 할 수 있다.

그러나 날카로운 통찰에도 불구하고 한 시대를 해석하고 그 위기에 대처하는 니체의 주장에는 몇 가지 문제가 있다. 먼저 그는 시대를 잘못 해석하고 있다. 사실 니체 시대에 나타난 위기의 징후는 자본주의가 제국주의 단계로 넘어감에 따라 과거에 진보적 역할을 담당한 상층부의 시민 계급(부르주아지)이 더 이상 성장하는 대중 운동을 이끌고 가는 주인 노릇을 할 수 없게 되었음을 보여 주는 것에 지나지 않았다. 다시 말해 시민 계급의 동요와 보수화가 위기의 근본 원인이었으며 더구나 정상적인 시민 혁명을 통해 밑으로부터의 개혁을 이뤄 내지 못한 독일의 부르주아지와 중간 계급은 그런 부정적 측면들을 더욱 노골적으로 드러낸 것이다. 따라서 유럽 문명의 위기에 대한 니체의 진단은 날카롭긴 해도 과녁을 벗어난 화살과 같다.

또 이처럼 원인에 대한 진단이 잘못되었기 때문에 니체의 사상은 극단적인 주관주의와 상대주의를 드러낼 수밖에 없었으며 무엇보다도 평범한 사람들, 즉 수많은 근로 대중의 삶을 무시하고 역사의 발전을 무시하는 '귀족적 관념론'과 '염세적 영웅주의'에 빠지게 되었다. 앞서도 말했듯이 니체의 철학은 인종주의자들이나 독일의 국수주의자들, 더 나아가서는 반동적인 나치즘과 파시즘에 이용되기도 했는데 이는 단순히 그의 여동생이 그의 저작을 왜곡하여 소개했기 때문만은 아니다. 그의 철학 속에는 이미 이런 경향이 들어 있으며 그것이 그의 철학이 안고 있는 근본적인 한계며 결함이다.

사회와 역사를 움직이는 힘을 땀 흘리며 살아가는 수많은 사람들의 현실적인 노동에서 찾지 않고 개개인의 신비스러운 '삶의 의지'만으로 모든 것을 설명하려는 니체의 사상은 기존 가치에 대한 철저한 비판에도 불구하고 파괴적 부정의 한계를 넘어서지 못했다고 할 수 있다. "세계는 무한히 해석할 수 있으며 다양한 해석이야말로 힘의 징후"라는 니체의 주장에 대해서는 그보다 한 세대 앞선 마르크스가 이미 멋진 답을 마련해 놓았기 때문이다. "지금까지 철학자들은 세계를 여러 가지로 해석만 해 왔다. 그러나 중요한 것은 세계를 변화시키는 일이다."

◇ 읽을 거리

• 프리드리히 니체, 『권력에의 의지』, 강수남 옮김, 청하, 1988.
• 강대석, 『니체와 현대철학』, 한길사, 1990.
• 강대석, 『현대철학의 이해』, 한길사, 1991. (특히 제1장 제1절)
• 정동호, 『니이체 연구』, 탐구당, 1983.
• 하기락, 『니이체론』, 형설, 1971.
• 카알 뢰비트, 『헤겔에서 니체에로』, 강학철 옮김, 삼일당, 1982.

13

유물론과 경험비판론

Materialism and Empiriocriticism(1909)

레닌

Vladimir Ilyich Ulyanov Lenin(1870~1924)

김성환(대진대학교 교수)

철학의 명저 20

'불꽃'처럼 살다 간 혁명가

사람들에게 20세기 역사에서 가장 중요한 사건을 꼽아 보라고 하면 20세기 말에 일어난 소련의 붕괴만큼 첫 손가락에 꼽는 사건도 드물다. 그러나 시간으로 보나 논리로 보나 바로 이 소련을 세운 20세기 초의 러시아 혁명이 먼저가 아닐까? 지구 육지의 1/6이나 되는 큰 땅에 최초로 사회주의 나라를 세운 이 혁명은 레닌의 사상을 깃발로 내걸고 일어났다.

날카로운 눈매와 강인한 이마를 가진 블라디미르 일리치 레닌은 1870년 4월 22일 심비르스크에서 태어났다. 아버지는 귀족이 된 교육 관료였고 어머니도 교사였다. 계몽 사상을 지닌 부모였다. 레닌은 상류층의 전통 교육을 받았으나 고등학교를 졸업할 무렵 이미 마르크스주의와 혁명으로 마음을 돌렸다. 왜 그랬을까? 1887년 대학생이던 형 알렉산드르가 러시아 전제 군주를 암살하려다 들켜 처형당한 일이 큰 영향을 끼친 것 같다. 테러리스트의 길을 가다 실패한 형의 처형 소식을 듣고 레닌은 이렇게 말했다. "아니야, 그것은 우리가 가야 할 길이 아니야."

그는 죽은 형이 갖고 있던 마르크스의 『자본론』을 읽기 시작했으며 1887년 카잔 대학 법학과에 들어갔으나 곧 학생 시위 혐의로 대학에서 쫓겨났다. 그 뒤 비밀모임에 들어가 마르크스주의를 열심히 공부했고 1891년에는 페테르스부르크 대학 법학과도 졸업했다. 전과목 우등생은 레닌뿐이었다. 1983년부터 노동자들과 접촉하기 시작했다. 이 시기에 쓴 첫 글 『'인민의 벗'이란 누구인가, 그리고 그들은 어떻게 사회민주주의자와 싸우고 있는가?』(1893)에서 레닌은 "미래의 주인은 농민"이라고 주장하는 인민의 벗 또는 나로드니키를 비판하고 마르크스주의에 따라 노동자를 중심으로 혁명을 일으켜야 한다고 주장했다. 레닌은 1897년 체포되어 시베리아로 유배되었다. 그 곳에서 이미 알고 있던 나데즈야 크루프스카야와 다시 만나 1898년 5월 결혼했다.

1899년 2월 유배 생활을 마치고 페테르스부르크에 살면서 마르크스주의에 뿌리를 둔 중앙 집권적 당을 만들려고 노력했다. 이를 위해 『이스크라』(불꽃이라는 뜻)라는 지하신문을 외국에서 만들어 러시아에 뿌리려고 뮌헨으로 가 12월에 첫 호를 냈다. 독일, 런던, 파리, 스위스에서 5년 동안 첫번째 망명 생활을 하면서 앞으로 당에 필요한 사람들을 열심히 끌어 모았다. 이 시기에 나온 중요한 글 『무엇을 할 것인가?』(1902)에서 노동자들이 임금 인상 같이 더 나은 경제적 생활 조건을 얻기 위한 싸움만 하면 사회주의 사회는 저절로 온다고 주장한 경제주의자들을 공격하고 혁명을 직업으로 삼는 사람들이 철저한 규율로 단결한 당을 세워 정치 투쟁을 벌여야 한다고 주장했다.

1903년 7~8월 브뤼셀과 런던에서 이미 1898년에 세워진 러시아 사회민주노동당 제2차 당대회가 열렸다. 레닌의 노력이 헛되지 않았는지 참가한 사람들은 하나같이 자기가 '이스크라주의자'라고 주장했지만, 당원의 자격 문제, 당 중앙위원회와 『이스크라』 편집진의 선출 문제를 둘러싸고 두 파로 갈라졌다. 레닌의 반대자들이 항의 표시로 대회장을 떠나는 바람에 레닌의 지지자들은 다수파('볼셰비키'라 불림)가 되었고 남은 반대자들이 소수파('멘셰비키'라 불림)가 되었다.

1905년 10월 러시아에서 혁명이 일어났고 레닌은 11월 페테르스부르크에 도착했다. 그러나 혁명은 실패했고 레닌은 핀란드, 스위스, 파리, 오스트리아 등을 돌아다니며 두번째 망명 생활을 보냈다. 이 기간은 레닌에게 매우 어려운 시기였다. 마르크스주의에 반대하는 당 안의 수정주의자들과 맞서 싸워야 했기 때문이다. 이때 철학책 『유물론과 경험비판론』(1909)을 썼다.

러시아에서 1917년 2월 혁명이 일어났을 때 레닌은 스위스에 있었다. 적국 독일의 영토를 넘기 위해 다른 러시아 사회주의자들과 함께 독일 정부가 제공한 밀폐된 기차를 탔다. 4월 페트로그라드(옛 페테르스부르크)에 도착한 레닌은 혁명의 성공에 가장 중요한 관건은 정치 권력을 잡는 것이라고 보고 노동자 계급의 독재와 전쟁 중지를 주장했다. 임시정부는 레닌을 체포하라고 명령했지만 레닌은 숨어서 계속 글을 쓰고 당을 지도했다. 10월 중순 당이 무장봉기하여 케렌스키 정부를 무너뜨리자 레닌은 11월 초 밖으로 나와 새 정부의 의장이 되었다. 트로츠키의 평가다.

"일할 때는 지칠 줄 몰랐고 과학, 예술, 문화를 사랑했지만 이것이 아직은 극소수의 소유물임을 잊지 않았다. 크레믈린에서 생활은 외국에서 망명객으로 살 때와 조금도 다르지 않았다. 단순한 생활 습관이 생긴 까닭은 지적 작업과 강력한 투쟁이 그의 관심을 사로잡았을 뿐 아니라 강한 만족을 주었기 때문일 것이다."

원칙에 철저한 레닌도 정치 권력을 잡은 뒤에는 유연한 정책을 폈다. 10월 혁명 전에는 제국주의 나라들 특히 독일과 '혁명 전쟁'도 사양하지 않겠다고 위협했으나 혁명 뒤에는 새로 태어난 정부를 지키는 것보다 더 중요한 일은 없다고 하면서 당 안의 반대를 무릅쓰고 1918년 3월 독일과 굴욕적인 브레스트-리토프스크 평화

조약을 맺었다. 또 경제에서는 혁명 직후 시장경제를 완전 폐지했다가 1921년부터 '신경제정책'으로 부분적이나마 농산물과 공산물을 시장에서 팔도록 허용했다.

1921년 말부터 레닌은 뇌동맥경화 증세를 보이기 시작했다. 이미 1918년 카플란이 쏜 총에 맞아 부상한 후유증도 있었다. 1922년 5월 처음 졸도했고 12월 두번째 졸도하여 오른쪽 팔다리가 마비되었다. 1924년 1월 21일 모스크바 근처 고르키에서 죽었다. 마지막 투병 기간에 레닌은 러시아 최고 문학가이자 절친한 친구 고리키와 필생의 사업인 혁명의 의미에 대해 토론하면서 자라나는 새 세대에 관해 이런 말을 남겼다. 그의 묘비명이기도 하다.

"그들은 우리보다 훨씬 행복하게 살 것이다……. 그들의 삶에는 그토록 잔혹한 일은 많이 일어나지 않을 것이다……. 그러나 나는 부럽지 않다. 우리 세대는 놀랄 만한 역사적 의의가 있는 일을 성취했으니까. 우리가 처한 조건에서 불가피했던 모든 잔혹한 일은 결국 이해되고 변호될 것이다. 모든 것이."

물질이 관념의 산물이 아니라 관념이 물질의 최고 산물이다

『유물론과 경험비판론』을 얼마쯤 읽다 보면 한 가지 놀라운 느낌이 들 것이다. 왠지 잘 모르지만 레닌은 굉장히 화가 나 있다. 서문도 채 넘기 전에 독설이 튀어나온다. "이 용감한 투사들은 유물론이 격파되었다고 믿으며…… 노골적으로 신앙주의로 나아간다……. 변증법적 유물론, 마르크스주의를 전적으로 거부하면서 말로는 아니라고 변명하기 일쑤요 문제의 본질을 회피하고 자신의 변절을 은폐하고…… 이것이야말로 참으로 '무릎꿇고 반항'하는 격이다." 무슨 놈의 철학책이 이럴까?

『유물론과 경험비판론』은 1909년 5월 처음으로 세상에 나왔다. 제목에서 바로 드러나듯이 이 책의 핵심 내용은 유물론과 경험비판론의 정면 대결이다. 그리고 레닌이 이 책을 쓴 가장 중요한 동기는 1905년 혁명이 실패한 뒤 러시아 사회민주노동당, 특히 볼셰비키 자체 안에서 나타난 수정주의자들을 비판하는 것이다. 수정주의자들의 대표는 당에서 매우 적극적으로 활동한 보그다노프와 루나차르스키다. 이들은 마흐와 아베나리우스의 철학인 경험비판론을 근거로 삼는다. 이에 반대하는 유물론의 대변자는 바로 레닌 자신이고 포이에르바흐와 엥겔스가 레닌의 사부다. 그리고 레닌의 진단에 따르면 마흐와 아베나리우스의 정신적 보스는 버클리, 흄, 칸트, 피히테 같은 철학사에서 관념론자라는 딱지가 붙은 사람들이다. 참 복잡한 계보다. 그런데 도대체 유물론과 관념론이 뭐길래 레닌이 그토록 흥분하는 걸까?

유물론은 돈만 밝히는 이론이고 관념론은 비현실적 이론이라고 편하게 생각해서는 안 된다. 이 물음에 대답하려면 좀 고리타분하지만 지금부터 약 2,500년 전 서양 철학이 태어난 그리스로 잠시 돌아가 보는 것이 좋겠다. 만일 우리가 알고 있는 그 때 철학자들이 아직 죽지 않고 살아 있다면 나이가 가장 많은 철학자는 탈레스일 것이다. "세계의 모든 것은 물로 이루어져 있다"는 유명한 말을 남긴 사람이다. 시험 볼 학생이라면 이런 내용을 외우고 말겠지만 철학은 이제부터다. 탈레스의 말은 누가 뭐라고 물으니까 대답한 말로 볼 수 있다. 그 물음은 무엇일까? 이런 질문을 받으면 골치부터 아프겠지만 답은 쉽다. 바로 "세계의 모든 것은 무엇으로 구성되어 있는가?" 또는 줄여서 "세계는 무엇인가?"다.

"세계는 무엇인가"는 철학의 역사에서 가장 오래 되었고 아직도 살아 있는 물음이다. 이 물음에 대해서는 수많은 철학자들이 다양한 답을 내놓았지만 이제 우리가 한번 대답해 보자. 우선 세계 속에는 무엇이 있을까? 세계 속에 있는 모든 것은 물질과 관념으로 나눌 수 있다. 물, 돌, 집, 별 같은 무생물과 꽃, 개, 사람 같은 생물은 모두 물질이다. 그런데 관념은 무엇일까? 예를 들어 가수 변진섭의 노래 「희망사항」의 노랫말 속에서 관념을 한번 찾아보라. "밥을 많이 먹어도 배가 나오지 않는 여자"나 "껌을 씹어도 소리가 나지 않는 여자"가 관념이라고 대답하면 틀렸다. 관념은 비현실적인 것이라는 생각이 언뜻 들어서 나오는 대답이겠지만 철학에서 관념이란 비현실적인 것이 아니라 정신적인 것을 가리킨다. 정답은 이 노래 마지막에 나오는 "나는 그런 여자가 좋더라"에서 '좋더라'다. '좋더라'라는 감정이나 '빨갛다'라는 감각, 충동, 사고, 의지 들이 바로 정신적인 것이다.

그렇다면 물질과 관념 중 어느 것이 근본이고 어느 것이 파생된 것일까? 감각, 사고 등은 뇌라는 물질이 없으면 생겨나지 않는다고 보는 사람은 물질이 근본이라고 주장할 것이다. 한편 자동차, 집 등은 쓰임새를 예측하고 구조를 설계하는 사고가 없으면 생겨나지 않는다고 보는 사람은 반대로 주장할 것이다. 철학에서는 앞 사람을 유물론자, 뒷 사람을 관념론자라 한다.

옛날 이야기가 길어졌지만 다시 레닌의 책 속으로 들어가 보자. 레닌이 마흐와 아베나리우스의 경험비판론을 다시 비판하는 까닭은 경험비판론의 정체를 관념론으로 파악했기 때문이다. 경험비판론이란 말은 스위스 철학자 아베나리우스가 만들었다. 그는 '경험'이란 개념을 깨끗하게 만들기 위해 이 개념에 철학자들이 붙인 쓸데없는 군더더기를 '비판'하고 제거하려 했다. 그가 지적한 가장 대표적인 군더더기는 "경험 외부에 물질이 독립해서 존재한다"는 주장이다. 경험비판론자들의 핵심 주장은 무엇일까? 먼저 오스트리아의 물리학자이자 철학자 마흐는 감각을 분석한다.

"우리는 뾰족한 끝을 가진 어떤 물체를 보고 만지고 그 뾰족한 끝이 피부에 닿으면 아픔을 느낀다. 이런 일이 되풀이되면 우리는 뾰족한 끝을 가진 물체의 모든 성질을 눈, 피부 등 감각 기관을 통해 우리에게 전달되는 '효과'로 보게 된다. 이런 효과를 감각이라 한다."

마흐가 감각을 분석함으로써 내리는 결론은 이렇다.

"우리는 감각을 통해서만 물질을 알 수 있다. 그렇다면 세계를 구성하는 것은 물질이 아니라 색, 소리, 압력 같은 감각이다. 물질은 감각들을 묶어 놓은 것일 뿐이다. 그러므로 감각을 낳는 물질을 따로 가정할 필요가 없다."

다시 레닌의 독설이 튀어나온다.

"진부한 말씀이군요, 존경하는 교수님! 이것은 물질이 단순히 추상적 상징이라고 말한 버클리를 문자 그대로 옮겨 놓은 것이다. 그러나 사실 헛고생한 사람은 에른스트 마흐다……. 만일 우리 감각의 '감성적 내용'이 외부 세계가 아니라면 공허한 '철학적' 유희에 몰두하고 있는 이 단순한 나밖에 아무것도 없을 것이다. 이 얼마나 어리석고 부질없는 짓인가!"

마흐의 견해가 17세기 영국 철학자 버클리의 사상을 표절했다는 지적이다. 버클리는 "존재한다는 것은 지각된다는 것이다"라는 유명한 말을 남겼다. 이 말은 세계 속의 모든 것은 내가 지각(또는 감각)해야 비로소 존재할 수 있다는 뜻이다. 그러므로 이 말 속에는 관념이 근본이고 물질은 파생된 것이라는 관념론과, 내가 없으면 아무것도 없다는 유아론이 담겨 있다.

레닌은 두 가지 이유로 이런 관념론을 받아들이지 않는다. 첫째, 지구는 생물과 인간이 출현하기 전에도 이미 있었다. 관념론에 따르면 인간이 감각하거나 사고하기 전에는 지구라는 물질이 존재하지 않았다고 해야 하는데 이는 사실과 다르다. 둘째, 인간은 뇌가 없으면 감각하거나 사고할 수 없다. 관념론에 따르면 뇌라는 물질이 없어도 감각과 사고는 있을 수 있다고 해야 하는데 이는 사실과 다르다. 그러므로 물질이 먼저고 관념은 나중이다.

한편 아베나리우스는 좀더 세련된 형태로 경험비판론을 주장한다. 우리가 무언가를 '안다'고 말할 때는 언제나 '아는 자'와 '알려지는 것'이 있다. 철학에서는 '아는 자' 대신 '주관', '알려지는 것' 대신 '객관' 또는 '대상'이라는 어려운 말을 쓴다. 아베나리우스는 '주관'과 '객관' 대신 '자아'와 '환경'이란 말을 쓰면서 자아와 환경은 서로 떨어져 있을 수 없고 언제나 함께 있다고 주장한다. 그는 이 주장을 자아와 환경의 '원리적 병렬'이라 하는데 이는 주관 없는 객관도, 객관 없는 주관도 있을 수 없다는 뜻이다.

아베나리우스의 말을 그대로 받아들이면 '원리적 병렬'이란 유물론과 관념론 중 어느 한쪽에도 치우치지 않고 둘을 잘 종합한 이론으로 보인다. 주관 없는 객관도 객관 없는 주관도 있을 수 없다는 말은, 관념 없는 물질도 물질 없는 관념도 있을 수 없다는 말과 비슷한 뜻이기 때문이다. 그러나 레닌은 아베나리우스의 말을 곧이곧대로 받아들이지 말라고 경고하면서 어느 철학자와 보통사람의 대화를 소개한다.

보통사람 : 사물이 따로 있어야 감각과 사고가 생기지 않을

까요?

철 학 자 : 사물이 당신의 감각과 사고를 떠나서, 또 감각과 사고를 통하지 않고도 당신 앞에 나타나겠는가?…… 잘 생각해 보고 대답하시오.

보통사람 : 곰곰이 생각해 보니 당신 말이 맞군요.

레닌은 이 대화에서 보통사람을 현혹하는 '철학자'가 독일 관념론자 피히테라고 밝히고 아베나리우스가 유물론도 인정하는 듯하지만 사실은 인정하지 않는다고 고발한다. 진짜로 유물론을 인정하려면 "객관 없는 주관은 없지만, 주관 없는 객관은 있다"고 해야 한다. 레닌은 아베나리우스가 피히테처럼 '주관 없는 객관'이 있다는 것을 부정하기 때문에 관념론자라고 규정한다.

도대체 레닌은 무슨 비장의 카드를 가지고 있길래 이렇게 자신만만하고 무자비하게 경험비판론자들을 몰아붙이는 걸까? 레닌의 대안은 두 가지, 유물론과 반영론이다. 첫째, 유물론이란 엥겔스의 말을 빌려 정리하면 이렇다.

"감각 기관으로 알 수 있는 물질 세계, 우리 자신이 속해 있는 이 세계가 유일한 현실 세계요, 우리의 감각과 사고는 아무리 초감각적인 것처럼 보이더라도 결국 뇌, 즉 물질적 신체 기관의 산물일 뿐이다. 물질이 관념의 산물이 아니라 관념이야말로 물질의 최고 산물이다. 이것이 바로 유물론이다."

둘째, 반영론은 이런 유물론을 바탕으로 삼는 인식론이다. 반영론이란 마치 사진기가 사물을 촬영하듯 주관이 감각과 사유를 통해 주관 외부에 독립하여 있는 대상을 있는 그대로 베끼고 복사한다는 주장이다. 주관이 대상이나 객관을 있는 그대로 반영하니까 우리는 세계에 대한 객관적 진리를 얻을 수 있다. 레닌은 이런 반영론에 입각하여 우리가 얻은 인식은 주관이 미리 가지고 있는 관념, 범주 같은 사고 틀로 조작된 주관적인 것이며 우리가 세계를 아는 데도 한계가 있다는 인식론을 비판한다.

과학성과 편들기

이제 레닌의 철학을 평가할 차례다. 그런데 어떤 철학적 주장이 옳은지 그른지를 평가하려면 도대체 어떻게 해야 할까? 전통적으로 철학에서는 논리적 방법을 자주 쓴다. 일상 대화에서도 우리는 말싸움을 할 때 상대의 말을 잘 듣고 그 말 속에 서로 어긋나는 내용이 있는지를 찾아내려고 애쓰는데 이것이 바로 논리적 방법이다. 그러나 여기서는 두 가지 다른 평가방법을 써 보자. 하나는 과학적 방법이고 또 하나는 실천적 방법이다.

유물론은 과학적인 이론일까? 현대 과학에 따르면 '본다'는 것은 뇌의 일이다. 보는 과정에서 눈이 받아들인 수많은 자투리 정보를 일관성 있게 재구성하는 것은 뇌다. 뇌는 대상이 멀리 있는지 가까이 있는지, 어느 것이 대상이고 어느 것이 배경인지, 대상이 움직이는지 우리 머리가 움직이는지를 재빨리 판단한다. 보고 듣고 냄새 맡고 맛보고 느끼는 감각은 아직도 많은 부분이 수수께끼로 남아 있지만, 현대 과학에 따르면 적어도 감각이 뇌의 기능이라는 사실은 부인할 수 없고 이런 맥락에서 유물론은 과학적 이론이다.

그런데 유물론과 경험비판론이 다툰 한 가지 중요한 문제는 "물질은 사라졌다"는 주장을 받아들이느냐는 점이었다. "물질은 사라졌다"는 주장은 19세기 중반 열역학에서 에너지 보존 법칙이 확립되고 19세기 후반 전자기파에 관한 장(場) 이론이 발달하면서 나오기 시작했다. 이 때 17세기 뉴턴 과학이 성공한 때부터 대부분의 물리학자들이 의심 없이 받아들인 원자론 또는 입자론이 의심을 받았고, 일정한 위치를 차지하는 성질을 가진 물질 입자 대신 공간상에 퍼져 있는 성질을 가진 장을 근본 실체로 보는 철학자들이 나타났다.

경험비판론은 19세기 말 원자 내부에서 발견된 전자를 근거로 그 때까지 물질의 가장 작은 단위인 원자의 정체가 전기 에너지로 밝혀졌으며 따라서 원자는 비물질화하고 "물질은 사라졌다"고 주장했다. 그러나 레닌은 전자의 발견으로 사라진 것은 물질이 아니라 그 때까지 우리가 물질에 관해 가지고 있던 지식일 뿐이라고 일축했다.

그 뒤 소련과 동유럽의 많은 과학자와 철학자는 레닌의 이 주장을 물질에 관한 우리의 지식은 끝이 없다는 뜻에서 '물질의 무진성'이라 이름 붙이고 이 주장을 과학으로 뒷받침하기 위해 노력했다. 레닌의 유물론에 대한 과학적 평가는 주로 1917년 러시아 혁명 후 70여 년 동안 노력한 소련 과학철학자들의 몫이었다. 물론 이들은 레닌의 유물론이 과학적으로 틀리다고 평가하지는 않았다. 그러나 이런 평가가 단순히 정치적 의도에서 나왔다고 보기에는 이들의 노력이 너무 진지했다. 한편 서방 세계에서도 현대 과학이 유물론과 관념론 중 어느 것을 지지하느냐는 문제는 매우 큰 논란거리였다. 이미 1930년대 중반에 물리학계의 두 거물 아인슈타인과 보어는 각각 유물론과 관념론의 입장에서 매우 치열하고 전문적인 철학 논쟁을 벌였다. 이 논쟁은 '물리학적 실재론 논쟁'

이라는 이름으로 아직도 끝나지 않았다.

이제 실천적 방법으로 레닌의 유물론을 평가해 보자. 이 유물론이 옳다는 점은 1917년 러시아 혁명의 성공으로 실천의 검증을 받았지만 오늘날 소련이 붕괴한 사실은 결국 이 유물론이 그르다는 걸 증명한 건 아닐까? 그러나 레닌의 유물론을 실천적으로 평가하기 위해서는 이 유물론이 지향한 사회가 실현되었고 또 건강하게 유지되었는가를 따지는 일도 중요하지만 먼저 이 유물론의 실천적 의미부터 정확하게 이해할 필요가 있다.

관념론이든 유물론이든 철학의 실천적 의미는 한마디로 '편들기'라 할 수 있다. 마르크스는 철학자들이 말로는 누구에게나 옳은 주장을 한다고 하면서도 실제로는 주로 지배 계급을 편드는 주장을 일삼았다고 비판했다. 예를 들어 플라톤과 아리스토텔레스는 위대한 철학을 남겼지만 당시의 노예에게는 별로 쓸모가 없었고 오히려 노예제가 지속되는 데 이바지했다. 마르크스는 지배 계급과 피지배 계급이 나누어져 있는 세상에서는 철학도 편들기를 할 수밖에 없다고 솔직히 인정하고, 그렇다면 자기는 차라리 피지배 계급을 편들겠다고 선언했다. 레닌은 마르크스의 이 편들기 정신을 이어받았고 그가 편든 사람도 바로 노동자들이었다.

레닌 유물론의 핵심이 이런 정치적 편들기와 혁명적 실천성이었기에 러시아 혁명기에 이 유물론이 살아 움직일 수 있었고 아직도 생존력이 남아 있다고 평가한 대표적인 인물은 루카치, 알튀세들이다. 우리가 레닌의 유물론을 실천적으로 평가하기 위해서는 노동자들의 움직임을 좀더 지켜 보아야 한다. 비록 소련은 망했지만 노동자들은 아직 망하지 않았기 때문이다.

철학은 시대의 산물이며 그 시대의 과학과 현실을 부모로 삼아 태어난다. 오늘날 과학과 현실은 아직도 유물론과 관념론 가운데 어느 한쪽 손을 번쩍 들어 주지 않는 듯하다. 물론 철학은 시대를 초월하여 언제 어디서나 옳은 진리를 밝힌다고 생각하는 철학자들도 예나 지금이나 많이 있다. 그러나 레닌은 철학이 과학과 현실을 외면하면 쓸모 없거나 해로운 것이 된다고 보았기에 과학의 내용과 일치하고 노동자 계급을 편든다고 생각한 유물론을 내놓았다. 과연 이 유물론이 과학의 내용과 진짜로 일치하고 노동자 계급을 진짜로 편든 철학인지는 확실하지 않다. 그러나 바로 이런 과학성과 편들기야말로 우리가 레닌의 책을 오늘 다시 읽으면서 곰곰 생각해 보아야 할 정신이다.

◇ 읽을 거리

- V. I. 레닌, 『유물론과 경험비판론』, 박정호 옮김, 돌베개, 1992.
- N. 크루프스카야, 『레닌의 추억』, 백태웅 옮김, 녹두, 1986. (레닌의 전기)
- H. 회르츠 외, 『자연인식과 세계관』, 김성환 옮김, 천지, 1990.
- 루카치 외, 『레닌』, 김학노 옮김, 녹두, 1985.

(앞의 2권은 레닌 철학을 평가한 책)

14

논리철학 논고

Tractatus logico-philosophicus(1922)

비트겐슈타인

Ludwig Wittgenstein(1889~1951)

심철호(한중대학교 교수)

철학의 명저 20

전쟁 포로가 된 그의 배낭에 들어 있던 원고

혹시라도 철학자란 생각과 말과 행동이 범상치 않은 괴짜이리라는 선입견을 가진 사람들이 있다면 비트겐슈타인은 그런 사람들의 철학자상에 걸맞는 인물이라 하겠다. 청년 시절부터 비상한 주목을 받은 철학자답지 않게 그의 생애는 수수께끼 투성이요, 범인들이 흉내내기 어려운 그의 삶을 애써 추적한다 해도 그의 철학을 암시할 만한 대목을 찾기는 쉽지 않으며 그에 대한 평가는 그의 철학에 대한 평가만큼이나 십인십색으로 어지럽다.

루트비히 비트겐슈타인은 1889년 오스트리아 비엔나에서 부유하고 교양 있는 철강 재벌의 5남 3녀 중 막내로 태어났다. 엔지니어 출신인 아버지는 다뉴브 공국의 철강업계 리더였으며, 어머니는 비트겐슈타인 집안의 뛰어난 예술적 감수성의 모태였다. 사교적인 비트겐슈타인 집안은 음악가들과도 깊은 교분을 맺어서 슈만, 말러, 브람스 등이 그의 집안에 드나든 당대 음악가 가운데 포함되어 있었다. 온 가족이 음악에 특출한 재능이 있었으며, 특히 라벨의 유명한 「왼손을 위한 피아노 협주곡」은 1차 대전에서 오른팔을 잃은 천재 피아니스트인 넷째 형 파울 비트겐슈타인을 위해 만들어진 곡이었다. 루트비히는 클라리넷 연주와 지휘에 조예가 깊었고, 그의 휘파람 솜씨는 교향곡을 소화할 수 있는 실력이었다. 그러나 비트겐슈타인 가문의 운명은 그리 평탄하지 않았다. 루트비히가 13세 때 큰형이 자살하고 2년 뒤 둘째 형도 세상을 떠났으며 셋째

형마저 1차 대전 때 스스로 목숨을 끊었고, 넷째 형은 앞서 말했듯이 불구가 되었다.

루트비히는 당시 부잣집 자녀들이 흔히 그러했듯이 14세까지는 집에서 교육을 받았다. 다음엔 북부 오스트리아의 린츠에서 물리학을 배웠고, 이어서 베를린의 기술 고등학교를 마쳤다. 1908년 영국으로 건너간 그는 당초 맨체스터 대학 연구생으로서 항공공학을 공부했으나 점차 그의 관심은 순수 수학과 수학의 기초를 거쳐 마침내 철학에까지 미치게 되어 1912년 케임브리지 대학 트리니티 칼리지에 입학했다. 여기서 그의 철학에 가장 큰 영향을 끼친 사람의 하나인 버트런드 러셀의 강의를 들으며 그와 사제 관계를 넘어 동료로서 교분을 나누게 된다. 일찍부터 비트겐슈타인은 자기를 가르친 철학자들에게 오히려 더 깊은 영향을 주는 천재성을 발휘했다(그의 스승인 조지 무어는 1930년대에 비트겐슈타인의 수업을 청강하기도 했다). 1914년 1차 대전이 터지자 비트겐슈타인은 탈장 때문에 병역 면제 대상이었지만 자원 입대하여 조국 오스트리아 군대의 장교로 참전했다. 1918년 남부 전선에서 이탈리아군의 포로가 된 비트겐슈타인의 배낭 속에는 『논리철학 논고』(아래에서는 『논고』로 줄임)의 원고가 들어 있었다.

1921년 러셀의 권유로 『논고』를 출간하기는 했지만, 그 자신 철학계를 떠나 오스트리아의 시골 국민학교 교사 생활을 택한다. 전쟁이 끝난 직후 그는 전쟁 전 상속받은 막대한 재산을 거의 대부분 가족과 친지들에게 나눠 주고서 어린이들을 가르치는 일에 몰두했다. 그러나 어린이 교육에 대한 열정에도 불구하고 그는 환영받는 교사가 되지는 못했다. 1926년 교사를 그만둔 비트겐슈타인은 비엔나로 돌아와 몇 달간 수도원에서 정원사 조수 생활을 한 뒤에 그의 또 다른 장기인 건축과 조각 등으로 소일했다. 이 시기에 그가 누이를 위해 설계 시공했다는 건물은 당시로서는 첨단인 바우하우스 양식이었던 것으로 유명하다. 그러나 이렇듯 스스로 선택한 철학에서 멀리 떨어져 생활한 그를 철학계는 내버려 두지 않았다. 마침내 1929년 케임브리지로 돌아온 비트겐슈타인은 『논고』로 박사 학위를 받고 이듬해 트리니티 칼리지의 연구원이 되어 이른바 후기 철학을 구상한다.

이 무렵 비트겐슈타인은 『논고』에서 공언한 철학 문제의 해결에 대해 새로운 견해를 갖게 된다. 특히 그의 후기 철학을 대표하는 『철학적 탐구』의 싹이 될 만한 강의 노트 「청색본」과 「갈색본」은 학생들이 1933년에서 1935년 사이에 비트겐슈타인의 강의를 받아 적은 노트의 표지 색깔을 그대로 제목으로 딴 것이었다. 이 두 권의 노트는 철학계의 비상한 관심거리였으나 그는 생전에 결코 자신의 이름으로 출간하지 않았다.

1936년 트리니티 칼리지 연구원 임기가 끝나자 비트겐슈타인은 노르웨이 협만의 오두막에서 약 1년간 칩거하며 『철학적 탐구』의 집필에 몰두하다가 케임브리지로 다시 돌아와 2년 뒤인 1939년 스승 조지 무어의 후임으로 철학과 교수로 임명되었다. 그러나 교수직에 취임도 하기 전에 2차 대전이 발발하자 전쟁에 기여하기 위해 교수직을 포기하고 런던의 한 병원에서 잡부로 일했으며 뒤에는 뉴캐슬 의학연구소에서 일했다(1930년대 초 그는 영국 국적을 취득했다). 전쟁 뒤 케임브리지에 복귀한 그는 1947년 연구에 전념코자 다시 교수직을 사임하고 아일랜드의 농장과 갤웨이 바닷가 등을 전전하며 은둔 생활에 들어간다. 1949년 봄 『철학적 탐구』 제2부를 탈고했으나 이미 그는 불치의 암 환자가 되었다. 동료 철학자와 제자들 그리고 고향 가족들을 두루 찾아다니며 말년을 정리하던 그는 1951년 4월 29일 케임브리지의 주치의 집에서 생을 마쳤다.

유고 『철학적 탐구』는 1953년 출판되었다.

사교적이던 집안 분위기와는 달리 스스로 사람들과 접촉하기를 피하고 평생 가난한 독신으로 지낸 비트겐슈타인은 화려한 명예나 공직 생활보다 은둔 생활을 즐겼다. 뛰어난 음악적 재능에도 불구하고 그의 저술은 딱딱하기 이를 데 없으며, 케임브리지 대학 철학 교수 경력도 있었지만 스스로는 철저히 아마추어 철학자로 자처했다. 자신의 철학을 추종하는 무리들은 물론 자신의 천재성을 인정해 준 스승 러셀에게마저도 자신의 철학을 오해하고 있다고 가차없이 비판하는 결벽증을 보인 비트겐슈타인, 그의 철학을 『논리철학 논고』를 중심으로 살짝 훔쳐 보기로 하자.

모든 철학은 언어 비판이다

『논고』는 그 성립에서부터 내용, 문체에 이르기까지 유례를 찾기 힘든 책이다. 『논고』의 대부분은 1차 대전 때 써졌다. 그러나 전장의 포연 속에서 잉태되었다는 점은 『논고』의 철학적 통찰에 별 힌트가 되지 못하는 것 같다. 먼저 처음 몇 줄만이라도 들여다 보자.

1 세계는 일어나는 일들의 총체다.

1.1 세계는 사실들의 총체이지, 사물들의 총체가 아니다.

1.11 세계는 사실들에 의해, 그리고 그 사실들이 사실들 전부라는 점에 의해 확정된다.

더러 철학자를 일컬어 '삼척 동자도 다 아는 내용을 자기 자신을 포함하여 아무도 이해하지 못하도록 말하는 사람'이라고 비꼬는 농담이 있는데 이 농담을 연상시킬 만한 화두(話頭)가 아닐 수 없다. 비트겐슈타인은 『논고』의 서문에서 "이 책 속에 표현된 생각들을 스스로 이미 해 본 사람만이 이해하게 될 것이다"라고 적어 놓았다. 그 내용은 접어 두고라도 낯설은 번호매김, 무뚝뚝한 문장, 결코 친절하다고 할 수 없는 서술방식 등은 전문 철학자들까지도 『논고』에 대해서 함부로 왈가왈부하기 힘든 당혹감을 느끼게 한다. 고작 80여 쪽밖에 되지 않는다는 점이 하나의 위안이랄까? 아래에서 할 설명에 참고가 될 만한 구절 몇 대목만 더 소개한 다음 『논고』에 실린 주장들의 의미를 짚어 보기로 하자.

2 경우인 것, 즉 사실은 사태의 존재다.
2.01 사태는 대상들의 연계다.
2.1 우리는 사실에 대한 그림을 그린다.
2.13 대상은 그림 속에서 그림의 요소들과 일치한다.
2.18 모든 형태의 그림은 실재를 바르게 또는 그르게 그릴 수 있기 위해서는, 실재와 논리적 형식, 즉 실재의 형식을 공유해야 한다.
3 사실에 대한 논리적 그림이 생각이다.
4.11 참인 명제의 총체는 자연과학의 총체다.
4.21 가장 단순한 명제, 즉 요소 명제는 사태의 존재를 주장한다.

『논고』에 따르면 언어는 외적으로는 그 언어가 가리키는 실재 세계와 일정한 관계를 가지며, 내적으로는 마치 수학의 함수 관계처럼 언어들끼리도 진리함수 관계라 하는 구조를 갖고 있다. 먼저 언어와 세계의 외적 관계는 언어의 각 요소와 세계의 각 요소 사이에 일대일 대응 관계가 성립하는 동형 관계 구조를 이루고 있다. 언어와 세계가 동일한 논리적 구조를 지니게 됨으로써 언어는 세계의 모습을 보여 주는 '그림' 노릇을 한다. 우리가 언어를 통하여 세계가 어떠한지 알 수 있는 까닭은 언어와 세계가 이러한 논리적 동형성을 공유하고 있기 때문이다.

『논고』에 따르면 제대로 된 언어는 외적으로는 세계에 대해 그림 역할을 하며 내적으로는 진리함수적 논리 구조를 갖고 있는 언어다. 진리함수적 논리 구조란 무엇인가? 아래의 진리표를 생각하면 알기 쉽다.

P	~P
T	F
F	T

P	Q	P&Q	P∨Q	P→Q	P≡Q
T	T	T	T	T	T
T	F	F	T	F	F
F	T	F	T	T	F
F	F	F	F	T	T

(여기서 &는 '그리고,' ∨는 '또는,' →는 '── 이면, ── 이다,' ≡는 '── 일 때, 오직 그 때에만 ──'이라고 읽고 T는 참, F는 거짓을 뜻한다.)

예컨대 "날씨가 좋다"를 요소 명제 P라 하고 "소풍을 간다"를 요소 명제 Q라 한다면, "날씨가 좋으면 소풍을 간다"는 복합 명제 P→Q가 된다. 이 때 각 요소 명제 P와 Q의 진리값이 어떻게 정해지느냐에 따라서 복합 명제 P→Q의 진리값이 자동으로 결정된다. 이를테면 날씨는 나빴지만 소풍을 갔다면, 즉 P는 F지만 Q는 T라면 "날씨가 좋으면 소풍을 간다"는 복합 명제 P→Q의 진리값은 T가 된다. 이처럼 요소 명제의 진리값에 따라 복합 명제의 진리값이 결정되는 관계를 일컬어 진리함수 관계라고 부른다. 진리함수의 논리에서는 아무리 복잡한 복합 명제라 할지라도 요소 명제들의 진리값만 주어지면 전체 복합 명제의 진리값이 기계적으로 결정된다.

전통적인 아리스토텔레스의 삼단논법과는 비교할 수 없을 만큼 혁신적이면서도 질서정연한 체계성을 갖추고 있는 진리함수의 논리가 19세기 말과 20세기 초에 걸쳐서 개발되었을 때, 논리의 창시자들은 이 진리함수의 논리야말로 이상적 언어의 참된 구조를 밝혀 주는 것이며, 또한 세계의 참모습을 드러내 보여 줄 것이라고 생각했다(초기의 비트겐슈타인도 그 가운데 한 사람이다. 오늘날 널리 알려져 있는 앞의 진리표도 그가 처음으로 고안한 것이다). 이들에 따르면 일상 언어는 문법적 모호함과 의미의 다양성 등으로 말미암아 언어의 참된 논리 구조를 은폐하고 있는, 따라서 세계의 참모습을 왜곡시키는 불완전한 언어이다. 진리함수의 논리를 갖춘 언어만이 세계에 대한 참된 그림일 수 있다. 그렇다면 이러한 조건을 갖춘 언어를 분석해 가면 세계의 모습도 드러날 것이다. 그래서 『논고』의 첫 부분에 나오는 수수께끼 같은 구절들이 이로부터 연역적으로 도출된 논리적 원자론의 세계관을 표명한 것이라는 짐작도 어렵지 않게 할 수 있다.

한편 이 조건을 충족시키지 못하는 언어는 겉으로는 언어처럼 보이나 실은 무의미한 헛소리나 다름없다. 제대로 된 언어의 대표적인 사례는 자연과학에 등장하는 언어다. 그런데 종래 철학 언어

가운데에는 헛소리나 다름없는 것도 꽤 있다. 다시 말해서 도내체 문젯거리도 되지 않는 것을 중요한 철학적 문제인 양 붙잡고 있었던 것이다. 그러나 여기서 분명히 짚고 넘어가야 할 것은 비트겐슈타인이 과거의 철학이 다루려 한 모든 문제를 문제조차 되지 않는 것이라고 매도하지는 않았다는 점이다. 전통적 철학에서 어떤 문제들은 매우 중요하기는 하지만 문제 자체가 언어의 한계 밖에서 다루어질 수밖에 없는 것이기에 언어로 표현할 수 없는 문제라는 것이다. 따라서 이런 문제들에 대해서는 침묵하는 것이 성실한 자세다. 바로 종교와 윤리와 예술의 근본 문제가 이런 침묵의 영역에 속한다.

비트겐슈타인에 따르면 언어가 의미를 가질 수 있는 영역은 자연과학적 명제의 세계이고 이 한계를 벗어난 언어는 무의미하다. 그러나 『논고』 자체의 명제들은 자연과학적 명제들이라기보다는 철학적 주장들이지 않았던가? 그렇다면 그는 스스로 말할 수 없는 말을 해 버린 자가당착을 범한 것은 아닌가? 『논고』의 대부분은 언어와 세계의 관계에 대한 진술로 채워져 있다. 즉 언어의 논리적 구조와 세계의 논리적 구조 그리고 그 관계에 대한 진술들로 이루어져 있다. 그러나 언어의 논리적 구조를 보여 주는 그림을 언어 자체로 보여 준다는 것은 엄격하게 말해서 무의미하다. 왜냐하면 논리적 구조로부터 떨어져 나와 다시 그 구조를 그림으로 그릴 수는 없기 때문이다. 마치 거울이 어떤 대상을 비추어 줄 수는 있지만, 거울 자신의 모습을 비추어 줄 수는 없듯이. 따라서 비트겐슈타인은 언어와 세계에 관한 『논고』의 진술들을 궁극적으로 무의미한 것이라고 말한다.

6.54 나를 이해하는 사람은, 만일 그가 내 명제들에 의해 ——

> 내 명제들을 딛고서——내 명제들을 넘어 올라간다면, 그는 결국 내 명제들을 무의미한 것으로 인식한다(그는 말하자면 사다리를 딛고 올라간 뒤에는 그 사다리를 던져 버려야 한다).

그러나 언어와 세계의 논리적 구조와 그 관계를 밝히는 이 명제들이 터무니없는 헛소리이지는 않다. 세계에 대한 그림으로서 언어는 이 논리적 구조에 대해 말해 줄 수 없다. 그러나 이들은 모두 세계와 언어가 공통으로 갖고 있는 구조를 보여 주고 있다. 말할 수 있는 것과 보여질 수 있는 것은 구분되어야 한다. 말할 수는 없으나 보여지는 것——여기에는 논리학, 윤리학, 미학, 삶과 죽음, 신 등에 대한 생각이 포함된다——이들은 모두가 객관적 세계 밖에 있다는 뜻에서 초월적이다. 그리고 이들은 과학적 언어(즉 그림으로서의 언어)로 표현될 수 없다는 점에서 또한 초월적이다. 전통적으로 철학은 종교, 가치, 삶의 의미 같은 문제에 대해 말해 왔다. 그러나 『논고』에 따르면 이런 문제들은 말할 수 없는 것, 다만 보여질 수 있을 뿐인 신비적인 것이다. 따라서 철학은 말할 수 없는 것을 말하려 하는 과대망상을 버려야 한다. "좌우간 말할 수 있는 것은 명료하게 말할 수 있다."(『논고』 서문) 바로 자연과학의 영역이 그러하다. 그리고 "말할 수 없는 것에 대해서는 침묵해야 한다." 철학이 할 일은 말할 수 있는 것과 말할 수 없는 것의 경계를 명료하게 그어 주고, 누군가 그 경계를 넘어서려 할 때 그가 언어를 잘못 이해하고 있다고 지적해 주는 논리적 해명 작업뿐이다. 이런 의미에서 "모든 철학은 언어 비판이다."

이성의 지위를 언어로 대치한 철학사의 혁명

일찍이 아리스토텔레스 이래 인간은 이성적 동물이라는 주장이 널리 받아들여져 왔다. 그러나 대체 이성이란 무엇일까? 이성을 뜻하는 그리스 말 '로고스'는 원래 '말, 판단, 개념, 정의, 이유' 등을 가리키는 말이었다. 성서 요한복음 첫 구절인 "태초에 말씀이 계시니라. 이 말씀이 하나님과 함께 계셨으니 이 말씀은 곧 하나님이시니라"에 나오는 '말씀'이란 단어의 그리스 말도 물론 '로고스'다. 아리스토텔레스도 인간을 동물과 구분해 주는 특징으로 '추론할 수 있는 능력'을 염두에 두고 그 유명한 정의를 내렸으며, 그 뒤에도 이성적 능력이란 바로 언어를 쓸 줄 아는 능력이라는 점에 대해서는 이론의 여지가 없었다. 그러나 지난 수천 년간 철학의 탐구 대상으로서 이성이 각광을 받아 온 것과는 달리 언어가 철학의 중심 문제로 부각된 것은 비트겐슈타인의 『논고』에서 처음이라 해도 지나친 말이 아니다. 아니 『논고』는 세계를 비추는 빛으로서 이성의 지위를 언어로 대치한 철학사의 혁명을 이룩했다.

비트겐슈타인이 언어를 철학적 관심의 전면에 내세운 것은 언어가 인간 정신의 구체적이고도 객관적인 표현이라는 통찰에서 출발한 것이다. 종래 철학은 이성, 정신, 의식 등을 탐구함으로써 인간과 세계에 대해 해명하려고 해 왔다. 인간과 세계의 문제에 대한 탐구라는 점에서는 비트겐슈타인도 같은 철학적 문제의식을 갖고 있었지만 그는 이성이나 정신, 의식 등이 구체적으로 나타나는 현장으로서 언어에 대한 비판을 철학의 첫 과제로 삼았다는 점에서 이전의 철학자와는 다른 면모를 보여 주고 있다. 그는 이성과 언어가 별개의 것이 아니라고 생각했으나 언어를 객관적 탐구 대상으로 선택하는 것이 더욱 분명하게 철학 문제를 해결하는 지름길이라고 본 것이다.

비트겐슈타인은 인간 이성의 한계를 밝히기 위해 언어의 한계가 무엇인가를 밝히는 것을 『논고』의 목적으로 삼았다. 즉 언어로 말할 수 있는 것과 말할 수 없는 것이 무엇인지를 보여 주고자 했다. 그러기 위해서 그는 언어의 참모습이 어떠한지를 밝혀야 할 것이다. 그리고 언어의 참모습을 보여 줌으로써 전통적 철학의 많은 문제들은 해결된다기보다는 도대체 문젯거리도 되지 않는 것으로 해체되어 버린다고 확신했다.

이런 견해는 논리실증주의자들을 비롯한 많은 철학자들의 열광적인 환영을 받았다. 그러나 그 자신은 이 같은 환영을 달가워하지 않았을 뿐더러 오히려 그들이 자기 철학을 오해하고 있다고까지 생각했다. 무엇보다도 그 스스로 『논고』에서 언어에 대해 말한 바를 비판적으로 재고하기에 이르렀다. 『논고』에서는 언어와 세계 사이에 자명한 대응 관계가 성립하며, 세계에 대한 그림의 역할만이 의미 있는 언어의 정당한 기능이라고 믿었다. 또 일상 언어는 언어의 참된 논리적 구조를 은폐하고 있으므로 진리함수적 논리 구조를 갖춘 이상(理想) 언어만이 세계를 참되게 기술할 수 있다고 보았다. 그러나 후기에 비트겐슈타인은 언어에 대한 물음은 그 물음이 제기되는 구체적 맥락 속에서만 명확하게 답해질 수 있다고 생각했다. 따라서 우리는 구체적인 삶 속에서 하는 언어 사용(말놀이)에 주목해야 한다. 이 말놀이는 언어 외적인 관심과 목적으로 구성되는 삶의 양식을 배경으로 이루어진다. 그러나 우리의 삶 전체는 수없이 많은 삶의 양식으로 구성되며 그 때마다 쓰이는 언어의 의미는 고정되어 있지도 않다. 언어가 구체적 삶의 양식을 떠나서 고립되었을 때 그것은 죽은 것이나 다름없다. 여기에 생명을 불어넣는 것은 언어를 구체적 삶의 맥락 속에서 실제로 쓰는 것이다. 철학의 문제들도 이 구체적인 삶 속에서 생기는 것이다. 따라서 이 점을 고려하지 않은 『논고』의 언어관만으로는 철학 문제들을 만족스럽게 해결하거나 해체한다고 볼 수 없다.

이와 같은 후기 언어관과 『논고』에 등장하는 초기 입장 사이에는 상당한 단절이 있다. 그렇다고 해서 비트겐슈타인의 철학관이 근본적으로 수정되었다고 생각하면 속단이다. 철학의 문제가 언어의 혼란에서 유발된다는 점에서는 변함이 없기 때문이다. 다만 그 처방이 진리함수적 논리 구조를 갖춘 이상 언어로 환원하는 것만으로는 불충분하며, 구체적인 삶의 양식을 배경으로 하는 말놀이의 혼란을 막아 주어야 한다는 것이다. 이런 점에서 볼 때 그의 후기 철학은 초기 입장을 더욱 확대 발전시킨 것으로 볼 수도 있다. "인생의 문제에 대한 해결은 그 문제의 해체에 있다" "말할 수 있는 것은 명료하게 말할 수 있다. 그리고 말할 수 없는 것에 대해서는 침묵해야 한다" 같은 초기 명제들은 그의 후기 철학에서도 여전히 유효할 뿐만 아니라, 현재도 20세기 언어분석철학의 물줄기 방향을 잡아 주고 있다.

◇ 읽을 거리

• 루트비히 비트겐슈타인, 『논리-철학 논고』, 이영철 옮김, 천지, 1991.
• 서광선, 정대현 편역, 『비트겐슈타인』, 이화여대, 1980. (생애를 알 수 있음)

- K. T. 판, 『비트겐슈타인의 철학이란 무엇인가?』, 황경식, 이운형 옮김, 서광사, 1989. (비트겐슈타인 철학의 입문서)
- 분석철학 연구회 편, 『비트겐슈타인의 이해』, 서광사, 1984.
- 한국 분석철학회 편, 『비트겐슈타인과 분석철학의 전개』, 철학과 현실, 1991.

(앞의 2권은 비트겐슈타인에 대한 국내 연구서)

15

유럽 학문의 위기와 선험적 현상학

Die Krisis der europäischen Wissenschaften und transzendentale Phänomenologie(1936)

후설

Edmund Husserl(1859~1938)

조광제(철학아카데미 상임위원)

철학의 명저 20

포탄 속에서도 계속 강의한, 학문에 대한 열정

에드문트 후설은 일생을 학문이라는 외길을 따라 살다 간 철학자다. 그래서 누군가가 후설의 전기를 쓴다면 그 전기를 일반사람들이 많이 읽을 것이라고 기대할 수 없다. 후설의 일상사가 무미건조했으니 따라서 그의 전기는 학문에 관한 이야기로 가득 채워질 것이기 때문이다. 그런 만큼 후설은 학문 업적에 견주어 일반 대중에게 그다지 알려져 있지 않은 인물이다. 그러나 후설이 없었다면 틀림없이 실존철학의 거장들, 마르틴 하이데거, 장 폴 사르트르, 모리스 메를로 퐁티가 있을 수 없었을 것이다.

후설은 1859년 오스트리아와 헝가리의 접경지역인 모라비아의 프로츠니츠에서 태어났다. 1870년부터 1876년까지 올뮈츠의 리세에서 중등 교육을 받고 라이프치히 대학에서 2년간 천문학 공부를 한 뒤, 1878년 베를린 대학으로 옮겨 크로네커와 바이에르스트라스 지도 아래 1881년까지 수학을 전공한다. 그 뒤 후설은 비엔나 대학에서 1882년 "변수 계산론에 관한 기고"라는 제목의 논문으로 수학 박사 학위를 얻는다. 1883년 베를린으로 돌아와 바이에르스트라스의 조교로 일하다가 결국 1884년 다시 비엔나를 찾은 후설은 이제 거기서 재야 성직자이며 나이 들어 더 이상 교수도 아닌 브렌타노의 철학 강의를 접하고서 감동한 나머지 남은 생을 철학에 바치기로 결심한다.

브렌타노의 추천으로 1886년 할레 대학에 등록하고서 브렌타노의 초기 제자 스툼프의 지도 아래 1887년 6월 “심리학적 분석”이란 부제를 단 「수의 개념에 관하여」라는 논문으로 교수 자격을 얻는다. 브렌타노나 스툼프는 모든 인식을 심리학의 관점에서 해명하려는 입장을 지니고 있었다. 그 밑에서 지도를 받은 후설 역시 1891년 『산술철학 I』을 쓸 때까지도 심리학적 입장을 견지하고 있었다.

후설의 심리학적 글들은 수학의 기초 개념을 아주 상세하게 어떤 심리 과정에서 도출해 내려 한 것들이다. 심리 과정에서 수학의 논리적 개념을 도출해 내는 작업의 바탕에는 수시로 변하는 것에서 변하지 않는 것이 생겨난다는 생각이 깔려 있다. 이런 물음을 생각해 보자. 이 세상에서 변하지 않는 것이 과연 있을까? 변하지 않는 것이 있다면 그것은 어디서 생겨났을까? 학자들뿐만 아니라 범상한 우리도 논리 법칙, 가령 “A=A” “A=B이고 B=C이면 A=C이다”와 같은 것은 변하지 않는 진리라고 생각한다. 후설은 이런 논리 법칙이 인간의 심리 과정에서 생겨났다고 주장한다. 그러나 논리 법칙은 변하지 않는 것이지만 심리 과정은 언제라도 변할 수 있다. 따라서 수학의 기초 개념을 심리 과정에서 도출해 내려 한 후설은 결국 이런 변하지 않는 논리 법칙을 언제나 변하는 심리 과정으로 바꾸어 버린 셈이다.

그러나 프레게라는 위대한 논리학자가 『산술철학』 속에 담긴 이런 심리주의를 격렬하게 비판했고, 20세기의 길목을 들어서면서 후설 스스로에게도 “A=B이고 B=C이면 A=C이다”는 식의 연역적 방법에 들어 있는 이성의 본질이 문제로 떠올랐다. 프레게에게 자극을 받은 결과 결국 후설은 변하지 않는 이성의 본질이 심리 과정과는 상관없이 독립적으로 존재한다는 것을 깨닫는다. 그리고 심리주의에서 본질주의 또는 이성주의로 전환하게 된다.

후설의 이런 이성에 입각한 본질주의는 그의 학문적 삶을 끝까지 지배한다. 이성주의로 전환한 결과 처음 나온 책이 그 유명한 『논리 연구』(1901)였고, 이 책은 후설을 단번에 위대한 철학자의 대열에 올려놓았다. 그러나 후설은 이성의 본질이 인간 주관과 무관하게 있다는 점을 인정할 수 없었다. 이에 후설은 인간 주관에서 변하지 않은 본질적인 것이 있다고 보게 된다. 이를 정식화한 것이 선험적 순수 의식 또는 선험적 주관성이었다. 그리고 본질적인 인간 주관이 있음을 알아내는 데 그가 사용한 방법이 유명한 현상학적 환원, 즉 '에포케'라 불리는 판단 중지다.

판단 중지는 변할 수 있는 모든 지식을 일단 무효한 것으로 보고, 변할 수 없는 것에 대한 변할 수 없는 지식을 찾으려는 사유 절차였다. 이렇게 해서 후설이 발견한 변할 수 없는 것은 선험적 순수 의식이었고, 그 선험적 순수 의식에 대한 변할 수 없는 지식을 모은 것이 선험적 현상학의 내용인 것이다. 후설은, 선험적 현상학의 내용은 '있는 그대로의 사실'을 '우리 의식에 주어지는 그대로 기술'한 것이라고 했다.

그 결과 선험적 주관성이야말로 본질적인 대상들이 성립하게끔 하는 궁극적 주체라고 말하고, 선험적 주관성에 의해 성립하는 본질적인 대상들을 '노에마'('의미 부여된 것'이란 뜻)라 하여 선험적 주관성, 즉 '노에시스'('의미 부여한다'는 뜻)의 작용과 하나로 통일된 것으로 보게 된다. 세계는 언제나 변하지만 변하면서도 일정한 본질적인 얼개에 따라 변하는 것이 아닐까? 우리가 세계를 늘 세계라 부를 수 있는 것은 그 속에 무엇인가 변하지 않는 본질적인 얼개가 있기 때문이 아닐까? 후설은 세계 속에만 본질적인 얼개가 있는 것이 아니라 우리의 주관 속에도 그런 얼개가 있다고 보고, 우리 주관의 본질적인 얼개가 세계의 본질적인 얼개와 하나로 통일되어 있는데 우리 주관의 얼개가 세계의 얼개보다 우선한다고 보는 것이다.

이런 내용을 담은 후설의 철학책이 모두 세 권으로 된 『순수 현상학과 현상학적 철학을 위한 여러 이념들』(1913)이다. 그 중 특히 제1권은 후설 현상학의 근본 내용을 담고 있다. 사실 이 책에 대한 설명 없이는 우리가 소개하려는 그의 마지막 철학책 『유럽 학문의 위기와 선험적 현상학』(1936)을 다룰 수 없다. 후설은 자신의 사상을 간명하게 다루고 있는 『데카르트적 성찰』(1931)과 형식 논리학이 어떻게 선험 논리에 기초해 있는가를 다룬 『형식 논리학과 선험 논리학』(1929), 그리고 『유럽 학문의 위기와 선험적 현상학』(1936)을 생전에 출간했다. 사후에 나온 책으로는 『경험과 판단』(1939) 『현상학의 이념』(1907) 『제1철학』(1923~24), 『현상학적 심리학』(1925) 『수동적 종합에 관한 분석』(1918~26) 『상호 주관성의 현상학을 위하여』(1905~35) 『사물과 공간』(1907) 등이 있다.

후설은 주체할 수 없을 정도로 뿜어져 나오는 생각들을 미친 듯이 속기로 써 내려갔다고 한다. 이렇게 쓴 글이 신문지 반 장만 한 크기 종이로 자그마치 4만 장이나 된다고 한다. 이 밖에도 학문에 대한 후설의 정열은 포탄이 쏟아지는 데도 제자들을 교실에서 나가지 못하게 하고 계속 강의했다는 일화에서도 여실히 드러난다. 그러나 학문에 대한 순수한 열정은 만년에 이르러 히틀러의 유태인 탄압으로 금족령을 받아 족쇄에 채이고, 심지어 엄청난 분량의 수고(手稿)가 벨기에의 신부 반브레다의 극적인 구출 작업이 아니었으면 이 세상에서 완전히 사라질 뻔한 위기도 겪는다. 후설은 1983년에 죽었다.

학문의 위기가 곧 인간성의 위기

후설은 최후의 저작 『유럽 학문의 위기와 선험적 현상학』(앞으로는 그저 『위기』라 하자)에서 그의 현상학적 작업 전체가 철학사에서 어떤 의미인가를 말한다. 또 이 책에서 근대에 이르러 그리고 20세기 초반을 거치면서 인간이 어떻게 변질되고 있는가, 그렇게 된 원인은 어디에 있는가, 그리고 다시 회복하거나 지향해야 할 인간성의 모범은 어떤 것인가를 묻고 대답하려 한다. 그래서 그는 먼저 학문 일반이 인간의 존재에 무엇을 의미했고 무엇을 의미할 수 있는가라는 물음을 던진다.

인간에게 가장 문제되는 것은 무엇일까? 그것은 바로 인간 자신이 아니겠는가? 철학에서 가장 문제 되는 것은 무엇일까? 그것 역시 인간이 아니겠는가? 그런데 이 인간은 스스로가 어떤 존재이며 어떻게 다른 존재들과 다른가를 탐색한다. 참 독특한 존재다. 인간이 가장 궁극적으로 스스로를 탐색하는 작업이 바로 철학이다. 물론 인간이 스스로을 어떻게 탐색하고 규정하는가에 따라 인간 존재가 결정되는 것은 아니다. 그러나 인간이 스스로와 세계를 어느 정도까지 탐색해 들어가는가는 다른 한편으로 인간 존재가 얼마만큼이나 위대한가를 알려 준다. 그런 점에서 우리는 후설이 『위기』에서 학문의 위기가 곧 인간성의 위기라고 한 말이 무슨 뜻인지를 알게 된다. 한 시대의 지배적인 학문 풍토가 어떠한가는 곧 그 시대 인간이 어떠한가를 측정하는 지표인 셈이다.

후설은 모든 학문이 인간의 삶에 기반하고 있고 따라서 삶의 의의와 밀접하게 관련될 수밖에 없다고 본다. 또 인간은 자신을 둘러싸고 있는 환경 세계에 대해 자유롭게 태도를 취하고 또 그 환경 세계를 능동적이고 주체적인 방식으로 재구성할 수 있는 존재로 본다. 그래서 후설은 정신적이고 역사적인 것을 포함해 존재하는 모든 것의 원리와 규범과 이상을 그려 낼 수 있는 이성의 발현과 이러한 이성을 지닌 인간 존재의 발현을 학문의 모범이 되는 지침으로 본다.

그런데 후설은 당시 학계를 지배한 실증주의가 감각적 확인을 학문의 궁극적 기준으로 내세워 이런 이성의 영역을 포기하고 아울러 인간을 감각으로 확인되는 사실들의 한 조각으로 전락시켜 놓았다고 진단하고 이를 '위기'라 한다. 실증주의가 득세하게 된 배경은 모든 것을 양화(量化)하여 모든 질적인 것을 배제하는 근대 물리학의 성공과 그에 따른 문명 사회의 양적인 번영이었다. 후설이 제시한 학문의 이상은 어쩌면 현대를 사는 우리에게는 꼬리를 감춘 지 이미 오랜지도 모른다. 아마 그것은 후설이 진단한 현대의 위기가 그가 죽은 지 반 세기가 지난 오늘 기정 사실화되어 우리를 지배하고 있기 때문은 아닐까?

후설은 저 학문과 인간성의 이상향을 중세적 존재방식에 저항한 르네상스 시대에서 찾는다. 그리고 르네상스 시대가 혁명적으로 회복하려 한 새로운 인간성을 고대의 '철학적 인간의 존재방식'이라 규정한다. 후설은 진정한 인간을 철학적 인간으로 보고 있는 것이다.

그렇다면 철학적 인간이란 무엇인가? 그것은 순수 이성에 기초한 자신의 원칙을 삶 전체에 스스로 자유롭게 부여하는 인간이다. 그러면서 언제나 자신의 존재를 비판하고 새롭게 구축하려 하는 인간이다. 순수 이성은 계산적 이성과 대립하는 것으로서 절대적이고 영원하며 초시간적이고 제약 없는 이념과 이상의 이름이다.

반면 계산적 이성은 자기 자신의 당면한 이기적 과제를 해결하기 위해 동원되는, 요모조모로 이익을 따지는 능력이다. 그러므로 계산적 이성은 그 과제가 실현될 좁은 영역을 도저히 벗어나지 못한다. 오늘날 우리가 전인간적 또는 전세계적 안목을 지니지 못하고 또 그럴 필요조차 없다고 여기는 것, 그리고 철학을 역사의 무대에서 한낱 장식에 불과한 것으로 치부하는 것은 양적이고 계산적 이성이 우리의 존재를 결정해 버린 탓이 아닐까?

후설은 이런 계산적인 방식의 인간성 즉 위기의 인간성을 낳은 실증주의적 과학관의 출처를 더듬어 추적한다. 그가 이 과학관의 시조로 꼽는 인물은 갈릴레이다. 갈릴레이는 자연을 수학화함으로써 비로소 물리학을 가능케 한 인물로 규정된다. 갈릴레이가 자연을 수학화했다는 것은 감각에 주어지는 자연의 모든 질적인 차이를 제거하고 자연을 순수기하학에 적중하는 방식으로 바꾸어 놓은 것을 뜻한다. 한마디로 갈릴레이는 자연을 온갖 형태의 깔끔한 기하학 도형들의 복합으로 바꾼 것이다.

라이프니츠는 한 단계 더 나아간다. 라이프니츠는 해석기하학을 바탕으로 기하학적 사실을 대수학적 사실로 환원할 수 있는 방법을 열었다. 이제 자연은 기하학 도형들의 복합에서 수나 양의 복합으로 바뀐다. 이로써 자연의 양화 가능성이 완결된다. 이 가능성을 현실화하려는 학문이 곧 물리학이다. 이런 과정을 거치면서 학문이 자연에 접근하는 정밀성은 한층 더 높아지고, 자연을 정밀하게 수학화하는 만큼 학문의 객관성이 획득되는 것으로 보인다. 그리고 자연과학적 진리는 객관적 진리의 자리를 차지한다.

후설은 이같이 우리를 둘러싼 세계를 수학화하여 객관화하는 것만이 참다운 진리를 획득하는 길이라는 주장을 객관주의 또는 자연과학주의라 일컫는다. 데카르트가 물질과 정신을 두 실체로 이원화한 이래 고전 물리학의 시기만 하더라도 자연을 수학화하는 객관 과학적 방법이 적용되는 영역은 물질 영역뿐이라고 여겨졌다. 그러나 19세기 중반에 이르러 객관주의 심리학이 발달하면서 이제 정신 영역마저 수학화하고 객관화해야 한다고 여겨진다. 달리 말해서 객관주의는 우리 인간을 둘러싼 세계뿐만 아니라 우리 인간 자신을 수학화할 수 있는 것으로 여긴다. 그러니까 우리가 살고 있는 세계뿐 아니라 우리 인간 자신마저 위기에 빠진 것이다. 여기에다 이 객관주의적 사고방식은 모든 학문을 일종의 기술(技術)로 간주하는 경향을 띠게 된다. 이에 우리 인간을 둘러싼 세계뿐만 아니라 우리 인간도 객관주의적 학문의 기술로써 처리될 수 있는 존재로 전락한다.

후설은 이런 객관주의적 사고방식이 자신이 자라난 토대를 망각하고 자신이 어떻게 잘못된 길로 빠져 들었는가를 전혀 반성하지 못하고 있고 또 본래부터 반성할 능력을 갖추고 있지 못하다고 비판한다. 그러면서 후설이 내세우는 중요한 두 개념이 있다. '생활 세계'와 '선험적 주체성'이다.

생활 세계는 결코 양화될 수 없는 세계, 그 속에서 우리가 구체적으로 살고 있는 세계다. 양화된 생활 세계는 이미 생활 세계가 아니고, 자연과학적으로 이념화된 세계다. 여기서 '이념'은 '생활'과 대비되는 것으로 사유 속에서만 있을 수 있는 극단화된 형태들이다. 수학화된 자연 즉 수학화된 생활 세계는 이미 그 생명을 잃어버린 죽은 세계다. 과학은 생활 세계를 토대로 해서 나온 것이지만, 과학의 세계는 생활 세계를 바탕으로 사유에 의해 구성되어 나온 이차적이고 인위적인 세계다.

참다운 진리의 세계는 물리학의 세계가 아니라 생활 세계다. 생활 세계는 역사와 문화가 침전되어 있는 세계다. 우리의 생활은 역사와 문화를 떠나서 살 수 없다. 역사와 문화는 결코 수학화될 수 없다. 역사와 문화는 근본적으로 질적 차이와 질적 결합으로써 형성되고 질적 연관에 따라 전승되기 때문이다. 잘못 양화된 세계와 잘못된 계산적 사유에 젖어 있는 자들은 역사와 문화가 자신의 삶과 아무 관계도 없다고 느낀다. 그들은 당장 양적으로 풍부한 것에 만족한다. 후설은 이제 과학적 사유방식에서 생활 세계로 귀환할 수 있는 방법이 필요하다고 보고 그 방법을 '생활 세계적 환원'이라 말한다.

생활 세계적 환원은 수학화되고 또 기술로 처리될 수 있는 '세계성'과 인간성을 버리고, 순수 이성의 힘으로 세계와 자신을 관통하고 있는 보편 이상과 규범을 파악하고, 그것에 따라 자신의 전 존재를 실현해 갈 수 있는 인간성과 이런 인간성을 발휘할 수 있는 세계성을 회복하는 방법이다.

한편 후설은 생활 세계와 통일을 이루고 있는 우리의 주체성을 선험적 주체성이라 이름 짓고 이 선험적 주체성은 우리 각자가 지니고 있으면서 또 우리 모두를 하나로 엮어 낼 수 있는 공동적 주체성이라고 규정한다. 이 선험적 주체성이야말로 우리가 회복해야 할 인간성이 어떻게 성립할 수 있는가를 보여 주는 지표다.

후설은 『위기』 이전에 많은 책들에서 이러한 선험적 주체성을 확보할 수 있는 방법을 누차 제시했고 그 내용을 서술했다. 이제 『위기』에서 후설은 『현상학적 심리학』에서 자세히 말한 바 있는 '현상학적-심리학적 환원'이라는 방법을 써서 선험적 주체성에 이르고자 한다. 한마디로 이 방법은 물리 현상으로 환원될 수 없는 심리 고유의 영역을 드러내고 자아의 주체성이 여기서부터 어떻게 세계 속의 온갖 실재를 형성해 내는가를 보이는 것이다.

우리의 삶은 계산될 수 있는 것이 아니다

후설의 『위기』는 한마디로 자연과학적이고 객관주의적인 사고에 맞서는 철학적 투쟁이다. 철학적 투쟁은 철학에서 드러나는 인간성을 둘러싸고 이루어지는 것으로서 바로 우리 자신의 존재가 어떠해야 하는가를 위한 투쟁이다. 이 투쟁은 아직 계속되고 있다. 오늘날 많은 사람들은 컴퓨터 과학에 의해 첨단으로 치닫는 기술과 그 기술 탓에 폐허가 되어 가는 자연이 문제라고 말한다. 그런 가운데 현대를 사는 우리는 인간의 운명이 과연 어디로 갈 것인가를 염려한다. 그 염려는 우리 인간이 스스로 만들어 놓은 기술에 의해 철저히 지배받지는 않을까라는 것이다.

이런 세계 상황에서 많은 학자들이 후설이 제시한 생활 세계 개념의 중요성을 인식했다. 가령 위르겐 하버마스는 오늘날 자본주의의 상황을 생활 세계가 도구적 합리성에 의해 식민화된 가운데 사회 상황이 전반적으로 왜곡되고 인간 관계가 정의롭지 못하게 잘못 설정되고 말았다고 진단한다. 그래서 하버마스는 생활 세계의 탈식민화를 주창한다.

우리의 삶은 계산될 수 있는 것이 아니다. 그러나 이는 그저 우리의 희망사항에 불과한지도 모른다. 왜냐하면 우리는 많은 경우에 계산하지 않고서는 살아갈 수 없다 고 여기기 때문이다. 그만큼 후설이 염려해 마지 않았던 인간성의 위기가 이제 우리에게 현실로 자리 잡고 있는 것은 아닐까? 비록 후설 현상학이 관념론의 색채를 띠고 있어 우리의 삶을 너무 이상적인 방향으로 끌고 가는 경향이 있는 것은 분명하지만 대신에 우리의 삶이 결코 그 어떤 객관적인 과학으로도, 그 어떤 기술로도 처리될 수 없는 것임을 밝힌 것은 시사하는 바가 자못 크다 할 것이다.

◇ 읽을 거리

- 후설, 『유럽 학문의 위기와 선험적 현상학』, 이종훈 옮김, 이론과 실천, 1993.
- 윤명로, 『현상학과 현대철학』, 문학과 지성, 1987.
- 한전숙, 『현상학의 이해』, 민음사, 1984.
  (앞의 2권은 현상학과 관련된 국내의 대표 저술)
- 허버트 스피겔버그, 『현상학적 운동』, 1, 2, 최경호 외 옮김, 이론과 실천, 1991~92. (현상학 전반의 흐름을 정리)
- 에도 피브체비치, 『후설에서 사르트르에로』, 이영호 옮김, 1982.

16

창조적 진화

L'évolution créatrice(1907)

베르그송

Henrie Bergson(1859~1941)

윤구병(농부 · 전 충북대학교 교수)

철학의 명저 20

사는 것이 먼저요, 철학하는 것은 그 다음이다

베르그송은 1859년 10월 18일 태어났다. 아버지 미셸은 폴란드에서 태어난 유태인으로 성이 베레크-손(Berek-Son)이었으나 프랑스로 이사 오면서 발음을 따라 베르그송으로 바꾸었다. 어머니는 영국 출신으로 캐더린 레비슨이었다. 베르그송은 문학과 과학에 동시에 뛰어난 실력을 발휘해서 고등학교에 다닐 때 전국 고등학교 경시 대회에서 라틴어, 프랑스어 논문, 수학에 일등상을 차지했다. 특히 수학과 기하학에 특별한 재능을 보여 사람들은 이과를 선택할 것이라고 믿었으나 고등사범학교의 문과에 들어갔다. 고등사범학교 시절에 스펜서의 『제1원리』를 읽고 과학철학을 하기로 마음 먹었으나 어느 날 스펜서의 철학을 뒷받침하는 기계론적 이론의 한계를 발견하고 생각을 돌렸다. 고등사범에 다닐 때 별로 친구가 많지 않았으나 일어 등을 다루던 쟝 조레스와는 비교적 가까웠는데, 뒤에 조레스는 프랑스 사회당을 창당하고 중산층과 노동자 농민의 권익을 옹호하는 투쟁을 벌이다가 극우파의 손에 암살당했다.

고등사범학교를 졸업한 베르그송은 앙제 고등학교와 끌레르몽 페랑 고등학교의 교사로 재직하면서 운동과 지속(持續)에 관한 연구에 몰두했다. 이 연구 성과를 바탕으로 1888년에 『의식에 직접 주어진 것에 관한 서론』을 쓰고, 다리로 올라와 1889년 여름에 롤랭 고등학교에 취직되었다. 이 해 말에 「아리스토텔레스의 장소 관념』을 써서 소르본느 대학에서 박사 학위를 받았다.

1896년에 『물질과 기억』을 쓰고 1897년에는 꼴레쥬 드 프랑스에서 고대 철학 담당교수가 되었다. 그 뒤로 1907년에는 『창조적 진화』를 쓰고 1928년에는 빼어나게 아름다운 문체가 인정을 받아 노벨 문학상을 받았다. 1932년에 마지막 대작인 『도덕과 종교의 두 원천』을 쓰고 1941년 1월 4일에 81세의 나이로 죽었다. 베르그송은 삶의 철학자로서 철학사에서도 중요한 자리를 차지하고 있지만 문학계에도 큰 영향을 끼쳤다. 내부의 자아, 심층 자아와 지속에 관한 베르그송의 이론은 시인 페기, 소설가 프루스트에게 결정적인 영향을 주었는데, 특히 프루스트의 『잃어버린 시간을 찾아서』(1913~28)는 문학으로 표현된 베르그송의 사상이라는 평가까지 받고 있다.

위에 든 것 밖에 베그르송의 저서로는 『웃음』(1900) 『정신력』(1919) 『지속과 동시성』(1922) 『사유와 운동』(1931) 등이 있다.

연장을 만들려면 머리를 굴려야지 뭐

나는 지금 사진 한 장을 들여다보고 있다. 멀리 겹겹이 포개진 산자락들이 뒤로 갈수록 색깔이 엷어지면서 물러선 위로 흰 구름이 떠 있는 하늘이 보이고, 앞쪽으로는 왼켠에 숲이 오른켠에 풀밭이 펼쳐져 있다. 그리고 풀밭 너머로 강물이 흐른다. 풀밭에는 소가 풀을 뜯고, 강가에서는 그물을 든 사람이 고개를 숙이고 있다. 고즈넉하고 아름다운 풍경 사진이다. 나는 지금 이 사진을 『창조적 진화』에 나오는 베르그송의 사상으로 설명해 보려고 하는 참이다. 우리 지도교수는 연구실에 우리를 불러다 놓고 가르치시는 동안에 걸핏하면 "자네들 이론이 옳다고 생각하면 어디 그 이론으로 여기 놓인 이 안경을 설명해 보게. 제대로 된 이론이라면 가장 단순한 것에서부터 가장 복잡한 것까지 다 설명해 낼 수 있어야 하는 거야. 눈에 보이는 가장 흔한 것조차 설명 못 하는 이론은 아무짝에도 쓸모가 없는 걸세."

만일에 내가 베르그송의 '창조적 진화' 이론으로 이 풍경 사진 하나도 제대로 설명해 내지 못한다면, 그 이유는 둘 중에 하나일 것이다. 내 공부가 신통치 않아서 베르그송 이론을 제대로 이해하지 못하고 있거나, 베르그송 이론이 틀려 먹었거나(아무래도 내 탓이 더 크겠지). 베르그송을 위해서나 나를 위해서나 이 풍경 사진을 그럴 듯하게 설명해 내야겠는데, 제대로 될지 두고 볼 일이다.

먼저 이 풍경 사진에 나와 있는 여러 모습 가운데 산 것을 가리키는 것부터 살펴보자. 풀과 나무, 소, 사람이 있다. 풀과 나무는 다 아는 대로 식물이다. 식물은 살아 있는 것들 가운데 가장 위대한 화학자다. 제 몸을 써서 무기물을 유기물로 합성해 내는 생물은 식물밖에 없다. 식물은 살려고 먹이를 찾아서 여기저기 뛰어다닐 필요가 없다. 식물의 운동은 성장과 증식 운동을 빼고는 대체로 몸 안에 머물러 있다. 이렇게 제자리에서 생존 문제를 해결할 수 있는 식물은 그 때문에 운동의 영역이 제한되어 있고, 살아가는 데 특별히 예민한 감각이 필요한 것도 아니고, 머리 쓸 일도 없기 때문에 감각도, 의식도 잠들어 있다. 베르그송의 표현에 따르면 '혼수 상태'에 있는 것이다.

소의 경우는 나무나 풀처럼 한자리에 우두커니 서 있을 형편이 못 된다. 살려면 먹이를 제 몸 밖에서 찾아야 하고, 먹이가 늘

코앞에서 대기하고 있는 것은 아니기 때문에 이리저리 옮겨 다니면서 먹이를 찾아야 한다. 살려면 움직여야 한다는 것——이것이 생명체가 가지고 있는 본질적 특성 하나다. 나는 지금 이 조그마한 사진 속에서 풀을 뜯는 소밖에 볼 수 없지만, 사진 왼켠에 있는 숲 속에는 그 밖에도 많은 동물들이 살고 있을 것이다. 그리고, 오랜 세월에 걸쳐 사람들 손에 길들어 왔음에도 소가 갓 태어나서부터 엄마에게 어떤 풀은 먹어도 되고 어떤 풀은 먹어서 안 되고 하는 것을 배우지 않아도 저절로 먹을 풀과 못 먹을 풀을 가려서 먹듯이, 숲 속에 사는 다른 동물들도 저마다 타고난 본능에 의지해서 서로 다른 삶의 길을 개척해 나갈 것이다. 이를테면 배추벌레고치벌은 침으로 배추벌레의 어느 부분을 찔러서 마취시켜 산 채로 잡아다가 그 위에 알을 낳는데, 알에서 깨어난 고치벌 새끼는 마취되어 배추잎을 먹지 않고도 오랫동안 살아남게 된 그 배추벌레의 생살을 파먹고 자란다. 그런데 배추벌레고치벌은 배추벌레의 몸 어느 부분을 찔러야 마취가 되는지를 누구한테서도 배운 적이 없다. 그것은 타고난 앎이고, '본능'이라고 불리는 힘이다.

저 사진 속의 강가에서 그물을 들고 있는 사람은 불행하게도 본능에만 의지해서는 살 수가 없다. 사람은 다른 동물에 견주어 여러 모로 살기 힘들게 생겨 먹었다. 발가벗은 몸뚱이를 추위나 물것이나 상처로부터 지킬 수 있는 털도 두꺼운 가죽도 없다. 날카로운 송곳니를 지니고 있는 것도 아니고, 억센 발톱을 지닌 것도 아니다. 그렇다고 원숭이나 다람쥐처럼 나무를 잘 타는 것도 아니고, 사슴이나 노루처럼 잘 달릴 수 있는 것도 아니다. 다른 동물들은 생존에 필요한 기능이나 연장을 본능이나 유기체 안에 갖추고 있는데 사람은 그렇지 못하다는 것——이 약점을 보완하는 길은 연장을 만드는 것이다. 열매를 따려고 손에 든 장대는 늘어난 팔이다. 손에 든 도끼는 날카로워진 발톱이다. 고속도로를 질주하는 자동차는 걸음이 빨라진 발이다. 그리고 사진 속의 저 사람이 들고 있는 그물은 정교한 펠리컨의 주둥이라고 할 수 있다. 배추벌레고치벌이 지니고 있는 침이나, 그 침을 쓰는 힘은 배추벌레고치벌이라는 유기체에 결합되어 있지만, 저 사람이 들고 있는 그물은 저 사람의 몸과 떨어져 있고, 그 그물을 쓰는 방법도 태어나면서부터 저절로 알게 된 것이 아니라 누군가에게서 배운 것이다.

사람은 어쩌다 다른 동물들과는 달리 본능에 의지해서 사는 길 대신에 머리를 쓰면서 사는 길을 택하게 되었을까? 아리스토텔레스가 '사람은 이성적 동물이다' 하고 규정한 뒤로 서양의 학자들은 사람의 라틴어 학명을 '호모 사피엔스(Homo Sapiens)'로 붙이는 것을 너무나 당연하게 여겨 왔다. '슬기 사람,' 곧 머리 쓰는 힘이 두드러진 동물이라는 뜻이다. 오죽하면 지금 땅 위에서 어정거리는 우리들의 직접 조상을 '슬기 슬기 사람(Homo Sapiens Sapiens)'이라고 하여 머리 쓰는 일을 되풀이하여 강조하고 있을까. 그러나 '골치 아프게 머리는 왜 쓰지?' 하고 물으면 신통치 않은 대답으로 얼버무리기 일쑤다. 베르그송한테 물으면 대답이 시원하다. '연장을 만들려면 머리를 굴려야지 뭐.' 사람이 다른 동물에 견주어 시원찮은 몸매에다 타고난 지식도 보잘것없어서 살 길이 막막하다 보니 궁리에 궁리를 거듭할 수밖에 없었고, 그 궁리는 결국 효율적인 연장을 만드는 일을 중심으로 이루어졌으니, '슬기 사람'은 '쟁이 사람(Homo Faber)'의 부산물이라는 것이 베르그송의 주장이다.

생명의 진화는 필연이 아니라 자유와 창조성에서 비롯은 것이다

이제부터 베르그송의 이야기를 조금 더 귀담아 들어 보자. 베르그송에 따르면 "태초에 운동이 있었다." 우리의 상식은 이렇게 속삭인다. "애초에 '움직이는 그 무엇(le mobile)'이 있었고, 그것이 움직였다고 해야 맞는 거 아냐?" 그러나 베르그송은 고개를 흔든다. "애초에 움직이는 것(le mobile)이 있었던 것이 아니고 움직임(le mouvement)이 있었다구. 움직임!" "움직이는 것이 없는데 움직임이 있었다니, 무슨 뚱딴지 같은 소리야?" 그렇다 뚱딴지 같은 소리다. 그러나 이 뚱딴지 같은 소리 속에 베르그송의 '창조적 진화'의 알맹이가 들어 있다. 진화? 진화론? 아, 다윈의 그 유명한 적자생존(適者生存)의 원리 말이지? 알지. 알고말고. 진화론에 대한 일반사람들의 반응은 대체로 이 테두리 안에 머물 것이다. 이 테두리를 그대로 인정하면 다윈이나 스펜서의 진화론은 이해할 수 있을지언정 베르그송의 창조적 진화는 이해할 수 없다. 그리고 베르그송의 창조적 진화를 이해하지 못하면 어떤 것이 자연에 적응하여 살아남는 것은 이해할 수 있을지 모르지만, 이 세상에 새로운 생명체가 창조되는 현상은 설명할 길이 없어지고 만다.

베르그송은 플라톤식의 관념론이나 근대 과학의 바탕을 이루는 기계적 유물론을 동시에 배척한다. 이 두 이론은 다 같이 움직이지 않는 것, 불변한 것, 정지해 있는 것을 더 앞세운다. 플라톤에 따르면 이데아의 세계에 있는 형상들만이 진짜로 '있는 것'이고, 현상계에 있는 것은 진짜로 있는 것이 아니다. 진짜로 '있는 것'은 무슨 일이 있어도 없는 것으로 바뀌어서는 안 된다. 그런데 시간과 공간이 있는 현상계에서는 바뀌지 않는 것이 없다. 바뀌는 것은 참된 앎의 대상이 아니다. 인식 대상이 순간순간 바뀐다면 무슨 수로 어떤 것을 그것이라고 가리켜 보일 수 있단 말인가. 따라서 참된 앎의 대상은 시간과 공간을 벗어난 세계에 있어야 하는데, 플라톤은 이 세계를 이데아의 세계라고 부른다. 우리가 사는 세상에 있는 이런 저런 것들은 모두 이데아 세계에 있는 것들의 그림자에 지나지 않고, 따라서 정말 있는 것이라고 볼 수 없다는 것이 플라톤의 생각이다. 이 생각은 아리스토텔레스에게 계승된다. 아리스토텔레스는 스스로는 움직이지 않는 어떤 것이 있어서 이것이 모든 운동의 원인이 된다고 말한다. 마치 떡갈나무가 먼저 있어서 도토리로 하여금 자라서 떡갈나무가 되도록 이끌듯이, 스스로는 움직이지 않으면서 다른 것들을 움직이게 하는 어떤 신적인 것이 있어서, 변화하고 운동한다는 점에서 불완전한 다른 모든 것들로 하여금 불변하는 순수 형상인 자신을 지향하도록 만든다는 것이다. 아리스토텔레스의 철학 세계에서는 모든 운동은 일정한 목적이 있다.

근대의 기계적 유물론은 아리스토텔레스와는 전혀 다른 바탕 위에 세워진 것이기 때문에 목적론과는 상관이 없다. 그러나 이 기계적 유물론(베르그송은 그냥 '메커니즘méchanisme'이라고 부른다)도 움직이는 것이 먼저 있고, 변화와 운동은 스스로는 다른 것으로 바뀌지 않는 더 이상 쪼갤 수 없는 이 최소의 물질적 단위(원자라 해도 좋고, 쿼크라고 해도 상관없다)가 이리저리 자리를 바꾸고 다시 배열되는 과정에서 생겨난다고 보는 점에서 플라톤식의 관념론과 비슷하다. "태양 아래 새로운 것이란 없다(Nihil novum sub sole)." 이것이 기계론자들의 구호다. 이 사람들에게 열역학 제1의 법칙은 신주단지다. 우주의 총량은 불변이다. 있는 것이 없는 것으로 바뀌지 않고, 없는 것에서 있는 것이 생겨나지도 않으므로 우주를 채우고 있는 에너지는 일정하다는 것이다. 이 사람들은 이렇게 호언장담을 늘어놓는다. "만일에 내가 지금 이 순간 우주를 구성하고 있는 최소의 물질 단위들이 놓여 있는 자리와 그것들이 서로 미치는 힘의 방향을 완전히 알고 있다면, 나는 그것을 기초로 해서 10만 년 전의 과거나 100만 년 후의 미래를 한치의 오차도 없이 드러내 보일 수 있다." 이 사람들의 의식 속에는 '돌이킬 수 없다'는 뜻에서 비가역적인 시간의 흐름이 없다. 있다면 그것은 공간화된, 토막토막 쪼개질 수 있는 등질적인 시간, 다시 말해서 우리가 시계에서 확인하는 시와 분과 초로 나누어지는 시간이 있을 뿐이고, 앞에 있는 시간과 뒤에 있는 시간이 질적으로 아무 차이가 없으므로 이 시간들은 서로 바뀌칠 수 있는 것이다. 이런 세계관 속에서 타임머신은 공상의 산물이 아니다. '백 투 더 퓨처(Back to the future)' '백 투 더 패스트(Back to the past),' 이것은 스필버그의 세계뿐만이 아니라, 뉴턴의 세계이고, 라플라스의 세계다.

다시 사진으로 말머리를 돌리자. 강가에 그물을 들고 있는 사람은 고기 잡는 이 연장을 만들기 위해서 머리를 썼다. 이 그물은 반두라고도 하고 독대라고도 부르는 것으로 양쪽에 대가 있다. 이 사람은 어떤 방식으로 이 독대를 만들었을까? 대를 베고 솜을 땄을 것이다. 대가 대숲에 자라고 있을 때, 목화가 밭에서 다래를 달고 있을 때, 둘 다 살아 있는 것이었다. 톱으로 대를 베고, 손으로 솜을 뜯어서 씨아에 넣고 물레질을 하는 과정을 거쳐서 이것들은 죽어 있는 물질이 되었다. 살아 있는 대와 다래 속에 있던 유전 정보, 곧 기억이 사라졌다. 어떤 솜이나 실이 될 수 있다면, 그리고 그 실로 그물을 짤 수 있다면 다 같은 솜이고 질적으로 차이가 없는 것이다. 손에 잡기 쉽고, 고기를 잘 몰 수만 있다면 대 마디가 다섯 개로 이루어져 있든 열 개로 이루어져 있든 아랑곳없이 같은 크기로 잘라서 쓸 수 있다는 점에서 같은 것이다. 물질은 크기를 지니고 있고, 자를 수 있고, 잘라진 부분들을 다시 꿰어맞추거나 엮을 수 있는 것으로 드러난다. 다시 말해서 우리의 머리, 의식, 지성은 이런 저런 경향을 지니고 있는 여러 운동의 흐름을 응축시키고 고정시켜서 공간화된 사물의 세계를 만들어 낸다. 이렇게 해서 '운동' 대신에 '운동하는 것'들의 세계가 우리의 눈앞에 펼쳐진다. 고정된 이것 저것이 있으면 그 사이에 관계가 생기고, 이 관계가 이런 저런 측면에서 되풀이되면 법칙이 생겨난다. 모든 법칙 가운데서 기계적 유물론자들이 가장 높이 떠받드는 법칙은 인과의 법칙이다. 원인 없는 결과는 없다. 모든 결과는 이미 원인 속에 잠재된 형태로 들어 있었던 것이고, 모든 원인은 일정한 시간을 두고 결과 속에 현실화한다. "창조? 원인 없는 결과? 자발성? 그런 것은 없다. 이 세상 그 어느 것도 기계적인 필연의 법칙을 벗어나는 것은 있을 수 없다." 모든 것을 공간화시키고, 분해하고, 조합하여 삶에 필요한 이런 저런 연장과 물건들을 만들어 내는 우리의 지성은 우리에게 이렇게 속삭인다.

그러나 삶에 주의를 기울이는 순간 우리는 우리 마음속 저 깊은 곳에서 울려 나오는 전혀 다른 소리를 듣는다. 그 목소리는 "모든 것이 주어져 있다(Tout est donné)"는 주장을 모조리 거부한다. 플라톤의 이데아도, 아리스토텔레스의 부동의 원동자(原動者)도, 스피노자의 자연도, 자연과학의 인과적 우주론도 단호히 틀렸다고 한다. 그 목소리는 이렇게 속삭인다.

"생명의 운동을 보아라. 생명의 본질은 지속하는 운동이고, 자발성이다. 자발성은 자기가 있기 위해서 남을 요구하지 않는다는 점에서 자족적인 존재이고, 그런 점에서 플라톤의 이데아처럼 본질과 같으나, 다른 것과 관계를 맺음으로써 흐트러지는 것이 아니라 도리어 능동적으로 저됨(자기동일성)을 단단히 다진다는 점에서 본질보다 존재론적으로 더 윗길이다. 자족적인 존재인 생명은 자기 자신을 끊임없이 이어 가고 확산시키려고 시간을 낳는다. 따라서 시간성은 본질주의의 견해와는 달리 불완전함의 빌미가 아니라 완전하고 절대적이다."

베르그송에 따르면 "우주는 지속한다." 다시 말하면 우주 자신이 살아 있는 운동이다. 태초에 우주적 생명의 추진력이 있었다. 삶의 도약! 이 추진력은 물질의 저항을 뚫고 무수히 많은 생명체로 진화한다. 앞에서도 잠깐 이야기했듯이 베르그송은 다윈식의 진화 이론을 거부한다. 다윈의 적자생존과 자연선택설은 이미 없어져 버린 생명체들이 왜 지금 살고 있지 않는가를 설명할 수는 있으나 새로운 종의 탄생에 대해서는 아무것도 설명해 주지 못한다. 이 우주에 처음 생명이 시작될 즈음 그 어디에 자연선택의 계기가 있었겠는가? 원초적인 생명력을 놓고 따진다면 고등동물보다 하등동물이, 동물보다 식물이 훨씬 더 우월하다. 그런데도 왜 생명은 최초에 달성한 성공적인 적응에 만족하지 않고 많은 위험을 무릅쓰고 날이 갈수록 더 복잡하게 진화해 왔을까? 쇼펜하우어가 말하듯이 '삶에 대한 맹목적인 의지' 때문에? 천만에! 그렇지 않다. 생명은 적의에 가득 찬 이 세상에 살아남겠다고 발버둥치는 보잘것없는 미물이 아니다. 생명의 진화는 물질이 쳐 놓은 필연의 법칙이라는 덫을 벗어나서 자신의 자유와 창조성으로 온 우주를 가득 채우려는 삶 그 자체의 열망에서 비롯은 것이다. 최초의 적응에 안주하지 않고 온갖 역경을 뚫고 미생물에서 식물로, 식물에서 동물로, 하등동물에서 고등동물로, 고등동물에서 인간으로 진행되어 온 진화의 과정은 생명 운동이 물질의 저항을 뚫고 쟁취해 낸 위대한 승리의 발자취라고 할 수 있다.

삶을 지속한다는 것은 순간순간 새로워진다는 것이다

다시 사진을 본다. 이 사진 속에 들어 있던 것들 가운데 지금 본디 모습을 지니고 있는 것은 아무것도 없다. 덧없는 구름 이미 흘러 갔고, 같은 강물에 두 번 발을 담글 수 없다는 헤라클레이토스의 말마따나 같은 강에 흐르는 물도 옛 물이 아니다. 그러나 이런 물질 세계의 변화보다 더 큰 변화가 풀과 나무숲, 그리고 그 안에 사는 온갖 동물들과 지금쯤 툇마루에 걸터앉아 저녁놀을 바라보고 있을지 모르는 고기 잡던 사람의 내부에서 일어났다. 이 사진 속에 있는 사람에게 별다른 큰 사고가 없었다면 그 사람은 아직도 살아남아 삶을 지속하고 있을 것이고, 그이의 과거는 이 사진이나 영사기에 걸려 있는 필림의 한 토막처럼 조각조각 나뉘어져 길게 연결되어 있는 대신에 살아 있는 기억으로 현재에 스며들어 있을 것이다. 삶을 지속한다는 것은 순간순간 새로워진다는 것이다. 물질의 운동은 열역학 제2의 법칙에 따라 순식간에 이완되어 등질적인 공간에 가까워진다. 크기를 가진 것, 질적으로 같은 것은 우리가 실꾸리에 감겨 있던 실을 자르고 다시 엮고 해서 그물을 만들었듯이 우리가 머리 속에 그리는 설계에 따라서 얼마든지 조작할 수 있다. 그런 점에서 물질성과 공간성과 지성은 같은 방향으로 움직인다. 그렇다고는 해도 물질이 완전히 공간화하는 것은 아니다. 생명의 흐름이 물질을 꿰뚫고 유기체를 구성할 수 있는 근거는 바로 물질이 완전히 공간으로 바뀌지는 않는다는 데 있다. 그리고 바로 이 때문에 기계론에 바탕을 둔 과학적 인식이 물질 세계를 설명하는 데 완전히는 들어맞지 않는 사태가 벌어진다. 지성적 인식의 한계는 생명 현상을 대상으로 삼을 때 더 두드러진다. 생명은 공간성을 거스르는 데에서 성립한다. 베르그송의 이론에 따르면 생명과 물질은 그것들을 구성하는 어떤 불변하는 특질이나 요소에 의해서 구분되는 것이 아니라 각자가 참여하는 운동의 방향으로 구분된다. 생명 운동은 물질 운동과는 달리 능동적으로 미래에 스며들면서 그 시간의 내용을 자기 내부에 보존하는데, 베르그송은 생명의 이 보존 능력을 '기억'이라고 부른다. "날마다 새롭고 또 새로워진다." 이것이 바로 생명의 세계요, 창조적 진화의 세계다. 그리고 이 세계는 공간에서 성립하는 모든 규정성을 벗어나는, 어떤 합리적 이론으로도 설명할 수 없는 세계다. 베르그송에 따르면 지성적 우주관의 전형은 기계적 유물론인데, 공간적 사고를 하는 지성은 유기적인 것을 비유기적인 것으로 분해함으로써 창조적 진화를 이해할 수 없다. 철학의 궁극 목적은 지속하는 우주의 생성, 곧 내 눈앞에 보이는 이 모든 생명 현상의 근원에 '영혼 전체로' 하나가 되는 데 있다는 것이 베르그송의 생각이다.

저 사진의 풍경이 어제도, 오늘도 또 내일도 내 앞에 바뀌지 않고 그대로 머물러 있는 것은 저 사진이 공간화된 것, 움직이지 않는 것, 생명이 빠져 나간 것이기 때문이다.

◇ 읽을 거리

• 베르그송, 『창조적 진화』, 정한택 외 옮김, 박영사, 박영문고 211, 1982.
• 김진성, 『베르그송 연구』, 문학과 지성, 1985.
• 박홍규 외, 「근원적 자유의 이념에 관한 연구」, 『철학 연구 10』, 1975.

17

역사와 계급의식

Geschichte und Klassendewubtsein(1923)

루카치

Georg Lukács(1885~1971)

박정호(인제대학교 교수)

철학의 명저 20

푸코
맑스
엥겔스
니체
비트겐슈타인
훗설
하이데거
루카치
사르트르
하버마스
헤겔
칸트
흄
데카르트
플라톤
아리스토텔레스

사회주의를 위한 이론 투쟁

20세기 가장 탁월한 마르크스주의 철학자, 미학자, 문학 이론가의 한 사람인 게오르그 루카치는 1885년 헝가리의 부다페스트에서 부유한 은행가의 아들로 태어났다. 유태계인 아버지는 아들이 금융업에 종사하길 바랐지만, 아들은 이미 청소년 시절부터 자본주의적 삶을 깊이 혐오하고 있었으므로 이런 바람에 심하게 반발했다. 1902년에서 1906년까지 부다페스트 대학에서 아버지의 뜻을 따라 법학을 공부하긴 했지만, 그의 진정한 관심은 사회학과 철학, 특히 미학에 있었다. 1904년에 루카치는 현대극을 노동자 계급에게 소개하려는 목적으로 공동으로 다른 사람들과 '탈리아'라는 극단을 함께 창설하기도 했다.

1906년부터 루카치는 상당 기간을 외국 유학으로 보내게 된다. 당시 독일 사회학계의 중심 인물은 짐멜과 베버였는데, 루카치는 1909년과 1910년에 베를린에서 짐멜의 '개인적인 제자'가 되어 강의를 들었으며, 1913년에서 1917년까지는 하이델베르크에서 '베버 서클'에 속해 있었다. 특히 베버와의 교분은 각별해서 베버는 루카치가 1918년에 러시아의 무정부주의자 옐레나 그라벤코와 결혼하려 할 때 부모에게 '자기 친척'이라고 말하게 해서 루카치 부모의 반대를 무마하려 했을 정도였다. 철학적으로는 주로 리케르트, 빈델반트, 라스크 등의 신칸트주의에 영향을 받다가 1차 대전을 계기로 점차 헤겔과 마르크스로 기울었다. 이 밖에도 당시 루카치에게 영향을 준 인물로는 딜타이, 키에르케고르, 도스토예프스키 등이 있었다.

1차 대전이 끝난 뒤 1918년 11월에 헝가리에는 러시아에서 귀국한 벨라 쿤을 중심으로 공산당이 결성되었는데 루카치는 12월에 입당했다. 이것은 주위 사람들을 놀라게 해서 마치 "일 주일 만에 사울이 바울로 되었다"고 생각케 할 정도였다. 그러나 그의 전향은 1902년부터 이따금 연구해 온 마르크스주의가 결국 진리라는 내적 확신, 청소년 시절부터 자본주의적 삶에 대해 품어 온 증오심, 윤리적인 동기 등이 작용한 것으로 이미 오래 전부터 내적으로 준비되어 온 것이었다.

1919년 3월에는 헝가리 소비에트 공화국이 선포되었는데, 루카치는 이 정부에서 교육 및 문화 부인민위원이 되어 교육과 문화의 재편성을 위한 광범위한 프로그램을 짰다. 루카치를 비롯한 볼셰비키들의 문화 정책은 새로운 도덕의 창조를 목표로 했다. 그들은 극장을 노동자들에게 개방하는가 하면 아이들의 성교육 프로그램을 짜기도 했고 여성 해방을 주장하기도 했다. 한편 루카치는 루마니아 군대의 침공을 받는 동부 전선에서 정치위원으로 직접 전투에 참가하기도 했다.

헝가리 소비에트 공화국이 133일 만에 무너지자 루카치는 1919년 9월에 빈으로 망명해서 1929년까지 머물렀다. 1928년에 루카치는 다음해에 열릴 헝가리 공산당 대회에 제출하기 위해 정치 논문들을 작성했다. 루카치의 가명을 따서 「블룸 테제」라고 불린 이 논문들에서 루카치는 헝가리에서는 소비에트 공화국으로 곧장 전환하는 것이 불가능하기 때문에 당은 프롤레타리아 독재가 아니라 노동자와 농민의 민주주의적 독재를 당면 목표로 삼아야 한다고 주장했다. 그러나 이런 주장은 공산주의자들에게 기회주의라는 비난을 받았고, 루카치는 자기 관점이 정당함을 믿었지만 당에서 쫓겨나서는 파시즘과 효과적으로 싸울 수 없다고 판단하고 자아 비판을 단행했다. 루카치는 자기 입장이 옳음에도 불구하고 다른 사람들의 인정을 받을 수 없다면 이것은 자신의 실천과 정치 능력이 뭔가 부족하다는 것을 뜻한다고 생각하고 정치 일선에서 물러나 이론 작업에 전념하기로 작정했다.

1933년 나치가 권력을 장악한 뒤 루카치는 1934년 소련에 가서 1944년까지 머물렀다. 루카치는 1933년과 1934년에 『역사와 계급 의식』에 대해 자아 비판을 하는데, 그 동기는 복합적이었다. 우선 루카치는 사회주의는 어떤 일이 있어도 존속해야 한다고 보고, 스탈린주의에 대한 공공연한 비판이 파시즘에 정신적 지지를 줄 수 있으므로 잘못된 것이라고 판단했다. 또한 루카치는 자기가 이제 더 이상 찬동하지 않는 『역사와 계급 의식』의 견해들을 비판하는 것은 문학 비평을 쓰고 출판하기 위해서 치러야 할 최소한의 대가라고 생각했다. 그는 한편으로 스탈린의 말을 인용하면서도 다른 한편으로는 결코 스탈린의 교조주의적 견해를 강요하지 않는 글을 씀으로써 자기 사상을 옹호하기 위한 일종의 게릴라전을 효과적으로 수행할 수 있었다.

2차 대전이 끝나자 루카치는 1945년에 헝가리로 돌아오게 된다. 그는 부다페스트 대학의 미학과 문화철학 교수가 되었고 헝가리 의회의 의원으로 선출되었지만 공산당 내부의 요직은 차지하지 못했다. 이 무렵 헝가리 공산당은 소련군의 지원을 받으며 라코시의 지도 아래 일당 독재 체제를 수립하는데, 1956년 흐루시초프의 스탈린 격하 운동에 힘입어 독재 체제에 맞서 헝가리 혁명이 발발한다. 혁명이 진행된 13일 동안 루카치는 당과 정부에서 주요 자리를 차지했다. 소련군의 탄압으로 혁명이 실패하고 루카치는 루마니아로 추방되었지만, 1957년 4월에 부다페스트로 돌아올 수 있는 허가를 얻게 된다. 그 때부터 루카치는 일체 정치에 관여치 않고 오로지 미학과 철학 연구에만 몰두하면서 마지막까지 저술 활동을 하다가 1971년 6월에 세상을 떠난다.

그가 쓴 철학상의 주요 저술로는 『역사와 계급 의식』(1923) 밖에도 『청년 헤겔』(1948), 『이성의 파괴』(1954), 『사회적 존재의 존재론』(1984, 1986) 등이 있다.

총체성의 관점이 마르크스주의의 핵심이다

『역사와 계급 의식』은 1919년부터 1922년까지 루카치가 헝가리 공산당에서 활동하면서 혁명 운동의 이론적 문제들에 관해서 틈틈이 쓴 논문들을 모아 놓은 책이다. 『역사와 계급 의식』에 결정적으로 영향을 준 사회 정치적 사건으로는 1차 대전, 후진 러시아 혁명의 성공, 선진 유럽 혁명의 지연 등을 들 수 있다. 루카치는 1차 대전으로 세계 상황에 절망감을 느꼈으며 "누가 우리를 서구 문명에서 구해 줄 것인가"라는 절박한 문제에 직면하게 되었다. 그리고 1917년의 러시아 혁명으로 루카치는 이 문제에 대한 해답을 얻었다. "마침내! 결국! 인류가 전쟁과 자본주의에서 탈출할 수 있는 길이 열렸음을 깨닫게 되었다." 유럽에서도 1차 대전 직후 일시적으로 혁명의 물결이 휘몰아쳤지만 대부분 실패로 끝나고 말았다. 대체로 유럽의 혁명 운동은 20년대 초를 고비로 수그러들었지만, 당시 혁명가들 사이에서는 (일부) 혁명 운동의 실패는 다만 일시적 후퇴일 뿐이고 머지 않아 거대한 혁명의 파고가 전세계, 아니면 적어도 전유럽을 사회주의로 나아가게 할 것이라는 믿음이 널리 퍼져 있었다.

이런 분위기 때문에 『역사와 계급 의식』에서 루카치는 세계 혁명의 객관적 조건과 경제 조건이 성숙되어 있다는 것을 믿어 의심치 않았다. 그가 해결하려 한 문제는 후진 러시아에서는 이미 혁명이 성공했는데 선진 유럽에서는 객관적 조건이 성숙되어 있음에도 불구하고 혁명이 지연되고 (일시적으로) 후퇴하는 이유는 무엇인가 하는 것이었다. 이런 문제 설정 때문에 자연히 루카치는 혁명 운동이 겪는 위기의 근원을 이른바 "프롤레타리아트의 이데올로기적 위기"에서 찾게 되었다.

루카치는 당시 제2인터내셔널을 지배하고 있던 베른슈타인의 수정주의나 카우츠키의 이른바 정통 마르크스주의가 모두 프롤레타리아트의 이데올로기 위기를 이론으로 반영하고 있다고 보았다. 베른슈타인은 19세기 말 유럽의 새로운 현상들, 곧 제국주의의 팽창, 대공황에서 탈피, 카르텔 트러스트 콘체른 등에 의한 생산 통제, 노동자의 생활 수준의 상대적 향상 등에 접하여, 혁명과 비약에 의한 사회주의 건설을 거부하고 점진적 개량을 주창했다. 그에 따르면 유물론적 역사관은 변증법을 기초로 하고 있는 것으로서 역사를 미리 예정된 물질의 운동 법칙에 따른 진행 과정으로 이해한다. 그래서 베른슈타인은 변증법을 "마르크스 학설에서 반역자이자 사물의 모든 합리적 관찰을 방해하는 함정"이며 "혁명적 폭력의 창조력에 대한 기적의 신앙"이라고 하여 거부하고 칸트에게 돌아갈 것을 호소했다. 베른슈타인에게는 사회주의란 역사 발전의 합법칙적 결과가 아니라 윤리적 이상이나 당위가 된다.

카우츠키는 베른슈타인에 맞서 '정통' 마르크스주의를 옹호한다고 자처했지만, 그 역시 마르크스주의를 진화론과 똑같이 봄으로써 혁명을 포기하게 된다. 즉 카우츠키는 사회 운동의 질적 특수성을 무시하고 자연과 사회의 변화를 모두 다윈의 적응 모델로 설명하려 했으며, 유물론적 역사 이론을 프롤레타리아트의 계급 투쟁과 분리된 순수한 과학 이론으로 파악했던 것이다. 사회주의는 이제 객관적 법칙의 필연적 결과가 되었고 인간의 주체성은 무시되어 버렸다. 요컨대 베른슈타인과 카우츠키의 공통점은 객체와 주체, 또는 객관적 합법칙성과 주관적 의도를 통일적으로 파악하지 못했다는 것이고 이것은 혁명적 실천의 부정으로 귀결되었던 것이다.

이런 상황에서 루카치는 진정한 변증법적 방법을 부각시킴으로써 마르크스주의의 혁명성을 지켜 내려 한다. 그는 마르크스주의의 정통성을 이론의 개별 내용에서가 아니라 오로지 변증법적 방법에서 찾고, 변증법적 방법의 본질이 총체성(總體性)의 관점을 견지하는 데 있다고 주장한다. "마르크스주의가 부르주아 과학과 결정적으로 다른 점은 역사를 설명할 때 경제적 동인에 우위를 둔다는 점이 아니라, 오히려 총체성의 관점을 취한다는 점이다." 과연 변증법적 방법의 핵심인 총체성이란 무엇일까?

루카치가 말하는 총체성의 관점이란 모든 부분 현상을 '전체'의 계기(契機)로서 고찰하는 관점이다. 이 때 전체는 주체와 객체, 사유와 존재의 통일을 기반으로 하고 있다. 사회 역사적 현실은 인간 실천의 산물이므로 여기에는 이미 주체 또는 사유가 개입되어 있다는 의미에서 주체와 객체는 근원적으로 통일되어 있다는 것이다. 이렇게 보면 총체성의 관점을 취한다는 것은 주체와 객체를 통일적인 한 과정의 계기로 파악한다는 것이 된다. 변증법적 총체성에는 항상 주체가 구성 계기로서 관여하며, 또 객체는 단순한 관조의 대상이 아니라 주체의 변혁 활동의 대상이자 결과가 된다는 것이다. 이처럼 역사 과정에서 주체와 객체의 변증법적 상호 작용을 방법론적 고찰의 중심에 놓음으로써, 루카치는 주체와 객체를 분리하는 객관주의(카우츠키)와 주관주의(베른슈타인)를 모두 거부하고 변증법적 방법의 혁명성을 견지할 수 있다고 믿는다.

루카치는 이런 관점에서 엥겔스의 자연 변증법과 반영론(또는 모사론)을 비판한다. 루카치에 따르면 자연에는 주체와 객체의 상호 작용이 없으므로 자연 변증법은 사회 역사적 현실의 특수성을 포착할 수 없다. 또 반영론은 주체와 객체를 분리하고 사유를 존재의 수동적 반영으로 본다는 점에서 거부되어야 한다. 루카치의 생각으로는 이런 관점들은 혁명적 실천의 요구를 무디게 하는 것이다.

사물화 —— 이데올로기 위기의 원인

루카치는 변증법(총체성)의 상실로 요약될 수 있는 '프롤레타리아트의 이데올로기 위기'가 단순히 주관적 환상이나 오류에서 비롯된 것이 아니고 자본주의 사회의 경제 구조에 뿌리 박고 있다는 것을 '사물화(事物化)'라는 개념을 써서 밝히고 있다. 루카치의 사물화 이론은 마르크스 『자본론』의 '상품 물신숭배' 이론과 베버의 합리화 이론을 독창적으로 결합한 것이다. 마르크스에 따르면 상품 생산이 일반화된 자본주의 사회에서는 인간과 인간의 관계가 상품과 상품의 관계를 매개로 해서만 맺어지므로, 인간 노동의 산물이요 죽은 사물에 불과한 상품이 마치 스스로 의지와 인격을 갖고 관계를 맺는 힘을 가진 것처럼 보인다. 마르크스는 이런 현상을 종교에서 인간 두뇌의 산물이 신이 되어 인간 자신을 지배하는 현상에 빗대어 '상품 물신숭배(物神崇拜)'라고 불렀다.

루카치는 사람들의 관계가 사물들의 관계로 나타나는 것을 '사물화'라 부르고, 사물화 때문에 인간 특유의 노동과 그 산물이 인간에서 독립해 인간에게 낯선 자기 법칙성을 통해 인간을 지배하는 것으로서 나타나게 된다고 한다. 그에 따르면 자본주의적 노동 과정은 사물화를 일상적으로 발생시킨다. 자본주의의 기계제 대공업에서는 노동 과정이 '합리화'되어 부분 작업으로 분해되므로 노동자의 인간적 · 개성적 · 질적 속성들은 배제되어 인간 주체도 생산물도 모두 수량화되고 계산의 대상으로 전락해 버린다는 것이다. 여기서 루카치는 베버의 합리화 이론을 마르크스의 자본주의 분석과 결합시키고 있다. 베버는 자본주의 근대 서양 문명 특유의 합리성이 '형식적 합리성'이며 이 합리성의 지표가 계산가능성이라고 보는데, 루카치는 형식적 합리성이 상품 생산 사회에서 비로소 일반화된다고 보는 것이다. 루카치는 베버의 형식적 합리성 개념을 이용하여 베버가 분석한 행정과 사법의 합리화와 나아가서는 과학까지도 사물화 현상으로 포괄할 수 있었다.

루카치는 이렇게 총체적으로 사물화된 사회에서 주체는 정관(靜觀)의 태도를 취할 수밖에 없다고 한다. 주체의 활동이란 고작해야 외부 세계의 법칙 자체에 개입하지는 못하고 그것을 기술적으로 이용하거나 아니면 순수 내면의 자유로 도피하거나 하는 것이다. 루카치에 따르면 주객의 분열과 총체성의 상실, 그리고 이에 따른 혁명성의 상실은 자본주의 사물화의 필연적 결과인 것이다.

루카치에 따르면 자본주의 사회에서는 어느 계급이든 사물화를 겪을 수밖에 없지만, 사물화를 극복하고 총체성을 인식하는 것은 프롤레타리아트의 처지에서만 가능하다. 왜냐하면 부르주아지는 자기가 객관적 법칙을 이용하는 듯한 환상을 갖는 데 반해 프롤레타리아트는 노동력의 상품화를 통해 철저한 자기 분열을 겪음으로써 이 분열을 의식하고 이를 극복할 의지가 생기기 때문이다. 또 자본주의 사회의 총체성에 대한 인식은 자본주의가 필연적으로 몰락한다는 인식이 될 것이므로 부르주아지의 계급 이익과 배치되지만, 프롤레타리아트에게는 그들이 처한 사회 상황에 대한 총체적 인식이 곧 투쟁의 무기가 되기 때문이다.

루카치가 주장하는 바는 프롤레타리아트가 실제로 언제나 사회의 총체성을 인식하고 있다는 것이 아니라 그들의 계급 상황과 계급 이해(利害) 관계로 말미암아 총체성을 인식할 '객관적 가능성'을 갖는다는 것이다. 그래서 루카치는 현실에서 프롤레타리아 개개인이나 프롤레타리아 대중이 지닌 실제의 심리적 의식과 진정한 계급 의식을 구분한다. 진정한 계급 의식이란 계급 상황과 계급 이해에 '귀속되는 의식', 즉 한 계급이 사회 총체성을 인식할 수 있다면 그들의 상황과 이해 관계에 따라 응당 가질 것으로 기대되는 의식을 말한다.

루카치는 공산당이 바로 실제 의식과 귀속 의식의 차이를 극복하여 귀속 의식을 구현하는 역할을 해야 한다고 주장한다. 이 차이 때문에 당은 계급과 분리되어야 하지만 당은 어디까지나 프롤레타리아 계급 의식의 발전을 촉진하는 역할을 할 뿐, 계급을 '대리해서' 또는 계급의 이해 관계를 '위해서' 투쟁하는 것은 아니다. 여기서 루카치는 레닌식의 전위당 모델을 정당화하면서 동시에 로자 룩셈부르크가 주장하는 대중의 자발성도 중시하고 있는 것이다. 루카치에 따르면 프롤레타리아트는 그들의 상황에 내재해 있는 가능성을 현실화하여 진정한 계급 의식을 갖고 혁명적 실천에 나서게 될 때 '주객동일자(主客同一者)'가 될 수 있다는 것이다.

마르크스주의 역사에서 헤겔 변증법을 복권시키다

『역사와 계급 의식』은 출간되자마자 격렬한 논쟁을 불러일으켰다. 지노비에프, 데보린, 루다스 같은 당시 국제 공산주의의 지도자들은 루카치의 입장이 관념론이고 이론적 수정주의라고 호되게 공격했다. 이들은 주로 루카치가 엥겔스의 자연 변증법과 반영론을 부정한 데 비판의 화살을 돌렸다. 다른 한편 사회민주주의자들은 루카치의 계급 의식 이론이 레닌식의 전위당 독재를 합리화한다고 비난했다. 반면 블로흐, 레바이, 코르슈 등은 『역사와 계급 의식』이 마르크스의 변증법을 부활시켰다고 환영했다.

『역사와 계급 의식』은 비록 당시의 이른바 정통 마르크스주의자들과 사회민주주의자들한테서 많은 비난을 받기는 했지만 유럽의 마르크스주의자들과 일반 지식인들 사이에서 이내 엄청난 영향력을 갖게 되었고 서구 마르크스주의의 사상적 원조가 되었다. 이렇게 된 요인을 몇 가지 들어 보면 다음과 같다. 먼저 이 책은 마르크스주의의 역사에서 처음으로 헤겔 변증법을 복권시키고 헤겔과 마르크스의 연관 문제를 전면에 부각시켰다. 이것은 루카치의 의도대로 마르크스주의의 혁명성을 복원시킴으로써 수정주의 전통에 강력한 타격을 주게 되었다. 나아가서 이 책은 소외 문제를 마르크스 이래 처음으로 자본주의에 대한 혁명적 비판의 핵심으로 다룸으로써 그 뒤 좌파 사상가든 우파 사상가든 인간 소외의 문제를 시대의 핵심 문제로 인정하게 만들었다. 이와 같은 업적은 마르크스의 『경제학 철학 초고』와 레닌의 『철학 노트』가 1930년대 초에야 비로소 출간되었다는 사실을 고려해 볼 때 놀랄 만한 것이었다. 마지막으로 『역사와 계급 의식』은 마르크스주의 전통과 유럽의 사상 및 문화 전통을 독창적으로 결합함으로써, 당시까지만 해도 경제 이론 정도로만 통용되던 마르크스주의에 철학적 차원을 복원시키고 마르크스주의 이론을 유럽의 지성계에서 상당한 지위로 끌어올렸다는 점을 들 수 있다.

1930년대 이후 몇십 년 동안에는 스탈린주의와 파시즘의 영향으로 골드만, 메를로 퐁티 등 몇몇 사람 외에는 『역사와 계급 의식』에 별 관심을 두지 않았다. 이 책이 다시 유럽의 비정통 좌파에게 주목받은 때는 흐루시초프의 스탈린 비판 이래 1960년대 초반까지 이른바 '인간주의적 마르크스주의'가 유행한 시기와 1960년대 말 학생 운동 시기였다. 한편 호르크하이머, 아도르노, 마르쿠제 등 프랑크푸르트 학파는 다양한 방식으로 루카치의 사물화 이론, 총체성 개념, 자연 변증법의 부정 등을 받아들였다. 동구의 실천철학자들도 『역사와 계급 의식』의 영향을 받았다고 볼 수 있다. 하버마스는 비교적 최근에 의사소통 행위론을 기초로 사물화론을 재정립하고 있다. 비록 1960년대 이래 알튀세주의와 포스트 마르크스주의의 강력한 도전을 받고 있지만, 『역사와 계급 의식』은 자본주의가 존속하는 한 사회 비판의 강력한 이론 틀로서 생명력을 유지하리라고 예상할 수 있다.

◇ 읽을 거리

- G. 루카치, 『역사와 계급 의식』, 박정호 외 옮김, 거름, 1986.
- L. 골드만, 『루카치와 하이데거』, 황태연 옮김, 까치, 1983.
- F. J. 라다쯔, 『루카치』, 정혜선 옮김, 중원문화, 1984.
- G. 리히트하임, 『루카치 : 사상과 생애』, 김대웅 옮김, 한마당, 1984.
- P. 브라니츠키, 『마르크스주의의 역사』, 2, 이성백 외 옮김, 중원문화, 1989.
- H. 킴멀레 편, 『유물변증법』, 심광현 외 옮김, 문예, 1987.
- G. H. R. 파킨슨, 『게오르그 루카치』, 현준만 옮김, 이삭, 1984.
- G. H. R. 파킨슨, 『루카치 미학 사상』, 김대웅 옮김, 문예, 1986.
- A. 하우저 외, 『역사와 사회의식』, 김대웅 옮김, 인간사, 1983.
- 설헌영, 「현실변혁과 변증법」, 『철학 연구』, 1988년 겨울호, 천지.
- 차봉희 편저, 『루카치의 변증-유물론적 문학이론』, 한마당, 1987.
- 최종욱, 「루카치, 네오 마르크스주의의 선구자」, 『사회평론』, 1992년 3월호, 사회평론사.

18

존재와 무

L' Être et le Néant(1943)

사르트르

Jean Paul Sartre(1905~1980)

조광제(철학아카데미 상임위원)

철학의 명저 20

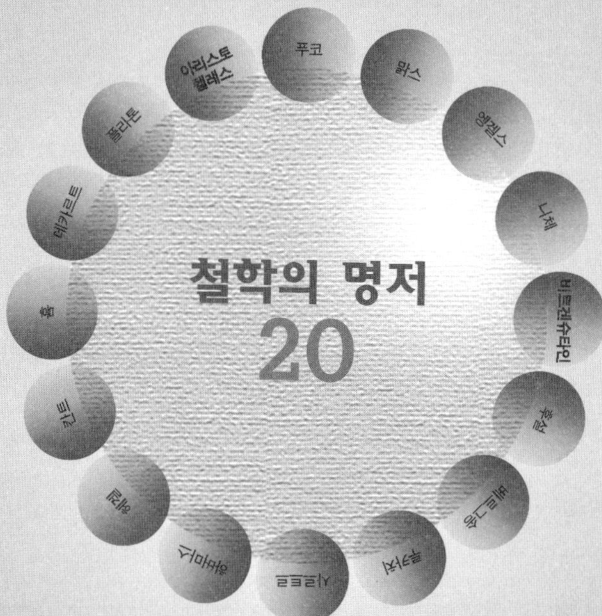

노벨 문학상을 거부한 프랑스의 지성

프랑스를 떠올릴 때 함께 다가오는 가장 매력적인 낱말을 든다면 '레지스탕스'가 아닐까? '아우쉬비츠'가 집단 학살의 악마적인 비인간성을 상징하는 반면 '레지스탕스'는 목숨을 걸고서라도 주체적인 인간이고자 하는 결단과 투쟁을 상징한다. 장 폴 사르트르는 이 레지스탕스의 중심에 선 철학자다. '레지스탕스'는 사르트르에게 자유가 어떻게 목숨 이상으로 인간에게 근본적인가를 체험케 했다.

사르트르는 1905년 파리에서 태어났다. 2세 때 아버지를 잃었다. 그는 아버지 없는 어린 시절을 오히려 축복이었다고 말한 적이 있다. 그에게서 '아버지'는, 이미 결정나 버린 과거가 열려 있는 미래를 얽어매는 것을 상징했다. 아버지의 이른 죽음에 대한, 이 같은 사르트르의 해석은 첫 철학책 『존재와 무』의 내용을 압축하고 있다. 아버지가 죽은 뒤 사르트르는 외조부 슬하에서 자랐다. 외조부는 유명한 알베르트 슈바이처의 친조부다. 11세 때 어머니가 재혼하여 의붓아버지와 함께 살면서 중고등학교를 마친 사르트르는 1924년 파리 고등사범학교에 입학했다. 거기서 전후 프랑스 지성계를 이끈 레이몽 아롱, 조르쥬 캉귀엠, 모리스 메를로 퐁티를 만났다.

특히 메를로 퐁티는 사르트르와 함께 전후 프랑스 지성계를 대변하는 저널 『현대』지를 공동으로 편집하게 된다. 사르트르와 메를로 퐁티는 모두 현상학자로서 또 마르크스주의자로서 때로는 같은 길을 때로는 서로 엇나간 길을 걷기도 하면서 전후 프랑스의 지성계를 주도하게 된다. 1929년 교수 자격시험에 합격한 사르트르는 같은 시험에서 2등을 한 시몬느 드 보봐르를 만나 세간에 많은 이야깃거리를 제공한 계약결혼을 했다. 이 유별나고 자유로운 동거 관계는 1980년 당시 미학 문제에 골몰하던 사르트르가 생을 마감함으로써 함께 마감하게 된다.

1931년부터 아브르 중고등학교에서 철학 교수로 일하다가 1933~34년에 걸쳐 베를린으로 가 후설의 현상학을 연구했다. 후설 현상학에 대한 연구는 사르트르의 사상 형성에 결정적인 역할을 했다. 이는 『존재와 무』가 "현상학적 존재론에 관한 논고"라는 부제를 달고 있는 데서도 여실히 드러난다. 우리는 우리 인간을 둘러싼 온갖 사물과 사건에 관해 "이것들이 도대체 다 무엇이란 말인가?"라는 물음을 던질 수 있다. 가령 우리는 밤 하늘의 별, 계곡의 바위, 억수 같은 비, 불투명한 안개, 밤 거리의 비명소리, 연인들의 입맞춤, 잔인한 살인 등을 보고 들으며 살아간다. 여기서 우리는 도대체 이 모든 것이 다 무엇인가라는 물음을 던질 수 있는데, 현상학은 이것들이 '무엇 무엇'이 되는 데는 반드시 인간의 주체성이 개입해야 한다고 말한다. 간단히 말해 현상학은 별이 별일 수 있는 것은 우리 인간이 그 별을 별이게끔 하기 때문이라고 말하고 왜 그런가를 밝힌다. 또 현상학은 그렇기 때문에 인간은 세계 속에 존재하는 모든 다른 것들과는 달리 세계 전체를 넘어서 있다고 말한다. 사르트르는 베를린에서 이런 현상학을 배웠던 것이다.

베를린에서 돌아온 사르트르는 1936년 최초의 철학 논문 「자아의 초월성」과 철학책 『상상력』을 연이어 발표하고, 1937년 소설

『벽』에 이어 1938년 유명한 첫 장편 소설 『구토』를 출간했다. 『구토』에는 현상학의 냄새가 물씬 풍기는 투로 주인공 로캉탱의 일상적인 의식이 묘사되어 있다. 『구토』에는 인간의 의식을 완전히 벗어난 사물의 모습, 인간의 의식에 완전히 사로잡힌 사물의 모습, 다른 인간의 의식에 완전히 사로잡혀 사물화된 인간의 모습, 사물의 상태에서 벗어나려고 애쓰는 인간의 모습 등이 그려져 있다. 1939년 『정서론에 관한 소고』를 출간하면서 전쟁에 가담한 사르트르는 1940년 6월 독일군의 포로가 되어 투옥된 뒤 1941년 4월 민간인임이 밝혀져 석방된다. 석방된 뒤 저항 단체 '사회주의와 자유'를 조직해 활동했다. 그 가운데 1943년 드디어 『존재와 무』를 출간했다. 이 책은 사르트르를 단번에 위대한 철학자의 대열에 들게 했다. 같은 해 희곡 『파리떼』도 발표했다.

1945년 전쟁이 끝난 뒤 사르트르는 『현대』지의 창간 주필을 맡으면서 또 하나의 장편 소설 『자유에의 길』을 발표하고 이듬해 『실존주의는 휴머니즘이다』 『유물론과 혁명』 『무덤 없는 죽은 자』를 발표했다. 특히 『실존주의는 휴머니즘이다』에서 사르트르는 서구의 전통을 규정해 온 기독교적 인간관과 본질주의적 인간관을 비판하고, 인간이란 각본에 따라 행동해야 하는 배우처럼 반드시 어떠해야 하는 것이 아니라 주어진 상황 속에서 자신의 미래를 선택하고 행동해 나감으로써, 스스로 자신의 존재를 위한 각본을 만들고 그에 따라 행동하는 열려 있는 존재 즉 실존임을 역설했다. "실존은 본질에 앞선다"는 사르트르의 유명한 말은 여기에서 참뜻을 얻는다.

사르트르는 1947년 『문학이란 무엇인가』에서 현실 참여로서 문학 행위를 강조했다. 이듬해 '민주주의와 혁명'이란 단체를 결성하고 그 뒤 공산주의 진영과 끊임없는 협조와 대립의 관계를 맺기 시작한다. 그 과정에서 『정치에 관한 대담』(1950) 「공산주의자와 평화」(1952~3) 『방법론 문제』(1957) 등을 발표한 사르트르는 1960년 또 하나의 큰 철학책 『변증법적 이성 비판』 제1권 "실천적 총체의 이론"을 출간한다. 여기서 사르트르는 실존철학과 마르크스주의 철학을 통일하려 한다. 그리하여 마르크스의 변증법적 유물론과 역사 이론을 기본으로 삼고 특히 '총체성' 개념을 바탕으로 삼아 역사 상황에서 개인의 주체적 혁명 실천이 어떻게 가능한가를 추적한다. 그 뒤 사르트르는 1980년 숨을 거둘 때까지 많은 저술과 정치 사회 활동을 수행한다.

사르트르는 철학, 문학, 예술, 정치, 사회 등 거의 모든 영역에 걸쳐 가장 왕성한 종합적 지성의 힘을 발휘한 불세출의 거장이었다. 특히 1964년 노벨 문학상의 수상을 거부한 것은 그의 매력을 드높였다. 20세기 프랑스 지성을 들먹일 때 사르트르가 그 중심에 있음은 부인할 수 없다. 1960년대 중반에 이르러 구조주의가 프랑스의 지성계를 장악하기 시작할 무렵 이제 사르트르의 지성적 위력은 쇠퇴의 그림자를 드리우기 시작했다. 그 때 프랑스는 사르트르가 지성계의 무대에서 퇴장해 버린 뒤 지성계 전체가 위기에 봉착했다고 느꼈다. 위기에서 벗어나기 위해 독일식으로 한 영역을 체계적으로 정돈하는 지성의 표현 방식을 택할 것인가 아니면 사르트르식으로 종합적 지성의 표현 방식을 택할 것인가 기로에 섰을 때, 프랑스가 결국 사르트르의 길을 택한 것은 사르트르의 지성이 프랑스 지성계에 얼마나 강한 영향을 발휘했는가를 여실히 보여준다.

우리는 자유로 선고되었다

이제 본격적으로 사르트르의 가장 중요한 철학책 『존재와 무』의 내용을 살펴보자. 『존재와 무』는 궁극적으로 인간에게 자유란 무엇인가를 다룬다. 또 그것을 위해 '어떤 것'이 있을 때 그 어떤 것의 '있음'이 어떠한가를 다룬다. 가령 바위가 있을 때 바위의 '있음'을 다룬다. 또 가령 수치심이 있을 때 수치심의 '있음'을 다룬다. 바위의 '있음'이나 수치심의 '있음'을 다룬다니, 이것이 무슨 말인가?

어떤 것의 '있음'을 다룬다는 것은 그 어떤 것이 어떻게 있게 되었는가 하는 발생적인 원인을 다루는 것이 아니다. 가령 바위의 '있음'을 다룬다는 것은 옛날 옛적에 퇴적물이 쌓여 습기가 달아남으로써 응결되었기 때문에 바위가 생겼다는 식으로 설명하는 것이 아니다. 그것은 자연과학이 할 일이지 철학이 할 일이 아니다. 철학에서는 바위가 있다는 것을 전제로 해서 그 '있음'이 어떤 방식으로 성립하는가를 다룬다. 사르트르는 이처럼 모든 것이 있기는 있는데 "도대체 어떤 방식으로 있는가"를 다루기 위해 그 모든 것이 있음을 알고 있는 의식을 끌어들인다. 어떤 것이 의식을 갖는가 또는 갖지 않는가? 어떤 것이 의식을 가짐으로써 또는 갖지 않음으로써 어떻게 달리 있는가? 이런 따위가 문제인 것이다. 『존재와 무』의 부제인 "현상학적 존재론에 대한 논고"에서 '존재론'이란 명사는 모든 것의 '있음'을 다룬다는 데서 성립하고, '현상학적'이란 수식어는 의식을 중심으로 '있음'을 탐구한다는 데서 성립한다.

사르트르는 '있음'을 크게 두 가지로 나눈다.

하나는 있긴 있되 자기 자신을 의식하면서 있고 또 자신이 의식하는 것(자기 자신)을 떠나서는 있을 수 없는 있음이다. 말이 복잡하다. 풀어서 생각해 보자.

우리는 자라면서 많은 물건이 무엇인가를 알게 되고, 기쁨과 슬픔을 느끼고, 자랑스러움과 수치스러움을 느끼고, 애정과 분노를 느끼며 살아왔다. 그 모든 것을 우리는 의식하면서 살아온 것이다. 그런데 우리는 나 자신의 기쁨이나 분노가 어떤 것인가를 의식할 수 있다. 우리는 그저 기뻐하거나 성낼 따름인 것이 아니라 기쁨을 의식함으로써 그 기쁨을 한층 더 만끽할 수 있고, 분노를 의식함으로써 그 분노를 더 깊이 마음속에 새길 수 있다. 먼저 내 의식을 차지하고 있는 기쁨이 있고, 다음으로 의식을 차지하고 있는 그 기쁨을 또 다시 의식하는 의식이 있다.

우리는 때때로 재미있고 즐거워하면서 이런 일에 이렇게 재미있고 즐거워하다니 무슨 꼴인가라고 생각하는 경우가 있다. 또는 재미있고 즐거우면 그저 재미있고 즐거워하면 되지 그것을 이게 도대체 무슨 꼴인가라고 생각한다는 것은 위선이라고 생각하는 경우도 있다. 어릴 때부터 왠지 생각하기를 좋아하는 사람은 이런 일에 익숙할 것이다. 어떤 의식에는 늘 그 의식을 다시 의식하는 의식이 도사리고 있는 것이다. 비유컨대 거울에는 그 거울을 비추는 또 하나의 거울이 언제나 준비되어 있는 것이다. 생각하기를 좋아하는 사람은, 거울을 비추는 또 하나의 거울 역시 거울이기는 마찬가지이므로 새로운 그 거울을 비추는 또 하나의 거울이 있어야 한다는 점을 벌써 눈치 챘을 것이다. 그런데 아무것도 비추지 않는 거울이 없듯이 아무것도 의식하지 않는 의식은 없다. 거울에는 자신이 비추는 것으로 가득 차 있듯이 의식에는 의식된 것으로 가득 차 있다. 또 비친 것이 없이는 거울이 아니듯이 의식된 것을 빼 버리고 나면 도대체 의식이란 것은 없다.

그런데 의식된 것이 바로 의식은 아니다. 여기서 사르트르는 의식의 '있음'이 아주 독특하다는 것을 깨닫는다. 그릇에 물이 가득 들어 있을 때 물을 덜어 낸다고 해서 그 그릇이 없어지는 것은 아니다. 그런데 물을 부으면 부을수록 점점 커지고 물을 덜어 내면 낼수록 더 작아지는 어떤 신기한 그릇이 있다고 해 보자. 물이 그릇은 분명 아니지만 물이 없어지면 그릇도 함께 없어질 것이고 그런 점에서 그릇과 물은 한몸이라 할 수 있다. 사르트르가 본 의식은 바로 이 그릇과 같다. 그릇의 처지에서 보면 물은 곧 자기 자신이면서 또 한편으로 곧바로 자기 자신은 아니다. 의식은 자신 속에 가득 차 있는 의식된 내용들이 곧 자기 자신이면서 또 한편으로 곧바로 자기 자신은 아님을 안다. 이같이 자기 자신을 의식하되 의식되는 자기 자신이 없이는 있을 수 없는, 그리고 의식하는 자기 자신으로 가득 차 있으면서 그 가득 차 있는 것이 곧바로 자기 자신은 아니라고 부정하는 '있음'을 사르트르는 대자 존재(對自存在)라 일컫는다.

이런 대자 존재인 '있음'과 대립하는 것으로 사르트르가 지적하는 또 하나의 '있음'은 스스로를 의식할 수 없고 따라서 그 자신 속에 닫혀 있는 '있음'이다. 우리는 각 물건을 '이것'이라 가리킬 수 있다. '이 책' '이 돌' 심지어 '이 사람' '이 느낌'이라는 말들이 그것이다. '이 돌'이라 말할 수 있으려면 그 돌은 그 자체 또는 그 자신 속에 머물러 있어야 한다. 우리가 '이 돌'이라고 말하는 순간 그 돌이 그 자신을 벗어날 수 있다면 '이 돌'이라는 우리의 말은 효력을 잃고 말 것이다. 이처럼 자신을 벗어날 수 없는 것들의 '있음'을 일컬어 사르트르는 즉자 존재(卽自存在)라

한다.

대자 존재는 자기 자신과 어떤 거리를 지닌다. 그러나 즉자 존재는 자기 자신과 아무런 거리도 갖지 않는다. 대자 존재가 자기 자신에 대해 어떤 거리를 둘 수 있는 것은 대자 존재가 성격상 그 자신을 부정하면서 성립하기 때문이다. 이 때 대자 존재가 부정하는 자기 자신은 이미 결정되어 버린 자기 자신이다. 우리는 지금 이 순간까지 살아왔고 살아온 그만큼 우리 자신은 결정되어 있다. 그러나 우리는 이 순간 지금까지 살아온 내 모습이 곧 나 자신이라고 하지 않는다. 즉 우리는 지금까지 살아온 나 자신이 곧바로 나 자신임을 부정한다. 그 부정을 통해 우리는 지금까지의 나와 거리를 갖는 것이다. 달리 말하면 순간순간 나는 항상 나 자신을 부정하면서 그 부정을 통해 진정한 나 자신을 형성해 온 것이다. 누군가 전에 본 내 모습에 근거해 지금의 내가 어떠한 인간이라고 단정 짓는다면 나는 참으로 난감해질 것이다. 심지어 누군가 현재까지 내 모습을 다 알고 있고 또 그것을 근거로 나 자신이 누구인가를 단정 짓는다면 역시 나는 난감해질 것이다. 이는 우리의 존재가 과거와 현재에 붙박혀 있는 것이 아니라 항상 순간순간 미래로 열려 있는 데서 성립함을 말해 준다.

사르트르는 이같이 순간순간 이미 이루어진 자신의 모습을 자신이 아니라고 부정하면서 미래로 도약해 가는 것을 초월이라고 한다. 그리고 바로 이 초월에서 자유를 찾는다. 기존의 자신을 부정하면서 미래로 초월하는 인간의 모습을 보고 사르트르는 말한다. "우리는 자유로 선고되었다."

남(他人)은 지옥이다

초월하는 순간 초월하는 주체는 그 자체 아무것도 아니다. 초월 그 자체일 뿐이다. 그런 점에서 『존재와 무』에서 '무'란 인간 의식의 대자 존재적 초월을 일컫는다. 무는 초월의 방향을 자유롭게 한다. 돌이켜 말하면 무에서 성립하는 자유로운 초월이 우리 인간의 삶을 주체적으로 형성해 온 것이다. 즉 우리 인간은 자유롭게 열려 있는 초월의 산출물이고 그렇기 때문에 인간 존재에는 미리 정해져 있는 본질적인 방향이 처음부터 없었다. 그래서 "실존은 본질에 앞선다." 사르트르에게서 초월은 주어진 상황에서 자신 스스로 행동을 선택하는 데서 구체화된다. 우리는 순간순간 어떤 방식으로건 어떤 행동을 선택할 수밖에 없다. 아무 행동도 하지 않는 것조차 하나의 선택이다. 행동을 선택한다는 것은 스스로 미래를 향해 뛰어드는 것, 또는 자신이 스스로 짜 만든 그물을 미래로 던져 미래를 건져 올리는 것이다.

즉자 존재는 자기 자신에서 벗어날 수 없으며 언제나 어떤 것으로 정해져 있다. 돌덩이가 돌덩이인 까닭은 이제까지 돌덩이였기 때문이다. 즉자 존재는 과거에 얽매여 있고 과거는 돌이킬 수 없고 따라서 즉자 존재는 필연성을 자신의 속성으로 갖는다. 대자 존재는 주체적인 자유를 나타내고 즉자 존재는 객관적 필연성을 나타낸다. 즉자 존재는 대자 존재에 대해 도구로서 기능한다. 왜냐하면 도구가 되려면 객관적 필연성을 갖추어야 하기 때문이다. 망치가 객관적 필연성이 없다면 망치를 두드릴 때 망치는 못을 치지 않고 언제든지 내 이마를 칠 수 있을 것이다. 사르트르에서 이 두 존재는 결코 서로 겹칠 수 없고 서로를 밀어내는 배타적인 관계를 갖는다.

『존재와 무』 후반부에 이르러 사르트르는 또 하나의 '있음'을 말한다. 그것은 남과 관련해 내게서 성립하는 '있음'이다. 가령 내 아버지에 관련해서 볼 때 나는 자식으로 있고, 국가에 관련해서 볼 때 나는 국민으로 있다. 이처럼 나에게 속해 있긴 하나 언제나 남과 관련해서 성립하는 '있음'을 대타 존재(對他存在)라 한다.

남은 나에게 남이고 나는 남에게 남이다. 서로는 자신에게 자신이면서 서로에게는 남인 것이다. 처음부터 남은 내가 나를 초월하는 작업에 결코 동참할 수 없다. 초월은 나 자신 속에서만의 일이고 애초 남은 내 속에 진정으로 들어올 수 없기 때문이다. 그래서 남은 나를 대할 때 나를 외면적으로 규정되는 어떤 대상으로 본다. 이를 사르트르는 남이 나를 객관화한다고 말한다. 즉 남은 나를 즉자 존재로 보는 것이다. 남이 나를 즉자 존재로 본다는 것은 나를 그의 도구로 본다는 것과 통한다. 사르트르는 내가 남에 의해 즉자 존재가 되는 경험을 '수치심'이라 한다. 가령 열쇠구멍을 통해 방 안에서 옷 벗는 나를 누군가 훔쳐 보고 있을 때 그리고 내가 그 사실을 알았을 때 나는 수치스러움을 느낀다. 그 때 그 누군가는 나를 즉자 존재로 만드는 것이다. 또 누군가가 그렇게 내 방 안을 들여다보다 제3의 다른 사람에게 발각되었을 때 그 자 역시 제3의 다른 사람에 의해 즉자 존재가 되는 수치심을 느낄 것이다. 이처럼 나를 즉자 존재로 만드는 남의 시선을 사르트르는 '흉측한 시선'이라 일컫는다.

『구토』에서 주인공 로캉탱은 뚱뚱한 선술집 주인이 멜빵을 매고 있는 것을 보면서 그 주인이 멜빵에 걸려 있다고 느낀다. 로캉탱의 '흉측한 시선'은 선술집 주인을 여러 물건 가운데 한 물건인 양 보고 있는 것이다. 사르트르는 수치심을 분석하면서 수치심이 있다는 것은 내가 남과 더불어 살고 있음을 나타내고 남이 나를 대상화하는 '흉측한 시선'을 지닌 대자 존재로서 존재함을 알려 준다고 말한다. 나는 타인과 더불어 살면서 타인이 나를 진정한 정신적 주체로 대우해 주기를 원한다. 그러나 사르트르에 따르면 남이 나를 진정한 정신적 주체로 대우한다는 것은 곧 그 타인이 내가 그를 즉자 존재로 대상화해도 됨을 인정하는 것이기 때문에, 타인은 좀처럼 나를 진정한 정신적 주체로 대우하려 하지 않는다. 즉 내가 타인을 즉자 존재로 대상화하는 정도에 따라 나는 그 타인에 대해 그만큼 자유롭고 타인 역시 나에 대해 마찬가지 처지에 있다. 그래서 이제 나의 실존은 주관 내부에서 독백하기를 그치고 상호 투쟁의 장으로 나아가게 된다.

상호 투쟁의 인간 관계에서 일단 두 가지 유형의 사는 방식이 나타난다. 하나는 내가 나 자신만의 세계가 주는 불안에서 달아나 남이 나에게 부여하는 가치에 따라 살려 하는 것이다. 나는 남에게 인정받기 위해 남의 주의를 끌어야 하고 남의 주의를 끌기 위해서는 남의 욕망에 적절한 대상이 되어야 한다. 그러기 위해 나는 우선 나의 욕망을 포기한다. 이 때 남은 내 주인이 되고 나는 남 앞에서 부자유의 수치심을 느끼게 된다. 이런 삶의 전략을 사르트르는 '매저키즘' 즉 피학적 삶의 방식이라 한다.

이런 삶의 방식은 자기 패배적이다. 수치심은 나의 대자 존재적 자유로운 삶의 방식을 일깨워 주기 때문에 피학적인 삶을 계속 유지할 수 없다. 이제 나는 오히려 남을 내 각본에 따라 행동하는 배우로 만들어 수치심을 통해 깨닫게 된 나의 자유로운 주체성을 확보하려 한다. 그러나 남은 자신의 자유로운 주체성을 빼앗기지 않기 위해 저항할 것이므로 나는 남에게 폭력을 행사할 수밖에 없다. 이러한 삶의 방식을 사르트르는 '새디즘' 즉 가학적 삶의 방식이라 한다.

그러나 새디즘 역시 자기 패배적이다. 왜냐하면 새디즘에 의한 자유로운 주체성은 강제로 얻은 것이므로 만족감을 줄 수 없기 때문이다. 그리하여 나는 다시 불안한 나의 세계로 되돌아온다. 그럴 때 나는 남과의 관계에 대해 일체 무관심하게 살아 보려 할 수 있다. 그러나 이 무관심의 방식 역시 실패한다. 남에 대한 무관심이란 바로 남에 대한 끈질긴 관심의 다른 한 면에 불과하기 때문이다. 이같이 사르트르에서 개인적 실존의 초월적 주체성의 자유는 나와 남과의 상호 투쟁이 불가피하다는 점에서 비극적인 자유로 귀착한다. 그래서 사르트르는 말했다. "남은 지옥이다."

사르트르의 『존재와 무』는 존재하는 모든 것 사이에서 인간이 어떻게 특별한 존재인가를 다루어 자신을 초월해 가는 자유로운 주체로서 자유로운 선택과, 자유로운 선택에 따른 자신의 행동으로 자신 스스로를 창조하는 존재가 바로 인간임을 드러냈다. 그러나 사르트르가 드러낸 그러한 인간은 개인으로서 내면적 인간에 국한되는 것이었고 결국 구체적 인간 관계 속에서 어떻게 인간 모두가 함께 자유로울 수 있는가를 드러내지 못하고 말았다. 그것은 어쩌면 우리의 영원한 과제일 것이다.

◇ 읽을 거리

- 사르트르, 『존재와 무』, 손우성 옮김, 삼성, 1976.

• 신오현, 『자유와 비극』, 문학과 지성, 1979. (사르트르 사상 전반에 관한 해설서)
• 시몬느 드 보봐르, 『사르트르 최후의 말』, 전성자 옮김, 두레.
• 안니코엔-소랄, 『사르트르』, 우종길 옮김, 창, 1993. (사르트르 전기)
• 아더 단토, 『사르트르의 철학』, 신오현 옮김, 민음사, 1985.
• 조광제, 「현상학적 마르크스주의」, 『현대사회와 마르크스주의 철학』, 한국 철학사상 연구회 지음, 동녘, 1992. (사르트르의 마르크스주의에 관한 글)

19

인식과 관심

Erkenntnis und Interesse(1968)

하머마스

Jurgen Habermas(1929~　)

김재현(경남대학교 교수)

철학의 명저 20

푸코
맑스
엥겔스
니체
비트겐슈타인
후설
베르그송
루카치
사르트르
하버마스
헤겔
칸트
흄
데카르트
플라톤
아리스토텔레스

라디오 앞에서 과거와의 단절을 경험하다

1920년대 말 독일 프랑크푸르트 대학의 '사회 연구소'를 중심으로 형성된 '프랑크푸르트 학파'의 '비판 이론' 운동은 호르크하이머(1895~1973), 아도르노(1903~69), 마르쿠제(1898~1979) 등이 대표한다. 이들은 더 나은 사회, 더 평등하고 정의로운 사회 추구라는 이념으로 모인 사람들로서, 루카치를 통해 마르크스의 초기 사상인 사회주의적 휴머니즘의 영향을 받고 인간 해방을 목표로 하면서 현대 사회를 총체적으로 해명하려 했다.

이들은 자본주의에 비판적이면서 동시에 혁명 후 전체주의로 치닫는 소련에 대해서도 비판적이었다. 이들은 히틀러의 파시즘 체제가 등장하자 미국으로 망명하여 활약했는데, 호르크하이머와 아도르노는 1950년에 다시 독일로 돌아와 '사회 연구소'를 재건하여 비판적 지식인으로서 영향력을 행사하고 마르쿠제는 미국에 남아 대학 교수 생활을 계속한다. 그 뒤 마르쿠제가 60년대 반체제 학생 운동의 사상적 지도자가 되면서 이 학파에 대한 지식인층의 관심과 기대가 커졌다. 비판 이론은 현재까지도 철학, 사회학, 정치학, 미학, 문화 비평 등 다양한 분야에서 영향을 끼치고 있다. 하버마스는 비판 이론의 비판자이자 계승자로서 비판 이론 2세대의 대표자다.

하버마스는 1929년 비교적 유복한 관료의 아들로 태어나 쾰른 근처 굼머스바하에서 성장했다. 파시즘의 등장 속에서 어린 시절을 보내고 초등학교 시절 다른 학생들과 마찬가지로 '나치 소년단'의 일원이기도 했다. 그는 파시즘의 몰락을 체험했으며 뉘른베르크의 재판(전쟁범죄자 재판)으로 상징되는 당시 정치 혼란과, 2차 대전 뒤에 나온, 강제 수용소와 대학살에 대한 기록 영화를 보고 충격을 받으면서 정치 의식을 갖게 되었다.

"열대여섯 살쯤 됐을 때 나는 라디오 앞에 앉아 뉘른베르크 재판에서 토론되는 것을 들었다. 다른 사람들이 침묵 속에서 무서움에 충격을 받는 대신 재판의 정당성, 절차 문제, 사법권의 문제를 논박하기 시작했을 때, 그것은 내게 첫번째 단절의 경험이었다. 내가 많은 내 부모들처럼 그만큼 집단적으로 일어난 비인간적 사실들(집단적 정신착란)을 회피하지 않은 것은 단지 내가 그 때 감정적으로 매우 예민했기 때문이다."

이렇게 과거와의 단절을 직접 겪은 것은 어린 그로서는 매우 충격적이었다. 우리는 박정희 때부터 노태우, 전두환의 군사독재 과정에서 일어난 황당한 사건들, 예를 들어 광주 학살, 평화의 댐 사기 등에 대한 당시 해석과 오늘날의 평가를 비교해 볼 수 있는데 독일의 경우는 이런 비교가 훨씬 극심했다. 그래서 전후 지식인 집단에서는 왜 독일 사람들은 이 엄청난 집단적 광란 상태에 더 강하게 저항하지 못했는가, 칸트부터 마르크스에 이르는 독일 문화는 왜 이런 야만적 현상에 무기력했는가, 독일 문화와 전통이란 도대체 어떤 의미가 있는가 같은 문제들이 중요하게 제기되었다.

그 뒤 하버마스는 독일 사상과 문화를 다시 생각하면서 자기 나라의 역사와 문화뿐 아니라 서구의 민주주의 발전 과정에 대해서도 깊은 관심을 갖게 된다. 그러므로 그에게 이성, 자유, 정의는 단순히 연구해야 할 이론적 주제만이 아니라 실현해야 할, 그리고 이 실현을 위해 열정적으로 참여해야 할 실천적 과제였으며 이는 곧 독일 문화의 편협성과 지방주의를 극복하는 과정이기도 했다. 이 과정에서 전후 '탈나치화(나치 과거 청산)'의 혼란스런 실패, 즉 현실 정치에 대한 실망이 그에게 좌파에 관심을 갖도록 했다.

하버마스는 대학 시절 루카치를 통해 '청년 마르크스'를 알게 되었고 특히 호르크하이머와 아도르노의 『계몽의 변증법』을 읽고 충격적인 지적 감동을 받았다. 괴팅겐, 본, 취리히 대학에서 철학, 문학, 역사학뿐만 아니라 경제학, 심리학 등을 공부한 뒤 저널리스트로 잠깐 활동하다가 1956년 프랑크푸르트 대학에서 아도르노의 조교가 되면서 비판 이론의 정통 계승자로서 길을 가기 시작한다. 1961년부터 1964년까지 하이델베르크 대학에서 철학을, 1964년부터 프랑크푸르트 대학의 정교수로 철학과 사회학을 가르쳤다.

하버마스는 60년대 초 서독 사회학회가 주관한 '실증주의 논쟁'에 참여하여 실증주의를 비판하고 변증법과 비판 이론을 옹호하면서 학계에서 두각을 드러내기 시작했다. 그의 실증주의 비판과 비판 이론 옹호는 사회 운동에도 큰 영향을 주었다. 왜냐하면 60년대 말 유럽 사회 특히 서독은 복지국가 체제가 확립된 상태였으며, 노동자 계급은 체제 저항 세력이기보다는 체제의 중요한 동반자로서 노동조합과 정당이나 복지 정책을 통해 체제의 번영과 안정에 이바지하고 있었다. 그리고 이를 가능하게 한 것은 실증주의적 자연과학에 기초한 과학, 정보, 기술의 발달이었고, 과학과 기술은 곧 체제 유지의 합리적 수단으로서 정치적으로는 기술 관료 조직을 강화하는 역할을 했다. 따라서 하버마스의 실증주의 비판은 사회 비판으로 연결되는 것이다.

하버마스는 노동자 계급이 지닌 혁명의 잠재력이 복지 사회가 정착함에 따라 억제 희석 완화되었다고 본다. 이렇게 대중의 정치적 무관심이 커져가는 상황에서 해방의 잠재력으로 그가 주목한 세력은 비판적 지식을 갖춘 집단이었다. 교육 제도가 혁명을 주도할 수는 없지만 해방을 향한 감수성과 잠재력을 생산해 내고 사회에 전파하는 역할을 할 수 있다고 보았다.

60년대 후반 독일 대학에서 '신좌파(뉴레프트)'가 나타났을 때 하버마스는 신좌파 운동이 대변하는 철저한 사회 변혁의 가능성을 인정함으로써 독일 학생 운동의 이론적 지도자로 추앙받았지만, 학생 운동이 급진화되면서 현실 진단과 대안 처방에서 점점 사이가 벌어져 서로 대결하는 사태가 생겼다. 마침내 급진파 학생들은 비판 이론의 본거지인 프랑크푸르트 대학의 '사회조사 연구소'에 침입했고 이에 경찰이 개입하여 사태가 확산되자, 아도르노는 학생들의 비난과 갈등 속에서 얼마 뒤에 사망했고 하버마스는 '좌파 파시즘'의 위험을 공개 비판했다.

하버마스는 이런 상황에서 정상적인 교수 생활을 하기 어렵다고 판단하여 스스로 교수직을 사임하고 여러 제자들과 함께 뮌헨 근처 스타른베르크에 있는 '과학-기술 세계의 삶의 조건을 연구하기 위한 막스 플랑크 연구소'로 옮겼다. 1971년부터 1983년까지 막스 플랑크 연구소 소장을 한 뒤 1983년에 다시 프랑크푸르트 대학의 철학 교수로 취임, 현재 64세로 아직 강의를 하고 있다. 80년대 중반에 보수적 역사학자들이 히틀러 정권(제3제국)을 역사적으로 정당화하려 하자 이런 맹목적 민족주의 경향을 단호하게 비판하여 일부 보수주의자들에게서 독일 공산당의 대변자라는 비난까지 받았다. 그러나 그의 정치적 입장은 공산주의라기보다, 사회 구성원들이 사회의 모든 영역에서 의사결정 과정에 참여하고 여기서 나오는 합의로 조직을 운영하는 것이 바람직하다는 급진적 참여민주주의로 볼 수 있다.

그는 사회민주주의가 한때 가진 유토피아적 에너지가 소멸되었다고 하면서도 현실적으로는 사회민주당에 투표할 수밖에 없다고 말한다. 독일 통일 후 최근의 '네오 파시즘' 또는 '신인종주의' 경향에 대해서도 '이성'에 기초한, 의사소통과 합의에 기초한 휴머니즘과 사회 발전을 강조하면서 강력하게 비판하고 있다. 여하튼 그는 현대 독일이 배출한 가장 저명한 사회철학자, 사회 사상가로 세계적으로 큰 영향을 끼치고 있다.

주요 저작으로는 『학생과 정치』(1961) 『공론의 구조 변화』(1962) 『이론과 실천』(1963) 『사회과학의 논리』(1967) 『인식과 관심』(1968) 『이데올로기로서 기술과 과학』(1968) 『후기 자본주의의 정당성 문제』(1973) 『역사적 유물론의 재구성』(1976) 『의사소통 행위의 이론 1, 2』(1981), 『현대에 대한 철학적 논의』(1985) 『사실성과 가치』(1992) 등이 있다.

인식 비판은 오직 사회 이론으로서만 가능하다

하버마스의 중요한 관심은 해방된 사회 속에서 합리적이고 자율적인 인간의 삶이다. 그리고 이런 '해방된 사회'의 실현에 우리의 지식과 학문이 어떻게 관련되고 그 자신 철학자이자 사회학자로서 이론과 실천을 어떻게 통일해 나가는가 하는 것이다. 이런 관심 때문에 인간의 삶과 여러 지식 형태(과학)의 관계를 명확히 밝혀내고 더 나아가 '인간 해방'을 위한 학문을 세우려 한다. 인식 비판을 시도하면서 자신의 인식론에서 '관심'의 개념을 근본 범주로 설정함으로써 순수 지식이 가능하다는 환상을 깨뜨리고 인식의 사회적 연관성을 밝혔다. 여기서 '관심'이란 "무엇을 위해서 알려고 한다"는 '무엇을 위해서'라는 관심이다. 우리는 흥미, 이해관계, 지배, 이해(理解), 해방 등을 위해 무엇인가를 알려고 하고 그 결과 여러 종류의 학문이 성립했다고 볼 수 있다. 그는 『인식과 관심』(1965. 6. 28. 프랑크푸르트 대학 취임 강연)에서 인간이 가지는 세 가지 관심을 구분한다. 첫째는 환경 속에서 자연을 조절하고 지배하려는 '기술적 관심'이고, 둘째는 일상적 삶과 전통, 타인에 대한 이해를 목표로 하는 '실천적 관심'이며, 셋째는 왜곡된 의사소통과 억압적 권력에서 자유로워지려는 '해방적 관심'이다. 세번째 관심은 합리적으로 행동하고 자기를 반성하며, 자율적으로 사유하고 결정하려는 인간의 능력에 뿌리를 둔다.

첫번째 관심에 의해 분석적이고 경험적 방법을 활용하는 실증주의적 자연과학과 사회과학이 탐구된다. 이는 자연과 사회 현실을 지배하는 기술을 개발하려는 관심 즉 자연 통제와 사회 공학에 대한 관심에 따라 이루어지며 '노동'을 통해 구체화된다. 두번째 관심에 의해 역사적 지식과 해석학적 지식이 탐구된다고 볼 수 있는데 하버마스가 이를 실천적 관심이라고 하는 이유는 '언어'를 통한 '이해'(의미 이해)라는 인식 작용이 우리의 역사적이고 일상적인 삶을 가능하게 하기 때문이다. 여기서 실천이라고 하는 것은 세계를 변혁한다는 마르크스적 의미에서가 아니고 의사전달의 상호주관성을 유지하고 확대한다는 일상 생활의 삶과 실용성을 가리킨다. 세번째 관심에 의해 비판 이론(비판적 사회과학)이 탐구된다고 볼 수 있다. 하버마스는 기존의 경제학, 사회학, 정치학을 '행위과학'으로 구분하고 이들이 경험 분석적 자연과학처럼 사회의 법칙적 지식을 탐구하지만 '비판적 사회과학'은 이에 만족하지 않고 '이데올로기 비판'과 함께 '해방적 관심'을 추구한다고 한다. 즉 이 비판적 과학은 인간을 모든 '지배'와 강압에서 해방시킴으로써 인간이 자율성과 책임을 갖게 하고 자유롭게 하는 데 관심을 갖는다. 이 세번째 관심이 철학이 '비판'으로서 곧 비판적 사회과학으로서 추구해야 할 과제다. 철학의 역할은 인간 역사에서 대화를 끊임없이 왜곡하고 자유로운 의사소통을 방해하는 폭력의 발자취를 발견함으로써 자율과 책임을 향한 인류의 발전을 촉진하는 것이다. 이제까지 논의한 것을 도식화하면 다음과 같다.

인간과의 관계	과 학	관 심	인 식	사회적 매개
자 연	자연과학	기술적 관심	기술적 인식	노 동
역 사	역사적 정신과학	실천적 관심	실천적 인식	언 어
지배 체제 (정치적, 경제적 군사적 등)	비판적 사회과학 (비판 이론)	해방적 관심	해방적 인식	지 배

1968년에 하버마스는 교수 취임 강연과 같은 제목인 『인식과 관심』이라는 책을 내면서 앞서 전개한 주제를 더욱 심화시켰다. 이 책의 주요 관심은 실증주의 비판과 함께 실증주의가 무시해 온, 인식에서 주체의 역할 즉 자기 반성적 '비판적 정신'을 회복하는 것이다.

인식 비판이란 곧 인식 주체의 반성(성찰) 능력을 회복하자는 것이다. 실증주의는 자신의 인식론적 입장에 대해 반성을 하지 않고 자신의 방법과 입장을 유일한 과학으로서 절대화함으로써 오류에 빠진다. 그러므로 과학의 자기 반성, 다시 말하면 과학의 인식론적 기초를 구체적으로 탐구해야 한다.

앞의 도표에 나타나듯이 학문을 '자연과학' '정신과학' '비판적 사회과학'이라는 세 가지로 분류함으로써 자연과학과 정신과학이라는 전통적인 구분을 넘어서 '비판적 사회과학'과 '비판 이론'의 반성적이고 비판적 역할을 강조한다. 이런 구분의 주요 의도는, 실증주의적 자연과학과 해석학적 정신과학은 억압과 왜곡에서 인간 해방을 추구하는 해방적 관심에 의해 이끌어져야 한다는 것이다. 예를 들어 경험적이고 분석적인 과학의 대표적 예인 자연과학과 기술은 자연의 힘에서 인간을 해방시키는 역할을 하지만 동시에 부정적이고 파괴적인 정치 사회적 목적으로도 사용될 수 있으며(원자탄, 핵무기 사용 등), 역사적이고 해석학적 과학도 역사와 인간 자신에 대한 이해를 통해 어느 정도 인간 해방에 기여할 수 있는 반면, 왜곡된 이해와 억압적 의사소통을 통해 잘못된 권력을 합리화하는 이데올로기로 사용될 수 있다(일제의 한국사 왜곡, 북한에 대한 일방적인 왜곡과 대중 조작 등). 따라서 자연과학적 인식과 해석학적 인식은 인간 해방을 위한 필요 조건이기는 하지만 충분 조건은 아니다. 그러므로 '좋은 삶'과 이상적인 사회에 대한 해방적 관심은 뿌리 깊은 인간학적 근원을 가지면서 앞의 두 관심을 가치 있는 방향으로 끌어 주는 역할을 해야 한다.

인간 해방의 문제와 관련해서 하버마스가 주목하는 사람은 마르크스와 프로이트다. 마르크스는 역사를 인간 해방의 과정으로 보면서 자본주의에서 소외된 인간의 해방에 관심이 있었다. 이를 위해 그는 노동에 의한 물질적 생산과 생산을 둘러싼 사회적 관계인 생산 관계를 중시하면서 생산력과 생산 관계의 변증법인 계급 투쟁을 통해 역사가 발전한다고 보았다. 따라서 "철저한 인식 비판은 오직 사회 이론으로서만 가능하다"는 하버마스의 통찰도 이미 마르크스에서 나타난다. 그러나 하버마스는 마르크스의 문제점도 지적하고 있다. 즉 마르크스가 독일 관념론(칸트, 피히테, 헤겔)에서 인식 주체 개념을 계승했으나, 인식 주체가 노동으로써 물질적 세계를 변형한다는 이론은 '노동'과 '상호 작용'을 포괄하는 인간의 '실천'을 도구적 행위, 즉 노동으로 환원하고 만다고 한다. 그 때문에 마르크스의 인식론은 자연과학적 인식론이 된다고 본다. 즉 사회적 노동을 통해 마르크스가 정립한 유물론적 종합 개념은 인류의 자기 창조 행위를 노동에만 한정함으로써 실증주의적 과학으로 변형되고, 그럼으로써 인식의 자기 반성을 위한 철학적 기반을 제시하지 못했다고 비판한다.

이런 문제점을 극복하기 위해 하버마스는 마르크스 이론에 내재해 있는 두 가지 차원을 구분한다. 바로 '도구적 행위'와 '의사소통적 행위'의 구별이다. 외적 자연력에서의 해방은 노동 과정 즉 기술적으로 유용한 지식의 산출(자연과학이 기술로 변형되는 것을 포함하여), 다시 말해 도구적 행위인 노동에 의존한다. 내적 자연(본성)의 강제에서 해방되는 것은, 지배로부터 자유로운 의사소통에 결부된 사회적 교류의 조직이 권력 제도를 소멸시키는 정도에 따라, 즉 '지배로부터 자유로운 의사소통' 영역의 확장에 따라 이루어진다. 권력 지배로부터 자유로운 의사소통은 이데올로기 비판을 통한 자기 반성(성찰)에서 가능하다. 그러나 마르크스에서는 이러한 자기 반성, 자기 성찰의 가능성이 상실되었다고 본다.

하버마스는 마르크스를 보충하기 위해 프로이트를 끌어들인다. 하버마스가 추구하는 비판적 과학의 모델은 프로이트가 발전시킨 정신분석학이며 정신분석학은 학문 가운데 방법적 자기 반성을 구체화하는 유일한 보기다. 정신 분석의 과정은 의사와 환자의 일상 언어 차원에서 일어나는 자기 반성 과정인데 이 때의 자기 반성은 고독한 작업이 아니고 다른 사람과의 언어적 교제, 상호 주관성에 결합되어 있다. 환자는 자신의 고통과 억압에서 벗어나 건강한 삶을 회복하기를 바란다. 환자는 의사와의 대화를 통해 억압된 무의식을 인식함으로써, 자기 성찰을 통해 왜곡된 자아의 모습을 해체하고 재구성하여 올바른 자기 인식에 도달함으로써, 억압에서 자유로워질 수 있다. 정신 분석에서 의사와 환자(분석자와 피분석자)의 치료적 대화에서 '체계적으로 왜곡된 의사소통'이 극복되어야 할 상황인 것처럼, 사회의 경우에는 집합 행동과 전체 사회 체제의 병리나 이데올로기적 왜곡으로부터 사회 구성원들이 벗어날 필요가 있다. 그러므로 사회 이론가는 사회 구성원으로 하여금 사회적 세계에서 그들의 상황(억압되고, 왜곡된 상황)을 이해하여 자기 성찰을 통해 잘못된 의식에서 벗어나 해방되도록 해야 한다. 이는 곧 이데올로기 비판이며 이를 통해 '지배로부터 자유로운 의사소통'에 도달할 가능성이 주어진다. 이데올로기 비판은 곧 자기 성찰이며, 자기 성찰과 자기 형성(도야) 과정을 통해 인간은 스스로 해방되고, 사회적 해방도 가능해진다. 이처럼 왜곡된 의사교환이 자유로운 대화가 되는 정신 분석적 관계는 해방적 사회 변혁의 모델이 된다. 결국 해방적 자아 성찰 이론은 도구적 인식과 실천적 인식에서 결여되어 있는 반성적(성찰적) 인식을 되찾음으로써 오늘날 과학주의의 지배에 따른 비인간화와 가치 상대주의를 비판하고 극복하려 한다.

반론과 대답

이 책은 당시 사회과학계와 철학계에 큰 반향을 일으켰다. 특히 실증주의와 분석철학적 경향이 확산되던 때에 이에 대한 비판이 체계적인 철학사적 해석을 통해 제기되었으므로 집중적이고도 광범위한 토론이 있었다. 이 책에 대해서는 여러 가지 반론이 나왔는데 그 중 몇 가지는 다음과 같다.

우선 인식을 이끄는 관심, 즉 인식 관심이란 핵심 개념이 모호하다는 사실이다. 이와 관련해서 학문을 세 분야로 나누는 것이 어느 정도 타당한지에 대한 반론도 많이 나왔다. 또한 마르크스 해석에 대한 반론으로서 마르크스가 인간의 실천을 단순히 노동으로 환원하지 않았으며 하버마스가 마르크스의 노동 개념을 의도적으로 축소했다는 주장도 나왔다. 그리고 정신 분석의 모델을 사회 집단에 적용하기 어렵다는 반론이 나왔다. 정신 분석에는 환자의 고통과 치유되고 싶다는 욕망이 해방적 관심으로 작용하지만 사회 이론에서는 사회 구성원이 자신이 환자임을 모르는 경우도 많으며, 또 억압받고 고통받는 것을 안다 해도 정신 분석에서 의사 같은 파트너는 없기 때문이다.

하버마스는 1973년에 '후기'를 첨부하여 『인식과 관심』에 대한 여러 반론에 대해 말하면서 자신의 연구 목적이 '과학주의 비판'에 있다는 것을 명백히 했다. 과학과 기술이 생산력을 발전시켜 인류를 기아와 곤궁에서 해방시켰지만(기아 문제를 해결하지 못한 후진국의 처지에서 볼 때 이런 견해는 선진 자본주의 중심의 관점일 수밖에 없다), 이 해방이 똑같이 정치와 사회의 예속과 굴종에서 해방시키지는 않았음을 하버마스는 강조한다. 생산력의 발달이 생산 관계(인간의 상호 관계)의 발달을 가져 올 것이라는 마르크스의 견해를 비판하는 이유도 여기에 있다. 왜냐하면 해방된 사회란 인간 존재가 자신들이 살고 있는 환경을 더 깊이, 더 잘 이해함으로써 그들 스스로의 운명을 능동적으로 통제하는 사회이므로, 인간 스스로 자기 성찰, 자기 형성을 통해, '이상적으로 자유로운 의사소통'의 주관적 조건과 객관적 조건을 모두 실현해야 하기 때문이다. 그리고 이 조건들은 변증법적으로 발전하기 때문이다.

이 책을 통해 '반성'과 '해방'에 대한 논의가 심화되면서 실천철학의 인식론적 기초와 규범적 기초에 대한 연구가 깊어졌고 이후 사회 인식론에 큰 발전이 이루어졌다. 특히 현대 사회에서 '의사소통 행위'의 중요성이 부각되면서 하버마스는 '해방'에 대한 논의를 『의사소통 행위의 이론 1, 2』에서 수정해 발전시켰고 이 책은 『인식과 관심』과 함께 이미 현대 사상에서 가장 중요한 책으로 확고하게 자리 잡았다.

◇ 읽을 거리

- 하버마스, 『인식과 관심』, 강영계 옮김, 고려원, 1983.
- A. 벨머, 『비판사회이론』, 이종수 옮김, 종로, 1980.
- D. 헬드, 『비판이론서설』, 백승균 옮김, 계명대, 1988. (비판 이론 전반을 다룸)
- 문현병, 『프랑크푸르트 학파의 사회비판이론』, 동녘, 1993.
- 차인석, 「하버마스의 사회인식론」, 『현대철학』, 한전숙, 차인석 지음, 서울대, 1980.

(앞의 2권은 비판 이론과 하버마스에 대한 국내 연구서)

20

담론의 질서

L' Ordre du discours(1972)

푸코

Michel Foucault(1926~1984)

양운덕(고려대학교 연구교수)

철학의 명저 20

아리스토텔레스
푸코
맑스
엥겔스
니체
비트겐슈타인
후설
하이데거
루카치
사르트르
하버마스
헤겔
칸트
흄
데카르트
플라톤

역사가로 불리길 거부한 사람

"18세기 말에 고전적 사고의 토양이…… 사라졌듯이, 우리가 그 가능성을 순간적으로 감지하는 데 불과한 (지식의) 배치가 무너진다면, 우리는 **마치 바닷가 모래톱에 그려진 얼굴이 파도에 씻겨 나가듯이 인간이 지워지리라**고 주장할 수 있다." (괄호 안과 강조는 글쓴이)

이브 몽탕, 에디트 피아프 등이 즐겨 부른 「고엽(古葉)」이란 노래를 연상시키는 이 말은 푸코가 쓴 『말과 사물』의 마지막 구절이다. 이 책은 푸코 자신이 의아하게 생각하듯이 내용이 극히 난해한데도 불구하고, 광고도 하기 전에 불티나게 팔려 나가 그를 유명하게 만든 책이다. 이 구절은 서구 사람들에게 그들이 달콤하게 빠져 있던 '인간학적 잠'에서 깨어나라고 촉구하는 것으로 니체의 '신의 죽음'에 견주어 '인간의 죽음'을 선언한 말로 유명하다. 푸코는 인간이 세계의 중심에 있고 세계를 완벽하게 알 수 있고 인간의 의지에 따라 세계를 이성의 왕국으로 창조할 수 있다는 인간주의를 문제 삼는다. 그리고 인간주의는 18세기 말에야 등장한 '이상한' 관점이며 일정한 지식의 배치에서 나온 결과이므로 그 배치가 바뀌면 흔적도 없이 사라져 버릴 것이라고 지적한다.

1926년 10월 프와티에에서 태어난 푸코는 앙리 4세 리세를 거쳐 고등사범학교와 소르본느 대학에서 헤겔 연구의 대가인 장 이폴리트, 과학사가인 조르쥬 캉귀엠, 구조주의 마르크스주의자인 루이 알튀세 등의 지도를 받았다. 1959년 광기의 역사에 관한 논문으로 박사 학위를 받고 1960년부터는 클레몽-페망 대학의 철학과 주임 교수로 있었다. 1966년 그를 유명하게 만든 『말과 사물』을 낸 후 파리 벵센느 대학에서 철학을 가르치다가 1970년 콜레쥬 드 프랑스의 사상사 자리를 이폴리트에게서 물려받았다. 1984년 뇌질환으로 죽을 때까지 그 곳에서 연구하면서 주목할 만한 업적을 쌓았다.

그는 사르트르처럼 정열적으로 모든 사회 사건에 주도적으로 참여하면서 온갖 화제를 뿌리거나 특정한 정치적 입장을 분명히 밝히지는 않았다. 자신이 정리한 『나, 피에르 리비에르는 어머니와 누이와 형제를 살해했다』가 영화화되면서 그 영화에 출연하기도 하고, 죄수들의 인권을 위해 싸우는 단체인 '감옥 정보 모임'에 참여하는 괴짜 교수로서 특이한 면모를 보이기도 한다. 그렇지만 어디까지나 열정을 이론적 논의로 삭이는 냉정한 이론가로서, 사회 전체를 지도하고 평가하는 보편적 지식인이 되길 거부하고 구체적인 사회 모순들에 대한 투쟁을 강조하는 '특수한' 지식인이 되려 한다.

20세기 프랑스에서는 2차 대전의 암울한 현실 속에서 자유, 주체의 실존, 현실 참여를 주장하는 실존주의가 유행하고 있었다. 사르트르가 그 시대 프랑스를 대표하는 지성이었다. 이런 흐름은 레비-스트로스를 중심으로 한 구조주의 사상가들이 나타나면서 주체, 자유, 역사 발전 등을 부정하는 흐름으로 바뀐다. 그래서 주체 중심의 '안으로부터의' 사고가 주체 외부의 보편적 구조를 중심으로 하는 '바깥으로부터의' 사고로 바뀐다. 푸코는 이 흐름을 이어받으면서도 구조주의의 틀을 넘어서 독자적인 사상을 전개한다.

그는 사회적 '타자'(정신병자, 환자, 죽음, 비행자, 성 등)를 통해 정상적 질서가 어떻게 만들어지고 어떻게 기능하면서 그 타자를 배제하고 억누르는지를 밝힌다. 그는 이 질서가 정상적이고 당연한 것이라는 주장에 의문을 품는다. 그래서 기존의 지식과 권력이 감추고 있고 정상인들에게 익숙해져서 편하게까지 느껴지는 사고와 행위의 틀을 깨뜨리려 한다.

푸코의 저작들, 『고전 시대에서 광기의 역사』『임상의학의 탄생』, 『감시와 처벌 : 감옥의 탄생』『성의 역사』 등은 역사책으로 보인다. 그러나 그 자신은 역사가로 불리기를 거부한다. 흔히 역사는 연속성과 총체성을 가정한다. 그래서 역사가들은 이리저리 흩어져 있는 사건들에 의미를 부여하려고 그것들을 연속적 운동 안에 자리 매김하고 종합한다. 그러나 푸코는 연속성과 총체성이라는 독단을 깨뜨리고 '단절' '불연속성' '돌연변이' 등을 강조한다.

그는 객관적 사실 자체가 아니라 그 사실에 관해 '말하고 쓴 것'인 '담론'에 주목한다. 담론은 과학, 철학, 문학, 법률의 텍스트와 허구, 이야기, 제도적 규율, 협정, 안내 책자, 약호(코드), 정치적 선언 등을 가리킨다.

푸코는 담론에 관한 '고고학'을 모색한다. 담론의 고고학이란 담론에 나타난 인간의 사상을 찾거나 그 내용을 해석하는 것이 아니다. 담론의 고고학은 담론의 형성과 변형을 기술하고 '담론의 출현 조건, 그 불완전한 연결 고리, 뚜렷한 불연속성'을 드러내는 것이다. 푸코는 특정 시기에 광기, 병, 비행(非行), 인간, 성에 대한 사람들의 관념이 어떻게 생겨났는지 그 출처를 밝힌다. 이런 방식을 '계보학'이라 부른다. 그리하여 푸코는 이런 관념이 당연한 것도 영원한 것도 아님을 지적한다. 이 지적은 단순히 편견에 대한 비판에 그치지 않고 진리 자체도 부정한다. 진리란 없으며 역사적으로 구성되는 담론만 있다.

푸코의 이런 시도는 바로 다음의 물음에 답하려는 것이다. 서구에서 "지식은 어떻게 구성될 수 있는가?" "왜 서구의 주체는 자신을 지식의 대상으로 구성하려 하며, 그런 지식을 생산하는 조건은 무엇인가?"

담론을 통제하는 배제 절차들

푸코는 담론을 분석한다. 이것은 담론이 형성되는 방식과 담론 형성에 관여하는 사회, 정치, 제도를 밝히려는 것이다. 그는 담론이, 이 담론을 만들어 내는 담론 형성체에 의해 규정되고 그 구성 규칙의 지배를 받는다고 본다. 담론의 규칙은 어떤 가능성을 만들면서 다른 가능성을 배제한다. 즉 담론에는 사회적 차원에서 선택과 배제가 작용한다. 따라서 담론의 존재나 형성 자체에 권력이 개입한다. 예를 들어 가부장제 사회에서 "여성은 강하다"라는 담론은 허용되지 않는다. 그렇다면 한 사회가 받아들이는 진리 체계란 그 사회가 허용하는 '참'의 집합이고 '참'으로 규정되는 것은 일정한 힘을 지닌다.

『담론의 질서』는 푸코가 콜레쥬 드 프랑스의 교수로 취임하면서 강연한 것을 출판한 책이다. 이 글에서 먼저 담론에 작용하는 제도적 제약을 밝힌다.

"어떤 사회에서도 담론의 생산은 통제되고, 선택되고, 조직되고, 다수의 절차에 따라서 재분배된다."

그리고 푸코는 담론에서 작동하는 여러 유형의 '배제 절차'를 분석한다. 첫번째 유형의 배제 절차에는 금지, 분할, 참 거짓의 대립이 있다. 우선 '금지'란 이런 것이다. "우리는 우리가 아무것이나 자유롭게 얘기할 수 없다는 것, 우리가 언제 어디서나 우리가 좋아하는 대로 어떤 것에 관해 말할 수 없다는 것, 요컨대 누구라도 아무것이나 말할 수 없다는 것을 잘 안다." 금지의 규칙은 대상에 대한 터부(특정 대상을 문제 삼아서는 안 된다), 상황의 제의(祭儀)가 부여하는 금지(수업 시간에 학생이 농담을 해서는 안 된다), 말하는 주체가 특권을 갖거나 박탈당하는 것(교사의 말은 학생의 말에 견주어 특권을 갖는다) 등이다. 이런 금지는 성(욕망)과 정치에서 두드러지게 나타난다.

둘째, 분할이라는 배제 절차는 이성과 광기의 대립에서 잘 나타난다. 푸코는 정신병원이 광인들을 치료한다는 명분을 내걸고 그들을 사회에서 격리시키고 배제하는 장치라고 본다. 정상인이 볼 때 광인은 정상인의 질서를 수용하지 않는 무의미하고 비생산적인 존재다. 광인의 담론은 중요하지 않고 참되지 않으며 비효과적인 것으로 여겨진다. 따라서 사회적 '타자'인 광인은 정신병원에 격리 수용된다. 이제 광인은 아무에게나 말할 수 없고 치료하는 의사에게만 말할 수 있다. 푸코에 따르면 정신병리학 담론은 사실상 대화를 가장한 이성의 '독백'이다.

셋째, 참 거짓의 대립이 있다. 푸코는 이것을 서구 사람들의 '진리를 향한 의지'와 연결하여 설명한다. 기원전 6세기 그리스에서는 담론의 진리가 '누가' 얘기하고 '어떻게' 얘기하는가라는 권력에 의존해서 결정되었다. 그 뒤 진리의 중심은 얘기한 내용으로 옮아간다. 참 거짓 담론을 나누는 것은 참된 담론이 더 이상 권력과 연결되지 않고 순수한 것임을 의미한다. 그래서 진리는 순수하고 그 자체가 목적으로 추구된다. 16, 17세기 초 '과학' 지식은 새로운 형식의 진리 의지를 나타낸다. 그것은 관찰하고 측정하고 분류할 수 있는 대상에 주목하고 인식 주체에게 특정한 관점과 기능을 부과한다. 그래서 지식이 유용하고 증명할 수 있는 것이 되도록 규정하는 진리 의지가 만들어진다. 그 뒤 서구 학문은 참된 담론에 근거를 두려 한다. 이런 진리 의지는 교육 방법, 서적, 출판, 도서관 체계, 학회, 실험실 등 제도적 실천으로 강화되는데 특히 지식이 형성되고 분배되는 방식에 뿌리 박고 있다. 이런 진리 의지는 다른 담론들에 압력을 가하고 권력을 휘두른다.

푸코는 특히 이 참 거짓의 대립에 주목하고 바로 이 '진리를 향한 의지'가 가장 지배적이고 널리 받아들여졌다고 본다. 그것은 다른 두 가지 배제 원리를 흡수하고 그 근거를 마련한다. 그러면서 그것은 자명한 것으로 받아들여지고 욕망이나 권력과는 무관한 것처럼 작용한다. 이처럼 진리 의지는 보편적이고 필연적이며 절대적인 것으로 가장한다.

한편 푸코는 '주석(註釋)' '저자' '분과' 등 담론을 제한하고 규제하는 두번째 유형의 절차를 분석한다. 이 절차들은 담론의 '내부'에서 작동하며 담론을 분류하고 그것에 질서를 부여하고 일정하게 분배한다.

첫째, 대부분의 사회에는 '주요한 이야기들'이 있다. 사람들은 주요한 이야기에 기초를 두고 부차적인 텍스트들을 만들어 낸다. 이 때 주석은 이중 역할을 한다. 주석은 '일차' 텍스트에 들어 있는 숨은 의미를 끌어내어 그 텍스트의 내용을 확정하는 한편 그러면서 텍스트에 대한 다른 해석을 가로막는다. 주석은 텍스트 자체와 다른 것을 말하도록 허용하지만 말해진 것은 바로 그 텍스트여야 한다는 조건을 붙인다. 이처럼 주석은 텍스트와 같은 내용을 되풀이하게 만든다.

둘째, 문학 등에서는 '저자'가 텍스트를 지배한다. 이를테면 저자가 "이것이 내가 말하고 싶었던 것이다. 당신들은 이것과 다르게 또는 그 이상의 것을 요구하거나 주장할 권리가 없다"고 하면서 독자에게 자신의 의미만을 강요하는 태도가 흔히 있다. 이 경우 텍스트를 해석하는 것은 이미 정해져 있는 저자의 의미를 똑같이 되풀이해서 찾아내는 것에 지나지 않는다.

셋째, 담론의 생산은 분과의 통제를 받는다. '분과'란 참된 것으로 여겨지는 일련의 명제, 규칙, 정의, 기법 등을 가리킨다. 특정한 분과에 속하는 명제들은 특정한 대상들과 관계를 맺고 이미 정해진 개념적 도구와 기술적 도구를 사용해야 한다. 멘델의 유전법칙은 이런 점에 어긋났기 때문에 발견 당시에는 과학으로 인정받지 못했다.

푸코는 담론을 통제하는 세번째 유형의 절차를 분석한다. 첫째, 말하는 개인이 가져야 할 자격이나 자질 등을 규정함으로써 담론을 제약하는 절차가 있다. 이것은 담론이 어떤 폐쇄된 집단 안에서만 유통되어 특권을 유지하게 한다. 중세 음유 시인들의 모임이나 오늘날 전문가 집단과 같이 특정 담론에 권리가 있는 사람들만이 모인 '담론 결사'가 그 보기다. 이런 폐쇄된 모임은 오늘날에는 드물지만 이런 담론은 여전히 제약된 구조 안에서 소통되고 있다.

둘째, 종교와 정치와 철학의 '교의'는 수많은 개인이 공유하는 것이지만 그 구성원들은 같은 진리를 인정하고 공인된 담론을 받아들이면서 정통과 이단을 구분한다. 교의는 개인을 어떤 종류의 말하는 행위에 비끄러매고 다른 종류의 말하는 행위를 금지함으로써 그들을 결속시킨다.

셋째, 교육이나 사회적 동화 체계는 개인이 어떤 종류의 담론에 접근하도록 하는 수단이다. 교육의 보급 방식이나 허용 또는 금지를 볼 때 교육은 사회적 구별, 대립, 투쟁의 선을 따른다. 모든 교육 제도는 정치적 수단이다.

푸코는 널리 받아들여지고 있는 철학들이 이런 제한과 배제를 정당화한다고 본다. 예를 들어 철학에는, 담론이란 그것을 말하거나 쓰는 주체 안에 이미 있던 내면성을 바깥에 표현하는 수단에 지나지 않고 주체의 내용에 견주어 껍데기나 내용 없는 형식이라고 보는 것이 있다. 이런 철학은 '주체'에 과장된 허구의 역할을 부여하고 담론의 현실성을 부정한다.

푸코는 서구 문화가 담론을 두드러지게 존중하는 것처럼 보이지만 이 존중은 실은 담론의 실제 효과를 두려워해서 그것을 무력화하려는 겉치레 존중일 뿐이라고 본다. 푸코는 이제 역사나 지성사에서 중시해 온 전통적 관점을 버려야 한다고 주장한다. 그리고 전통적 관점을 버리기 위해서는 의식, 연속성, 보편적 구조란 개념을 버리고, 사건과 계열이란 개념에 주목해야 한다고 본다. 이때 사건이란 보편적 틀 속에 규격화되지 않는 단일함을 말하고, 계열이란 'ㄱ' 'ㄴ' 'ㄷ'이 하나의 전체로 종합되지 않은 채로 배열된 것을 말한다. 또 그는 기계적 인과성이나 필연성을 버리고 사건들을 생산하는 예측 불가능성과 우연 개념을 도입해야 한다고 지적한다. 푸코는 이런 개념들을 통해 보편성, 총체성, 연속성, 필연성 같은 형이상학적 개념을 파괴하려 한다. 그리고 자신의 이런 태도를 '행복한 실증주의'라고 부르기도 한다.

푸코는 『담론의 질서』에서 담론에 작용하는 권력을 문제 삼는데, 권력을 부정적인 것, 담론에 대한 제한으로 이해한다. 이런 입장은 그 뒤 수정되어 권력이 담론을 제한하는 데 그치지 않고 진리의 담론을 생산한다고 보는 태도로 발전한다. 그래서 『감시와 처벌』 『성의 역사』(1권) 등에서 권력이 실제로 담론을 생산하는 방식을 분석한다.

나는 당신들이 노리고 있는 곳에는 없다

"내가 누구인지 묻지 마시오. 나에게 언제나 똑같은 채로 있으라고 명령하지 마시오." 푸코는 자신을 'ㅇㅇ주의자'로 분류하고 그것에 자신을 가두는 것을 거부한다. 그의 정치적 태도도 마찬가지다. 그는 자유주의자들이 사회 현상에 대해 모호한 태도를 취하거나 그것에 봉사하려는 것을 혐오한다. 보수주의자들이 전통에 의존하는 것도 멸시한다. 마르크스주의적 급진주의자들과는 일정한 대의 명분을 공유하지만, 과학에 대한 그들의 믿음은 받아들이지 않는다. 또 미래에 대한 희망을 지니고 자비로운 인간성을 믿는 무정부주의 좌파를 천진난만하다고 비판한다. 푸코의 철학적 태도는 니체의 허무주의에 가깝다. 그러나 그에게는 니체의 낙관론이 없다.

1984년 6월 27일(푸코가 죽은 날은 25일) 『르 몽드』지는 머리기사로 「철학자 미셸 푸코의 죽음」을 뽑고 그의 죽음을 추모하는 3편의 글을 싣는다. 폴-드르와는 그의 사상을 상대주의, 특히 절대적 상대주의라고 부른다. 역사가 베인느는 그의 저작이 2,500년에 걸친 서양 형이상학, 역사의 연속성과 주체의 동일성을 끝장 낸 금세기 최대 사건이며 역사 서술의 방향을 완전히 바꿔 놓았다고 평한다. 현대 프랑스 사회학을 대표하는 피에르 부르디외는 그의 저작이 새롭고 엄격한 사고와 지적 모험을 감행한 대표적인 보기라고 주장한다. 부르디외는 푸코 사고의 특성을 '위반'에서 찾는다. 그것은 사회의 경계선을 침범하고 뛰어넘는 행위다. 푸코는 기존의 철학이나 사고가 미치지 않는 범위, 금기를 사고하려고 노력했으며 이런 의미에서 이성과 언어의 지배에 저항하고 지식이 지배 수단이며 권력의 산물임을 밝혔다는 것이다.

이제 푸코를 평가하는 입장들을 몇 가지만 살펴보자. 푸코의 『말과 사물』을 서구 문화에 대한 고고학으로 서술한 메이저-포에츠은 푸코의 가장 큰 기여가 인문과학의 새로운 패러다임을 제시한 점이라고 본다. 그는 이 패러다임이 무질서한 지식들에 질서를 부여하는 추상적 모델의 역할을 한다고 본다. 이에 대해 푸코의 저작을 구조주의와 해석학에 대한 비판으로 보는 드레퓌스와 레비노우는 보편적 인식 구조를 찾는 푸코의 고고학적 분석보다는 권력과 진리에 대한 니체식의 계보학적 분석에 더 주목해야 한다고 주장한다. 그렇지만 푸코의 니체적 요소를 염두에 두면 고고학적 분석과 계보학적 시도 사이의 틈은 그리 크지 않다고 할 수 있다. 셰리단은 푸코를 오늘날의 니체로 보고 그의 작업이 니체가 시도한 일의 연장선상에 있다고 본다.

푸코의 미시적 권력 분석에 관해서도 논의가 분분하다. 『푸코, 마르크스주의, 비판』을 쓴 스마트는 푸코의 권력 분석이 지식과 현실 역사에 대한 마르크스주의의 '더 높은 합리성'에 포함된 오류들을 비판한다고 본다. 반대로 고든은 새로운 '반역의 논리'가 필요하긴 하지만 푸코의 권력 분석이 마르크스주의에 맞서는 것은 아니라고 본다. 이에 대해 셰리단은 푸코의 정치적 해부학은 좌우파 모두에 대한 근본적 단절이기 때문에 새로운 정치 이론, 새로운 실천이 필요하다고 주장한다. 스마트는 푸코의 분석을 새로운 정치 이론이나 실천에 대한 요구가 아니라 매우 유용한 비판으로 이해한다. 고든 역시 푸코가 지금까지 간과되어 온 권력 형태들을 밝혔고 그것을 마르크스주의에 대한 니체적 도전으로 볼 필요는 없다고 이해한다.

여러 가지 평가들이 엇갈리긴 하지만 푸코를 현대의 신니체주의자의 하나로 이해하는 것이 일반적이다. 단적인 예로 니체는 『즐거운 학문』 제7장에서 사랑, 욕망, 질투, 양심, 잔인함의 역사, 법이나 형벌의 비교사 등 지금까지 쓰이지 않았던 몇 가지 역사 목록을 제시했다. 그리고 푸코는 실제로 이런 역사들을 썼다. 그는 니체의 권력 의지를 받아들여 그런 측면에서 역사를 이해하고, 역사가 한 권력과 그것에 대항하는 다른 권력들이 만드는 연극이라고 보았다.

이런 면에서 그의 회의주의, 이성과 진리에 대한 거부를 위험스럽게 보는 시각도 많다. 푸코는 모든 진리를 의심한다. 모든 지식과 과학은 권력 의지의 수단이라고 본다. 진리 의지는 인간과 세계를 잘 통제할 수 있는 다양한 전략을 만들어 낸다. 이성은 권력의 테크놀로지이며 과학은 지배 도구다. 이에 대해 독일의 비판이론가 하버마스는 서구 문화를 탈신비화하더라도 이데올로기와 이론, 신화와 지식을 구분하는 보편적 진리 기준을 부정해서는 안 된다고 지적한다. 하버마스는 보편적 이성의 원리를 버리면 철학이 종말에 이를 것이라고 경고한다. 그래서 그는 이성을 급진적이고 전면적으로 비판하는 현대 신보수주의자의 목록에 푸코의 이름을 넣는다. 하버마스가 보편주의를 진리의 합리적 보증물로 보는 데 반해, 푸코는 그것을 지배의 가면으로 본다. 푸코에 따르면 총체적 진리는 총체적 감시와 억압을 낳고, 보편적 진리란 자기를 모든 지식의 척도로 가장하는 권력의 다른 이름일 뿐이다.

이런 다양한 평가들에 대해 푸코 자신은 어떻게 대답할까? 푸코가 이렇게 말한 적이 있다. "나는 당신들이 노리고 있는 곳에는 없다. 나는 웃으면서 당신들을 바라보고 있다." 그리고 평가가 어떠하든 그의 물음과 대답이 서구 사람들 자신의 사고를 어떻게 바꾸어 놓았는가가 중요하다. '광기' '인간' '지식' '감옥' '성' 등이 더 이상 자명한 것이 아니고, 그래서 우리가 그것들을 다르게 보게 되었다면, 이렇게 만든 사람은 바로 푸코다. '자명함과 보편성을 파괴하는 것'은 모든 이데올로기 지지자들을 불만스럽게 할 것이다. 그러나 푸코는 바로 이 파괴를 참된 철학 활동이라고 주장한다.

◇ 읽을 거리

• 푸코, 「담론의 질서」, 김화영 옮김, 『세계의 문학』, 제23, 24호, 1982.
• 이광래, 『미셸 푸코』, 민음사, 1989. (전반적 소개서)
• 김현, 『시칠리아의 암소』, 문학과 지성, 1990.
• 한상진 외, 『미셸 푸코론』, 한울, 1990.
• 윤평중, 『푸코와 하버마스를 넘어서』, 교보문고, 1990. (하버마스와 비교 연구)
• M. 포스터, 『푸코, 맑시즘, 역사』, 이정우 옮김, 인간사랑, 1990.
• 리샤르 외, 『오늘을 위한 사상가들』, 양운덕 외 옮김, 청아, 1993. (특히 3장)
• 드레퓌스, 레비노우, 『미셸 푸코 : 구조주의와 해석학을 넘어서』, 서우석 옮김, 나남, 1989.

철학사전(개정증보판)과 철학사(전5권)

『철학사전』은 『철학사』(전5권)를 읽는 독자들을 위해 만들어졌다. 본 사전에는 아직도 각종 모순이 중첩되어 있는 이 땅에서 자연과 사회 및 인간 사유의 일반적 발전 법칙을 탐구하여, 올바른 세계관을 수립하고 각종 모순을 인식하고 해결하는 데 초석이 되도록 편찬되었다. 따라서 이 사전은 진보적 철학의 비중을 대폭 높였으며 특히 한국철학에 있어서 새로운 민중적 시각을 통해 재정리하고자 했다. 또한 이 사전은 철학의 근본문제를 비롯하여 여러 문제, 사회관, 인생관, 가치관, 역사관 등의 문제와 기타 철학의 발전과 긴밀히 연결된 사회과학과 자연과학의 논점도 동일한 입장에서 다루었다. 때문에 이 사전과 동일한 입장에서 일관성 있게 집필된 본사 발행 『철학사』(전5권)와 함께 유용한 지침서가 될 것이다.

철학사전편찬위원회 지음/4×6배판 칼라인쇄/고급 서적지 및 고급 양장케이스/정가 350,000원

『철학사』(전5권)는 국내판을 출간하는데 30여년에 걸쳐 기획되고 수정된 책으로 연 40여명의 편집인이 동원되었다. 본서는 1987년 7월 처음 출간되어 1998년 2월에 재편집되었으며 2009년 5월에 3차 증보판에 이어서 이번이 제4차 개정 증보판이다. 대본으로 사용한 책은 「러시아과학아카데미연구소」(Akademiya Nauk SSSR)에서 출간한 『*History of Philosophy*』(전5권)를 다시 국내에서 우리나라 실정에 맞게 재편집하고 현대적 용어와 술어로 바꾸어 번역한 것으로, 국내판은 고대 노예제 철학의 발생으로부터 자본주의 독점 시대까지의 철학을 재편집하였다.

크라운판 고급인쇄/고급 서적지 및 고급 양장케이스/전5권 세트 정가 650,000원

중원문화 아카데미 新書

1 **한국근대 사회와 사상**
• 일본 교토대학교 연구소 엮음

2 **걸어다니는 철학**
• 황세연 저

3 **반듀링론**
• F.엥겔스/김민석 역

4 **헤겔 법철학 입문**
• 꼬우즈미 따다시 지음

5 **이성과 혁명**
• H.마르쿠제/김현일 외 역

6 **정치경제학 교과서 I-1**
• 짜골로프 외/윤소영 엮음

7 **정치경제학 교과서 I-2**
• 짜골로프 외/윤소영 엮음

8 **정치경제학 교과서 I-3**
• 짜골로프 외/윤소영 엮음

9 **이탈리아 맑스주의**
• K.프리스터/윤수종 옮김

10 **걸어다니는 경제사**
• 황세연 편저

11 **자본론에 관한 서한집**
• K.마르크스와 F.엥겔스 저

12 **지배와 사보타지**
• 안토니오 네그리/윤수종 옮김

13 **과학기술사**
• 석동호 편저

14 **저개발과 의약품**
• M. 빌러/우연재 옮김

15 **맑스주의의 세 갈래길**
• W. 레온하르트/하기락 옮김

16 **역사적 맑스주의**
• R.알뛰세르/서관모 옮김

17 **경제학의 선구자들**
• 일본경제신문사/김종호 옮김

18 **근현대 사회사상가 101**
• 이마무라 히도시/안효상 옮김

19 **맑스를 넘어선 맑스**
• 안토니오 네그리/윤수종 옮김

20 **교육과 의식화**
• P.프레이리/채광석 역

21 **정치경제학 교과서 II-1**
• 짜골로프 외/윤소영 엮음

22 **정치경제학 교과서 II-2**
• 짜골로프 외/윤소영 엮음

23 **청년 마르크스의 휴머니즘**
• H.포피츠/황태연 역

24 **사회를 어떻게 볼 것인가?**
• 황세연 편저

25 **헤겔연구②**
• 임석진 외저 (절판)

26 **칸트 철학입문**
• W.O.되에링/김용정 역

27 **노동조합 입문**
• 양원직 편저

28 **마르크스에서 쏘비에트 이데올로기로**
• I.페처/황태연 역

29 **소유의 위기**
• E.K.헌트/최완규 역

30 **변증법의 현대적 전개①**
• W.뢰트/임재진 역

31 **변증법의 현대적 전개②**
• W.뢰르/임재진 역

32 **모순의 변증법**
• G.슈틸러/김재용 역

33 **헤겔연구③**
• 임석진 외저 (절판)

34 **국제무역론**
• 久保新一/김선기 역

35 **칸 트**
• 코플스톤/임재진 역

36 **자연과학과 철학**
• H.라이헨바하/김회빈 옮김

37 **철학 입문**
• 황세연 편역

38 **맑스주의의 역사 ①**
• P. 브르니츠기/이성백 옮김

39 **맑스주의의 역사 ②**
• P. 브르니츠기/이성백 옮김

40 **한국사회와 자본론**
• 황태연 저

41 **정치경제학 비판을 위하여**
• K.마르크스/김호균 역

42 **과학기술 혁명시대의 자본주의와 사회주의**
• 황태연 저/허상수 엮음

43 **혁명운동의 문제들**
• S. P.노보셀로프/이창휘 옮김

44 **마키아벨리의 고독**
• 루이 알튀세르/김민석 역

45 **들뢰즈와 가타리**
• 로널드 보그/이정우 옮김

46 **과학적 사회주의**
• G.그로서/송주명 옮김

47 **맑스-레닌주의 철학의 본질**
• F. V. 콘스탄티노프/김창선 역

48 **철학의 기초(1)**
• A. 라키토프/김신현 옮김

중원문화 아카데미 新書

49 철학의 기초(2)
• A. 라키토프/김신현 옮김

50 소수자 운동의 새로운 전개
• 윤수종 외 지음

51 한눈에 들어오는 서양철학사
• 타케다 세이지/홍성태 옮김

52 마르크스즘과 유로코뮤니즘
• 산티아고 까리요/김유향 옮김

53 맑스주의와 프랑스인식론
• P. 토미니크 르쿠르/박기순 옮김

54 논리의 오류
• 에드워드 데이머/김회빈 역

55 프랑스 문화와 예술
• 마르크 블랑팽 · 장 폴 쿠슈/송재영 옮김

56 개발과 파괴의 사회학
• 홍성태 지음

57 인민의 벗이란 무엇인가
• V. 레닌/김우현 역

58 예술 · 정보 · 기호
• 가와노 히로시/진중권 역

59 담론의 질서
• 미셸 푸코 지음/이정우 해설

60 사회학의 명저 20
• 김진균 외 지음

61 철학사(1)
• Akademiya Nauk SSSR 편

62 철학사(2)
• Akademiya Nauk SSSR 편

63 철학사(3)
• Akademiya Nauk SSSR 편

64 철학사(4)
• Akademiya Nauk SSSR 편

65 철학사(5)
• Akademiya Nauk SSSR 편

66 인격의 철학, 철학의 인격
• 김종엽 저

67 담론의 질서
• 푸코 지음/이정우 옮김

68 교육자의 길
• 이오덕 외 저

69 정치경제학
• 짜골로프 저

70 박정희 시대-5.16은 쿠데타다
• 이상우 저

71 박정희 시대-민주화운동과 정치주역들
• 이상우 저

72 박정희 시대-5.16과 한미관계
• 이상우 저

73 박정희와 유신체제 반대운동
• 이상우 저

74 세계사 (제국주의 시대)
• 김택현 편

75 세계사 (제1차세계대전)
• 김택현 편

76 세계사 (제2차세계대전과 파시즘)
• 김강민 역

77 세계사 (현대)
• 조진원 편/이춘란 감수

78 근현대 형성과정의 재인식①
• 안종철 외 저

79 근현대 형성과정의 재인식②
• 정근식 외 저

80 시몬느 베이유 철학교실
• 앙느레느/황세연 역

81 소크라테스에서 미셸 푸코까지
• 기다 갠/김석민 역

82 상식 밖의 세계사
• 가바야마 고아치/박윤명 역

83 들뢰즈와 카타리
• 로널드 보그 저/이정우 옮김

84 새로운 예술을 찾아서
• 브레이트 저/김창주 역

85 역사 유물론의 궤적
• 페리 앤더슨/김필호 외 옮김

86 철학적 맑스주의
• 루이 알뛰세르/서관모 역

87 생산의 발전과 노동의 변화
• 마이클 피오르 외/강석재 외 역

88 항일과 혁명의 한길에서
• 김운선 지음

89 지배와 사보타지
• 안토니오 네그리/윤수종 역

90 헤겔철학 서설
• 오토 푀겔러/황태연 역

91 과학적 공산주의란 무엇인가
• 빅토르 아파나시예프/최경환 역

92 페레스트로이카 논쟁(서독)
• 에케르트 외/송주명 역

93 페레스트로이카 논쟁(동독)
• 모르겐슈테른 외/신현준 역

94 페레스트로이카 논쟁(프랑스)
• 프랑시스 코엥/신현준 역

95 페레스트로이카 논쟁(소련)
• 야코블레프 외/신현준 역

96 마르크스주의와 개인
• 아담 샤프/김영숙 역